风化成典 西藏文史故事十五讲

马丽华 著

中国藏学出版社

序一

拉巴平措

《风化成典——西藏文史故事十五讲》是一部具有史学背景、藏学基础的文学佳作。说这部故事书的写作难能可贵，非马丽华莫属，是适当的，因为即使文坛高手们有心为之，很可能限于相关历史知识的不足，未必胜任；或者虽有熟悉西藏历史的人，但如果不具备相应的文学功底，也难以写得如此生动有趣。马丽华之所以敢于知难而进，仰仗了三十多年西藏岁月的深厚积累，以及训练有素的文笔。在走遍了西藏的高山大川之后，又朝向历史的纵深出发，对于这位西藏的行者和歌者来说，自有其水到渠成的必然性。

综观汉文世界，若论西藏的历史人物，有许多是广为人知的，其中首推松赞干布和文成公主，以及请婚使者禄东赞（噶尔·东赞），后来的知名人物多为藏传佛教的高僧们，如八思巴等；若论西藏的历史故事，给人印象最深的，莫过于唐蕃之间的征战与和亲，至于其后历史演进中重要的和精彩的故事，有些为人所津津乐道，有些则籍籍无名。

可以说，为数众多的人物故事少为人知。原因何在？一方面是由于语言文字的限制，需要借助翻译的拐杖才能进入；而散见于历朝历代典籍档案中的汉文史料，目前仅仅经过初步的整理，还不足以推广到大众阅读的层面。另一方面，即使藏文史书，也多为僧侣史家所撰写，出于宗教史观，难免对此前的历史人事有所取舍，对不符合其理念的材料进行改写，甚至"弃之不用"；此后千年间，进入史册的通常侧重于宗教流派叙事，而疏于记载物质文化和民间生活。这种对于历史的改建重构，常常使人误以为一部西藏史就是一部宗教史。

如果还有第三个方面的原因，那就是虽然随着藏学的进展，相关研究成果甚丰，敦煌遗书中数千件藏文史料面世之后，仍有许多新的资料相继被发现，其中不乏可用于文艺创作的素材，不过遗憾的是，仅限于学术圈内讨论得热闹，难得走出"金字塔"外。

所以说，少为人知并不等于不存在，需要用眼睛和心来发现；学术成果走向大众是需要转化的，文学和艺术都是必要的传播手段。举例说明，禄东赞的故事为什么传之久远？是由于这个形象进入了文学、戏剧和美术作品中；魏、蜀、吴三国的英雄为何举国皆知？因为有一部《三国演义》，以及后世对演义的演义——走向大众，广为人知，需要铺路架桥。

考古资料证明，早在四五千年前的初民时代，西藏高原就与黄土高原、三江流域古道相通，人群迁徙其上，文化交流其上，共同生息繁衍在古代中国的土地上，共同参与着中华民族的形成发展过程。历经吐蕃王朝时期的扩张，元代正式纳入中央政府管辖之下，从明代清代到近现代，藏民族与各兄弟民族相互依存，休戚与共，沿着波澜壮阔的历史一路走来，在高寒的自然环境中，坚守在祖国的西南边陲，以其生存智慧，开创了风格独具的藏族文化。作为中国历史和中华文化的重要构成部分，这一历程中曾经发生过多少激动人心的事件，涌现出多少有声有色的人物！令人感叹的是，随着时间的流转和人为的遗忘，确实失落了很多，因风化而成尘了，或者深埋于历史的堆积层中，需要重新发掘和解读。《风化成典》所做的，正是这样一项艰苦而有益的工作。

这部故事书所选择的内容，有的轻松，有的严肃，有些重要，有些未必，既有耳熟能详的，努力讲出新意来，着力点更在少为人知的部分——可以说是一次有规模的"搜索",颇具开拓之功。如果其中有猎奇的因素,那是因为"奇"货可居,有"奇"可猎。有心的读者诸君在分享的同时,是不是可以据此检测一下,有哪些内容对你来说是新鲜的,前所未知的,或是令你击节赞叹的。

即使会说藏语的人,也很可能对某些内容感觉新鲜。例如对佛教传入之前,早期苯教时代先民的世界观、生死观等等。马丽华凭借了一些考古资料和在敦煌藏文古卷中搜集到的只言片语,稍加想象力,就复原了一系列远古生活的具象画面。例如借用苯教仪轨故事,表现家马的起源、早期的丧葬方式等等。虽然人类被教导说,需要效忠青稞和松石等自然界的神和半神,但人同时也是"七十万颗星辰的主人";至于以何种方式传递有关死亡的消息,以便苯教师赶来超度,确保其人如期前往亡者之乡,"在死后还将活着"——信使是谁?答案相当诗意化,是"雄鹰头冠上的羽毛"……而这些曾经弥漫在雪域高原古远时代的精神生活,假如不为古藏文所记载,早已从集体记忆中抹去;假如不被再次发掘,仍会沉睡在故纸堆中。

马丽华1976年进藏不久,我就认识了她,并且亲眼所见她成长进步全过程。刻苦努力、勤学好问、行万里路写一本书,是她的行为方式。迄今她已写作出版十几部文学专著,坚持不懈地向汉文世界介绍西藏的自然人文,对于上个世纪90年代国内兴起的西藏文化热和旅游热,起到了催化推动作用;现在又在传递相关历史信息,把故事线索提供给大众,从书到人,说难能可贵,都是适当的。"提供线索",是作者本意,并非自谦,限于体例和篇幅,书中故事并没有、也不可能展开来写,仅仅作为提示,寄望于后来的作家艺术家各取所需,以多种形式创作出更多更宏大的叙事篇章,这既是马丽华的愿望所在,也是藏族人民所乐见的。

是为序。

2008年12月于北京
(作者为中国藏学研究中心总干事)

序二
沈卫荣

十多年前,马丽华曾以飞扬的激情和文采,带领我们一路《走过西藏》,观赏雪域自然之奇,见识藏地人文之伟;今天她又以学究式的细致、哲人般的洞察和举重若轻的生花妙笔,为我们打开了一部上下几千年、纵横上万里的西藏历史文化长卷。

直到几十年前,真正踏上"第三极"的非藏族人为数寥寥,所以有幸踏上这块土地者,无不惊喜莫名,他们所说的西藏故事,也常常带点天方夜谭的意味。例如近代到过西藏的西方旅行家、传教士,或者十分夸张地浪漫化、神话化西藏,把西藏塑造成世间"最后的净土"——香格里拉;或者带着满脑袋的"文化背景书",像个草菅人命的判官,用粗重的黑笔,将西藏文明之瑰丽一笔笔勾去。很少有人能够摈弃文化偏见,将一个客观、真实的西藏形象传递给读者。即便是第一个进入"禁城"拉萨的"巴黎奇女子"大卫·妮尔(Alexandra David-Neel),笔下的"禁城之行"到底有多少是历史的真实,也大有疑问。她留下的那几部著作,如《我的西藏之旅》(*My Journey to Tibet*)、《西藏的神通和秘密》(*Magic and Mystery in Tibet*)等等,所涉有关藏传佛教之类知识,明显得自当时风靡西方世界的"灵智学"(Theosophy);而书中情不自禁地流露出的,也多为西方式的优越感,以及对藏族百姓和藏族文化居高临下的态度。

今天的西藏,早已不再是"禁地",每年入藏的游客又何止千万。有关西藏的书写多了起来,甚至成为一时之尚。但同样的,许多人对西藏的了解仅止于浮光掠影，或者让人觉得多少有点像是在借西藏山川之美，寄托一己的遐思和梦想。迄今为止，很少有人像马丽华那样，在西藏一住二三十年，怀着一颗永不餍足的求知心，一颗波澜不惊的平常心，一份推己及人的真性情，读万卷书，行万里路，天上人间，尽入法眼，今人往事，皆成文章，向世人勾画出一个活生生的西藏，一个虽非臆想中的香格里拉，却也不是风流全无的地方。

马丽华生命中最美好的岁月是在西藏度过的。她一步一个脚印地走遍了西藏的高山大川，用眼睛去看，用嘴巴去问，用耳朵去听，用心灵去体会，与雪域的"木门人家"、"黑头百姓"将心比心。不管是学富五明的喇嘛，还是目不识丁的牧人，都曾是她了解西藏文化的老师；看得见的人物和看不见的神灵，都是她探究西藏文化之奥秘的对象。作家的敏感，行者的博学，再加上人类学工作者的细致，使得马丽华笔下的西藏真实动人，耐人寻味。成就马丽华的，首先是她对西藏这片土地的热爱、了解和她对西藏人民的真诚与理解；她的系列游记之所以广受欢迎，不只作品本身极具文学魅力，更在于它们是导引大众阅读西藏的可信教科书。

大概是在1991年，我在德国波恩大学与我的指导老师一起阅读八思巴帝师的《彰所知论》，探研佛教的宇宙观。此时，我第一次读到了马丽华的作品——《藏北游历》，书中所记一位苯教活佛向作者转述的有关世界起源的说法，竟一如八思巴帝师所述。这不但让我对佛、苯之间的关系有了深刻体会，也使我感悟到，所谓学问，不见得一定是在课堂上学到的。1994年夏天，我在北京街头的小书摊上买到了马丽华的新作《灵魂像风》，一遍读罢，感动不已。在马丽华的笔下，全然不见汉族文化的优越感，她是在认认真真地做着跨宗教、跨文化的对话，在用一颗赤子之心体会汉藏两种文化的灿烂和殊胜，寻求着美人之美、美美与共的最佳途径。

《灵魂像风》之后，马丽华一度将笔触伸展到自然科学领域，采写、出版了《青藏苍茫——青藏高原科学考察五十年》，把一部高原生成演化的自然史和中国科学家为时半个世纪的考察历程从头道来。经历了这种不同寻常的知识积累，马丽华对独特的自然环境之于生存其间的民族历史进程和文化走向的重要影响，从此有了新的认知；她对藏民族乃至中华民族生存发展史的考察，从此也拥有了更加广阔、更加壮丽的背景。

2003年初春，我在台北的一间书店里看到了刚刚出版的马丽华的又一部新作——《藏东红山脉》。细读之下，若有所悟。让我这个从事民族宗教文化研究，对跨文化、跨宗教的对话和理解十分关心的读者最为心动的，是她的襟怀坦白，是她对自己与藏族宗教、文化对话、交流的经验总结，从而让我们明白：文化的融合和情感的亲和，最需要的是"风雨同行"。

两年来，听马丽华说她正在用文学的笔法写一部西藏文史故事，不由得为她捏一把汗：用行云流水般的文笔写历史书，是我等每个历史学者都曾有过的梦想，但像黄仁宇《万历十五年》那样好看的历史叙事毕竟为数不多。两个月前，《风化成典——西藏文史故事十五讲》书稿摆到了我的面前，匆匆翻过一遍，心里的石头终于落了地。马丽华毕竟是马丽华，文采依旧，思想鲜活，又平添了几分学者的缜密和深刻。她选取了西藏历史上十数个最富生气的历史时代和最精彩的历史片断，以及数十个西藏历史上颇具影响的人物和事件，在中华民族演进史的大背景下，娓娓道出，细细评点。在她的笔下，不少籍籍无名者的历史功德得到了彰显，不少风化成尘的历史故事再度神奇，不少众说纷纭的历史事件被重新解读。可以说，《风化成典》是一部借助了西藏文史研究最新成果，并将史学与文学完美结合的好书。

早在十八年前读过马丽华的西藏书之后，我就成了她的海外"粉丝"，直到近年海归之后才有机会与"偶像"结识。念我是一位研究西藏文史的学者，马老师嘱我为这部新作写序，对于这份美意，唯有从命。能与马丽华为友，是我一生的荣幸。

2008年岁末于北京

（作者为中国人民大学国学院教授）

目录

序　一　　拉巴平措 /1
序　二　　沈卫荣 /4
开　篇　　自新大陆 /1

第一讲　　神话时代之万物何来 /11
　　　　　创世神话的古歌余韵 / 14
　　　　　口碑中的猴子变人传说 / 19
　　　　　马和犬怎样成为人类朋友 / 23
　　　　　上古村庄沿江河而居 / 28

第二讲　　传说时代之人神共处 /33
　　　　　古老象雄的精神流脉 / 38
　　　　　王从波密来 / 46
　　　　　王者重归大地 / 50
　　　　　北上，涉越三条大河 / 55

第三讲　英雄时代之喷薄而出 /59
　　松赞干布君临 / 62
　　藏文的光芒 / 66
　　象雄、吐谷浑灭国记 / 70
　　公主的嫁妆 / 75

第四讲　英雄时代之如日中天 /81
　　三个武史故事 / 84
　　活埋老臣与佛苯之争 / 91
　　只履东归与顿渐之争 / 96
　　从唐诗看边关离乱 / 101

第五讲　英雄时代之牧歌唱晚 /105
　　息战言和之路 /108
　　相约在核桃花开时节 /112
　　吐蕃的遗产，敦煌的缘分 /116
　　一代文化所托命之人——法成 /121

第六讲　命运种种：生活在远年的时空（之一）/127
　　噶尔氏兄弟与赤玛蕾母子 /130
　　王玄策，史实+传奇 /137
　　朗达玛背负千载骂名 /140
　　吐蕃七良臣 /143

第七讲　闭修时代之佛祖在上 /147
　　两路火把相向而来 /150
　　高原边际：吐蕃的余绪和回响 /155
　　功在开辟的宗教先贤们 /159
　　苦修者米拉热巴 /164

第八讲　在大元帝国治下别开生面 /169
　　《看不见的城市》/172
　　光荣的萨班伯侄 /176
　　藏传佛教在西藏内外 /182
　　僧装英雄绛曲坚赞 /187

第九讲　命运种种：生活在远年的时空（之二）/191
　　失意的噶玛拔希 /194
　　萨迦家事秘闻 /198
　　桑哥的末日 /203
　　萨迦寺里皇家僧 /207

第十讲　遍地是法王：多封众建在明朝 /213
　　大宝法王与超度宝卷 /217
　　大乘法王与萨迦寺回归 /222
　　大慈法王两赴京城 /226
　　阐化王与帕竹势力的兴衰 /230

第十一讲　命运种种：生活在远年的时空（之三）/235
　　"第二佛陀"宗喀巴 /238
　　这个时代的宗教生活 /243
　　大地行者唐东杰布 /249
　　古道上的白色运茶神 /254

第十二讲　清季的天空之斗转星移 /259
　　俺答汗，再续蒙藏之缘 /262
　　固始汗，格鲁派威猛护法 /266
　　仓央嘉措及其情诗 /273
　　从古格到卫藏：天国幻象 /279

第十三讲　清季的天空之朗朗乾坤 /283
　　　　　快意恩仇颇罗鼐 /286
　　　　　西藏在乾隆年间 /292
　　　　　驻藏大臣列班而来 /301
　　　　　从噶伦到音乐家——多仁·丹增班觉的故事 /308

第十四讲　清季的天空之暮色四合 /313
　　　　　雪域大地谍影幢幢 /316
　　　　　为什么总是失去 /320
　　　　　铭记一份清单 /327
　　　　　神王神王，何来何往 /332

第十五讲　目送渐行渐远的背影 /337
　　　　　九世班禅——回乡的路走了十四年 /340
　　　　　刘曼卿——小女子担大义 /345
　　　　　两个康巴汉子——嘎然喇嘛和邦达多吉 /350
　　　　　有过更敦群培这样的人 /356

结　语　　川流不息的风 /361

后　记 /363

附　录　　创作谈和访谈
　　　　　荣归记忆之乡
　　　　　——《风化成典》对于藏汉文史料的应用　马丽华 /366
　　　　　在史实的主干上开枝散叶
　　　　　——马丽华访谈　舒晋瑜 /372

开篇

自新大陆

风化成典
西藏文史故事十五讲

地质学家告诉我们：青藏高原的最后隆起归因于印度大陆的俯冲和碰撞，表现为高原的整体抬升，剧烈的火山岩浆活动，巨大的山链和断裂的形成，高原物质的向东逃逸以及强烈的地震活动。这些天翻地覆、地动山摇的地壳运动和巨大的能量释放，造就了绚丽多彩、雄伟壮观的高原地貌，形成了中国大地最高一级阶梯，重塑了亚洲乃至北半球的地理和气候格局，可谓我们这颗蓝色星球的造化奇迹。

开篇
自新大陆

青藏高原，从卫星上看你

风化成典

西藏文史故事十五讲

在人类作为"万物灵长"登场之前，舞台已经布设了好几十亿年。序幕的开启同样旷日持久，其中最大的变迁，莫过于"沧海桑田"。但对于西藏地区来说远不止于此，除去原始海洋和脱海成陆的共同经验之外，它还兀自向高处生长，成为全世界海拔最高、面积最大、年代最新之青藏高原的主体所在。一部自然演化史之链何其漫长，且让我们从生命演化序列中撷取若干链环，一窥西藏地区古环境的巨大变迁。

早期生物属于海洋，珠穆朗玛的冰雪峰巅，有距今五亿年前以三叶虫为代表的海洋生物化石群。在现代科学的目光可以张望到的几亿年前，现今西藏的许多地区还沉浸在一个被追认为"特提斯"的古海大洋中。很可能是在两亿年前，藏北率先出露海面，或系浅海覆被的多岛洋盆，总之，陆岛上有动植物生长——现在的藏北腹地双湖境内，荒凉的无人区，科学家发掘到两亿年前的大羽羊齿植物化石群。另有一种生活在侏罗纪的牡蛎化石群，也在提示现今的唐古拉山脉，其时作为特提斯的北部边际，与东部太平洋的结合部，像是一个海湾。这种双壳类软体古生物，起

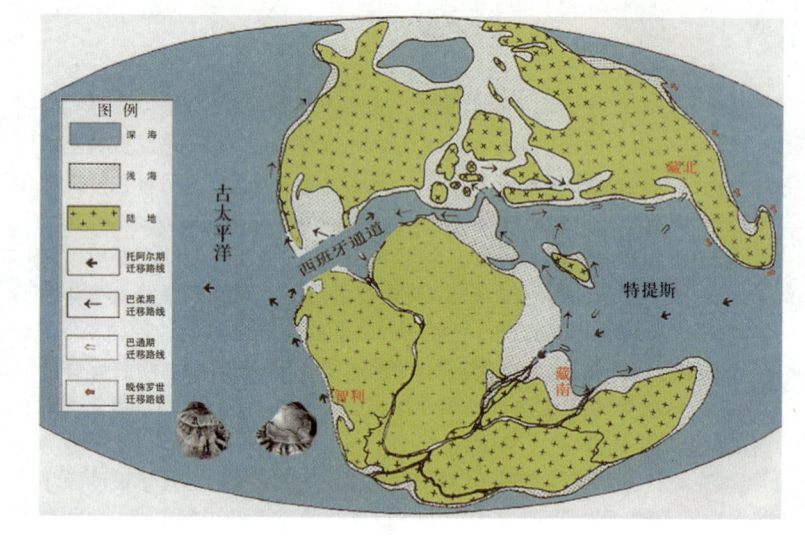

这幅侏罗纪牡蛎迁移路线图，是古生物学家沙金庚教授绘制的，从中不仅可以看到来自现今南美智利的牡蛎漂洋过海的行进路线，还可以遥望到距今1.5亿年前藏南（尚在浅海中）、藏北隔海相望的古地理图景。

开篇
自新大陆

地球之巅珠穆朗玛峰

源于现今南美的浅海陆缘，沿着古太平洋海岸线繁衍，或者附着于浮木漂洋过海，总之这一庞大族群最终固化在唐古拉山主脊线的地层中，不仅远离了海洋，逐渐高出海平面也在五千米以上了。很高，很冷，多年冻土地带上动植物稀少，是此时此地的主要特色。

从侏罗纪到白垩纪，是恐龙为王并主宰地球的时代。20世纪70年代，中国科学院的恐龙专家在昌都县、左贡县和芒康县各地，发掘出恐龙化石几十处，有些化石种类是世界少见的，填补了早期恐龙演化阶段的缺环。由此我们得知，与藏北地区出露于海面差不多同时，也许还早，藏东的大地开始有声有色。假如有一双人类的眼睛在上方俯瞰，可见在脱离海浸之后，曾有古湖泊发育。那些湖泊大极了，方圆足有数百上千公里，从现今昌都地区南端的芒康县到北部的类乌齐县，均属同一个古湖盆。湖畔有湿地，有森林，适合恐龙生存。与藏北腹地相同的是，藏东也有

西藏吉隆盆地三趾马动物群复原图

　　三趾马是现代马的祖先，有至少5000万年的进化史。科学家在位于喜马拉雅南麓的吉隆盆地出土了三趾马、大唇犀、小古鹿、短耳兔、葛氏羚羊和麂、鬣狗七种哺乳动物化石，年代约在700万年前；藏北高原布隆盆地亦见出土，年代早至1000万年前。除与吉隆大致同类的动物外，还发现了以竹叶为食的竹鼠，可见其时藏北地区是有竹子生长的。

开篇 自新大陆

西藏披毛犀复原图

  2007 年在西藏西部札达土林中发掘出 370 万年前的披毛犀化石。研究表明，其系统发育处于该谱系最基干即最原始位置，因而被认为是万年前在北美灭绝的披毛犀的祖先种。借助分子生物学即 DNA 检测手段，科学家认为札达土林出土的哺乳类动物化石中，尚有现生动物雪豹、岩羊、盘羊、鬣狗、北极狐的祖先种。本来藏羚羊的祖先种——库羊也在其中，但在高原北部柴达木盆地发现了年代更早的。尚未找到化石，但凭分子生物学证据推断，起源于青藏高原的动物可能还包括牦牛、藏野驴。冰期动物以猛犸象—披毛犀为代表，学术界长期流行的冰期动物"北极起源"假说由此被颠覆，而史前动物"走出西藏"新说则不断添加新证据。

煤层，现在海拔都在五千米以上，说明古环境和古气候曾经多么温暖湿润——藏北的大羽羊齿植物相当于现今热带和亚热带的华南物种；而昌都的大部地区，呈现紫红色彩，红色的山脉红色的土地，正是在地质史中经历了漫长的湿热气候，土壤中的铁质被氧化而生成的"锈"色。

拉萨一带的地层中既没有恐龙化石，更不见煤层踪影，因为彼时它还在海洋大水的覆盖下沉睡呢！

当恐龙退场的时候，当青藏地区整体脱海、轮廓始现的时候，自然史正好进入崭新的纪元——新生代。历经五千万年前的新生代大暖期，历经从平川到高原的隆升过程，伴随着气候改变，生存环境改变，演化舞台上依次走过巨犀群，铲齿象群，三趾马群，真马群，当第四纪冰期降临之前，高原已经先期进入冰封，进化出以披毛犀和牦牛为代表的耐高寒的物种。

快速隆升，伴随着大冰期来临，不仅改变了青藏高原自身面貌，也使中国、亚洲乃至北半球都发生了巨大改变。开始只是自然环境的，到人类社会出现，从生存方式到历史走向，其影响所及，如果不是决定性的，至少在相当程度上施加了影响——

超越两千米的临界高度，诱发了南亚的季风环流，形成了冬季亚洲北部强大的西伯利亚—蒙古高压，给东部长江中下游以南送去了丰沛的降水，让它物产丰饶，成为鱼米之乡；给中国的西北地区送去了干冷的风，黄土高原渐成。

连绵的雪岭和巨厚的冰川享有"亚洲水塔"之称，成为中国和南亚的众水之源。伴随着人类文明曙光闪现，照亮了初民的生活与古老的国度——从中国的黄河—长江文明，到印度河—恒河文明。

西部的大高原和东部的海岸线，规定了中华民族的生存空间，也在相当程度上决定了中国历史走到今天，是这样的而不是别样的。历史学家黄仁宇撰写了《中国大历史》，本意是写给西方人看的，其中谈到一个大概念：中国文明数千年，何以维持了大一统的局面和观念？答案是，或与土壤、风向和雨量有关："易于耕种的

开篇 自新大陆

青藏高原卫星图片，蓝色的水系是根据原始数据绘制的。自右至左为：黄河，金沙江—长江，澜沧江—湄公河，怒江—萨尔温江，雅鲁藏布江—布拉马普特拉河，独龙江—伊洛瓦底江。左上角阿里境内的狮泉河、象泉河、孔雀河等外流河，分别成为印度河、恒河的源头或上源支流。

纤细黄土、能带来雨量的季候风，和时而润泽大地、时而泛滥成灾的黄河，是影响中国命运的三大因素。"

　　这三大因素，黄土、黄河、季风雨，就其物质层面说来，皆拜青藏高原所赐。可以补充的，有长江。长江，黄河，流贯全中国，沿河而居的先民创造了华夏最初的文明：黄土高原，成为古代中国农业的主要起源地；长江流域，则于万年前开创了稻作文化。季风带来适时的降雨，易于耕作的土地生长了石器和青铜。历史学家说，黄河既有益也为害，它不时地改道，为史所记的决溢泛滥将近两千次，欲使大河安澜，必得集合全国之力，统一的政权应运而生。历经数千年，尤其是隋唐之前七八百年民族重整过程，早年所说的戎狄蛮夷等多个族群，与更早进入中原的人群，融合而为一个庞大的多元的民族——汉族。借用"化生"观念，这是一个濡化而生的民族。

风化成典
西藏文史故事十五讲

高原天光

  这就说到以大高原为载体的藏族了。在大江大河的源头一端，高高在上的地理单元中生活的人群，其生存发展历程，与其他民族相比，既有共同性又有特殊性。自然环境决定了这个民族的基本样貌，生存发展之需，及其与周边民族的互动，决定了最终的朝向和融入。这一过程，正是当下这部书所要从头道来的。

  许多年前，作者我曾结集《走过西藏》，属于现在进行时的实地踏勘；这一次再度走过，是溯源而上，再顺流而下，属于文史之旅。曾经的故人旧事，有一些是耳熟能详的，有一些则是钩沉索隐之得——书中人物从历史记忆的深远处出发，在二维空间的纸面上，复活。

第一讲

神话时代之万物何来

风化成典

西藏文史故事十五讲

在全新世大暖期开始之前，青藏高原已经出现了旧石器人群的季节性活动，有可靠年代支持的实物证据来自青海湖畔，距今大约1.5万年。西藏地区迄今已发现具有东亚石器技术系统特征的旧石器遗存，分布在藏南、藏北和西部阿里等地。

自从20世纪70年代考古工作者在西藏东部昌都地区发掘了距今四、五千年的卡若遗址，此后在雅鲁藏布江两岸和拉萨河、象泉河畔，新石器遗址迭有发现。以卡若遗址为代表的粟米文化和彩陶工艺，明显受到黄河流域旱作文化的影响，同时也说明了沿着三江（金沙江、澜沧江、怒江）流域，此地与西南山地原始文化的交流。

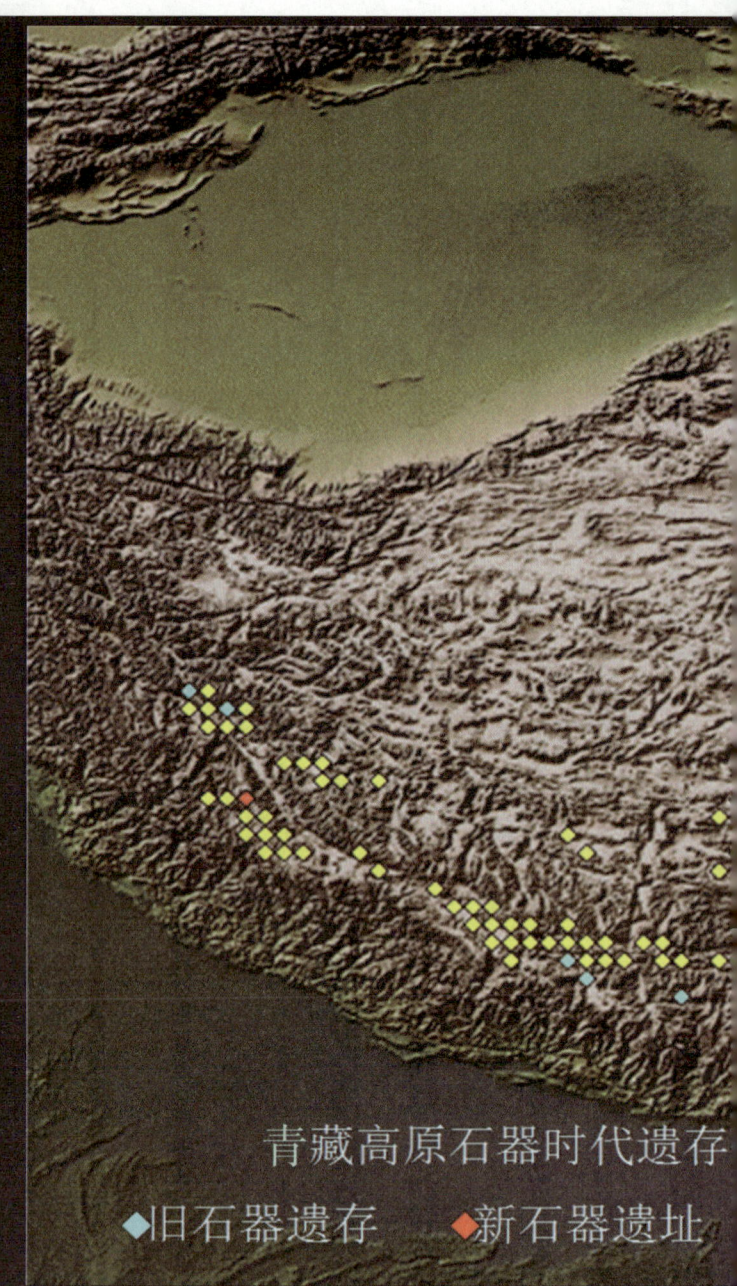

青藏高原石器时代遗存
◆旧石器遗存　　◆新石器遗址

12

第一讲

神话时代之万物何来

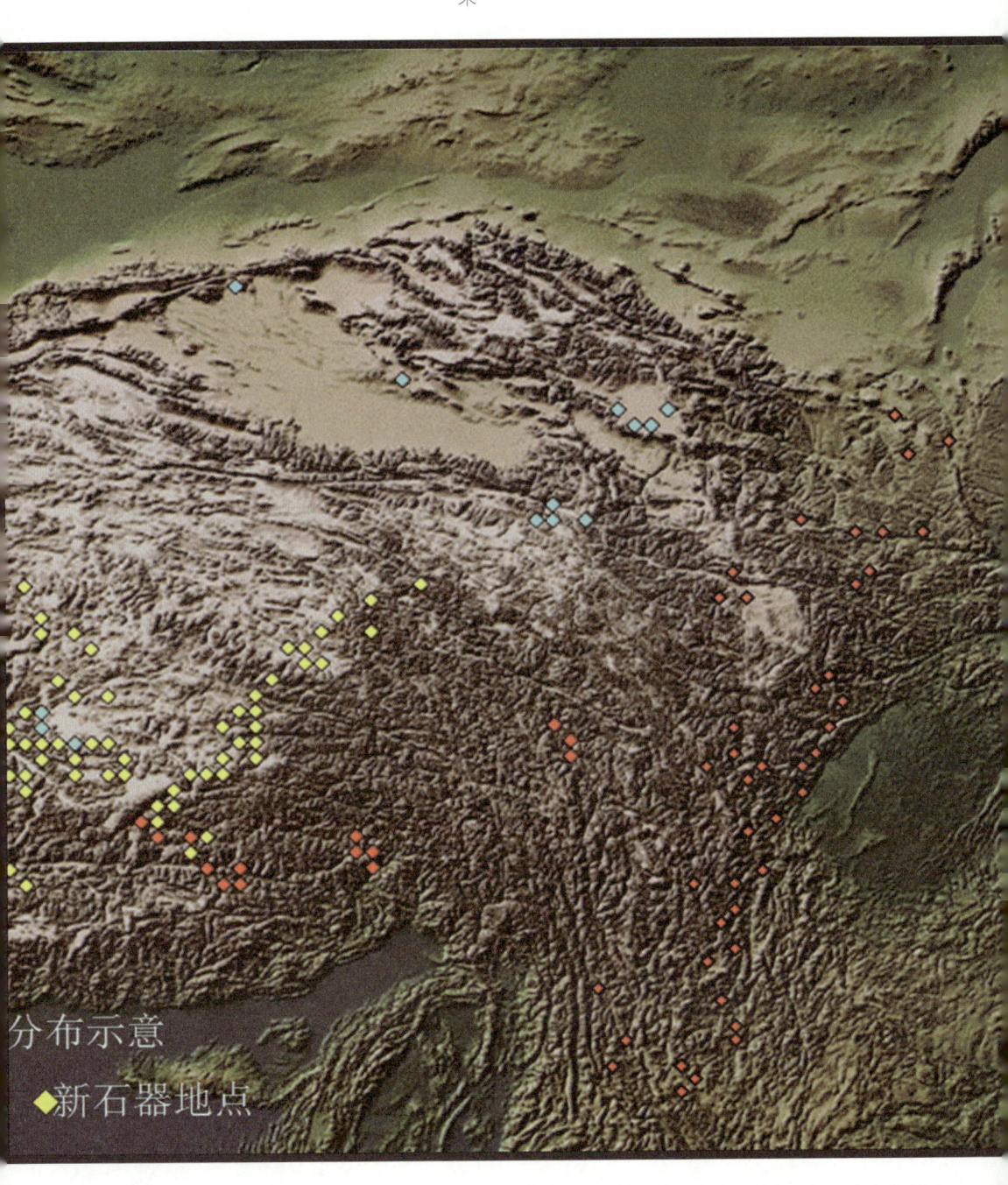

分布示意
◆ 新石器地点

西藏地区旧、新石器遗址及石器点分布　李永宪制图

创世神话的古歌余韵

进入本书主题，假如能从西藏上古神话开讲就好了，就像老故事所云——

在从前的从前，昨天的昨天，天和地发生了战争，铜和铁发生了战争。大地因此剧烈动荡，并发出了金属撞击的刺耳声响，岩石崩坏，在天地间翻飞……总之电光石火，充满宇宙，远古太初正是从这样一个混沌无序的纪元开始的。

当战争结束，尘埃落定，松石成为幸存者，很可能作为大地的主宰。若说松石的父亲，那是松石王塘波；若说松石的母亲，那是某种上等的松石。他们的儿子，是分布在东南西北各地、名字各有不同的松石家族，据说主要的有四种……

后来松石之间也不可避免地发生了战争，曾在七重天上打过，曾在七重地下打过。古代讲故事的人就说了：坚忍属于神和铁，人的思想没有一刻是坚定的。这句话看来像是总结，古老智慧的结晶，说得斩钉截铁，有如终审判决，但似乎存在悖论，逻辑上等于：人始终坚定地认为，人的思想没有一刻是坚定的。

最早出现的人名，有一个叫米布米祖的，后来的名字就多了。不知所为何来，初民之人和松石之间也发生了战争。神话没说谁胜利了，但说到人类必须效忠蓝松石。

神话又说，需要人效忠的神和半神之物还多，从青稞，到棉布，到一种长青的草本植物"采"。而所有这些被崇拜的物象皆有族谱世系，例如青稞的父祖，他在丁尼丁草原高高飞翔，是一只雄鹰吧；青稞的母亲名叫恰普季玛恰普秀色，是何形

第一讲

神话时代之万物何来

象不得而知。青稞的家族庞大，主要的也有四种。其中的七粒青稞来自于名叫"六生"的母青稞，而六生母青稞是神青稞。神话教导人类，需要敬奉效忠的是六生母青稞。

妖魔是有的，我们对此所知不多，只是在神话语境的缝隙里，了解到妖界似乎是人界的反面：火没有温度，水亦非水——"火不热水不湿"，或者"火不起水不退"，"火不蔓延水不上涨"。

在藏地先民的上古神话里，无论有机物如植物、无机物如石头，多被人格化或神格化。从上述依稀的线索中，我们能够想象到对于宇宙万象的来龙去脉，都曾有过解读，相关故事广为流布，定是尽人皆知，可惜亡佚。上述不完整的故事来自密藏于敦煌千佛洞的吐蕃时代藏文古卷，大约成书于公元8~9世纪，发现于20世纪初。虽不完整，有胜于无。经由现代学者勉力翻译，辑成《东北藏古代民间文学》。

所谓东北藏，故事中名叫"机"的王国，一般认为在现今甘、青一带黄河上游，属于当年被吐蕃征服的"大蕃"范围，曾经的苏毗古国故地。另有一些早先的创世神话，因为进入了口口相传的民歌中，而流传至今。有一组《斯巴问答歌》，以对答形式解释天地万物形成，其中《斯巴宰牛歌》具象地描述了自然环境的由来：名叫"斯巴"的神人宰杀了一头牛，砍下牛头搁在高处，变成高峻的山峰；剪下毛发栽在山阴，变成苍郁的丛林；剥下牛皮铺在平处，大地生成；割下的牛尾，使道路蜿蜒而现……

在青藏高原另一侧，藏东南，生活在山林的珞巴族各部落，则把天地成婚、衍生万物的创世神话讲到了今天。其中来自博嘎尔部落的故事说，本来世界上一无所有，天和地为之发愁，它们探讨了很久，结论是："我们结婚吧！"就这样，天和地结成姻缘，地母很快怀了胎，然而又不幸流产——由于血水的灌溉，地面生长起植物种种；有了植物的荫庇，动物种种随之出现。可是没有人类的世界很不平静，狂风骤雨，地震塌方。天父认为是地母对夭亡之子没能表达哀悼之情所致，于是地母听从建议，哀悼起来。天地之间复归安宁，地母顺利产下一子，名叫"金冬"，据称那是举世第一人。

博嘎尔以外的部落里，还有日月成婚、姐弟成婚和东方各民族兄弟祖先神话的

风化成典
西藏文史故事十五讲

作者采访珞巴巫师

在珞巴族的传统社会里，巫师承担着乡村文化载体的功能。2006年夏季，作者在藏东南的米林县采访了博嘎尔部落最后的巫师亚崩老人。当问起世界由来时，老人开口便说："世界本来一无所有，直到天和地结了婚。"她说，天和地结了婚，生下了世间万物，生下了人、虎、猴三兄弟。直到现在，珞巴地区还流传着人和老虎互相帮助的故事。

多个版本。珞巴族之外，同属山林人群的僜人也讲：原始世界一片汪洋，由于自然力的作用，陆地形成。东山生出一男孩，西山生出一女孩，成年后结婚生子，然后以孩子为牺牲，用血肉和起泥土，撒向东方，东方各民族的祖先由此而来……

除了边缘地区，这类老旧故事在西藏腹地早就不讲了。从何时开始不再讲了？大约一千年前，藏传佛教普及到民间的时候。成书于13世纪的《五史鉴》援引了此前几百年的藏文古籍，有可能是前佛教时代的创世观，系宏大叙事：世界本来一无所有，甚至连世界自身也并不存在，宇宙大神以愿力创造出一位类似于盘古的神人，其形态在有无之间，有呼吸，会眨眼，似有头发隐约摆动。呼吸转而为风，使天地分离；天地之间，黑白二光交相辉映，从中诞生了代表男性的黄金花朵和代表女性的绿松石花朵。两两结合的产物，是繁衍出谱系众多的天神世家。后有天神下凡，入主人间……

第一讲

神话时代之万物何来

南迦巴瓦峰

南迦巴瓦峰是喜马拉雅山脉东部尾闾主峰,雅鲁藏布江环绕此山,形成天下第一深峡。在2005年《中国国家地理》"选美中国"的评选中,南迦巴瓦峰荣膺十大美山峰之首。美丽山峰的周边地区,世代居住着珞巴族、门巴族、藏族和僜人。

正像儒家屏蔽了上古神话中的"怪力乱神"那样,当佛教进入吐蕃并成为主流宗教之后,对于世界的形成另有一番说辞,后来的著书立说者兴趣随之转移,致使那些伴随着初期农耕牧猎生活的、在原始思维处女地上生长的花朵枝叶——那些原初本真的植物神、动物神、创世神、祖先神,

西藏本土宗教——苯教之经典《十万龙经》中,将世界形成归之于原始母龙,即"龙母"。它的头顶之上变成天空;右眼变成月亮;左眼变成太阳;四颗上门牙变成四颗行星。眼睛一睁,白昼出现;眼睛一闭,黑夜降临。从它的上下牙处现出似月形的黄道带。它的声音形成雷,舌头形成闪电,呼出之气形成云,眼泪形成雨,鼻孔产生风,血变成苯教宇宙中的五大洋,血管成河流,肉体变大地,骨骼化作山脉。

风化成典 西藏文史故事十五讲

那些天地铜铁松石之间的纷争随风而逝，即使有所保留，也无不涂布佛教言说的色彩。联想起雪域黎民的起源神话，即猴子变人传说，正是这样被改造。好在民间依然保留着可能的原始版本，是山南泽当镇一位老人告诉强巴次仁的，强巴次仁又转告了我，而我则告诉了更多的人。

《中国歌谣集成·西藏卷》"创世歌"选二

林芝民歌：四个鹏鸟蛋　　山南民歌：青稞的来源

世界最初形成时，　　　白色的青稞从哪里来？
只有披风那般大，　　　白青稞从金鱼身上来；
中央浮现一座湖，　　　金鱼第一次从哪里来？
湖中矗立箭羽岩，　　　金鱼第一次从龙界来；
岩顶长出擎天树，　　　豌豆第一次从哪里来？
上结四个鹏鸟蛋：　　　豌豆第一次从鱼眼来，
一为绿色璁玉蛋，　　　是小孩子们吃的零食；
滚落下方变成海，　　　麦子第一次从哪里来？
江河之水由此来；　　　麦子第一次从鱼腹来，
一是白色海螺蛋，　　　麦子像鱼腹由此而来。
滚到上方变成雾，　　　青稞第一次从鱼背来，
细雨绵绵由此来；　　　青稞有花背即由此来。
一是黄色金子蛋，　　　青稞制成酒和糌粑，
金蛋变成黄土地，　　　青稞制成智者甘露，
世间万物由此来；　　　青稞制成头人好酒，
一是光亮银子蛋，　　　青稞制成阿舅饮料。
银蛋原本没出窝，　　　荞麦来自鱼的心脏，
黑头藏人由此生，　　　所以很像鱼心形状，
由此生来由此盛。　　　荞麦总爱到处乱跑。

18

第一讲

神话时代之万物何来

口碑中的猴子变人传说

　　这个试图还原的故事，最初的发生地不在山南，应该是在藏东南的山林中，是从两群猴子的战争开始的。讲故事的老人没讲战争起因，但不难想象，多半是为争夺食物而战：那时的人类先祖还是猿猴的模样，寒冷时以兽皮裹身，天热时基本裸体，食物全靠采集猎取，经常处于饥寒交迫境地。也许是在一个春暖花开的日子里，有这样的一群从北面翻山而来，他们中的许多成员死于刚刚过去的严冬，幸存者惊喜地发现了山谷中可供活命的核桃林，经年凋落的果实厚厚地铺了一地。

　　正在此时，远处传来一阵喧哗，沿着小溪走来更大的一群，是从南面翻山而来，同样的对这片"粮仓"欢呼雀跃。继而冲突难免，虽然武器原始，棍棒加石块，但争斗毕竟争斗，难免你死我活。就这样，恶战持续了大约一两天，胜负已决：北山的一群寡不敌众，只剩下一只小公猴死里逃生。

　　死里逃生的小公猴落荒而走，在群山中走过了整个雨季，躲避猛兽，也躲避同类。这一天傍晚，他来到一座山脚下，举目望去，一面山壁爬满了藤蔓枝叶，鲜紫的葡萄十分诱人。小公猴警觉地四下张望，周围安谧得很，一纵身攀上岩壁，大快朵颐。

　　藤蔓掩映中有个山洞，一只成年母猴在此栖居，有关它的来历我们不知其详，讲述故事的老人没有提到。总之如同早已注定了的那样，存在仿佛就为等待。此时母猴在暗处已经望见了采食的公猴，但心怀疑虑，不知对方是友是敌。小公猴也发

风化成典 西藏文史故事十五讲

现了山洞，同样心存犹疑，但禁不住葡萄的诱惑，仍在每一天匆匆去来。终有一天，母猴现身。公猴定睛一看，眼前的异性同类貌美如花。接下来，公猴鼓足勇气说了，让我们一起生活吧！母猴满心欢喜地回答：我已等待很久！

我已等待很久——这段对话是故事老人的原话。覆被着葡萄藤的山洞就是山南地区首府泽当镇附近贡布日神山的猴子洞，而地名"泽当"正是"（猴子）玩耍的坝子"。老人说，这个故事在雪域西藏流传下来，是猴子变人神话的最初版本。

故事的后续部分，是讲这对先祖眷属生下一群儿女，儿女们再生儿女，把山林中能采摘的、能挖掘的、能捕捉的全部吃尽的时候，遭遇了饥荒。猴子夫妻从掉落在地的葡萄籽可以发芽生长中得到启发，就让儿孙们收集来谷物的种子，撒播在地，最初的农业由此开始。故事的结局是：由于代复一代蹲在地面劳动，尾巴渐渐磨秃了，猴子变成了人。

这个故事后来进入多部藏文典籍，

山南泽当贡布日神山猴子洞

罗布林卡壁画上的猴子变人神话

第一讲
神话时代之万物何来

用以解说族群由来,并有贡布日神山的猴子洞作为物证,有泽当镇的"猴子坝"地名作为旁证。不过典籍将其改版,佛教化了:神猴乃观世音化身,在贡布日山洞修行,有岩魔女罗刹前来诱惑。起初不为所动,罗刹女使出了厉害的一招,声言如果不能与神猴结为夫妇,就将委身于恶魔,生下魔子魔孙,为害世间生灵,云云。闻听此言,权衡利弊,从而结缘。当后代繁衍到五百只面临饥荒的时候,再赐五谷种,从此大地有了耕耘,劳动者成为人类。身为神与魔的后代,人类便同时遗传了神与魔、善与恶、美与丑的基因,秉性各有不同。

这一个传之久远的神话原版与改编,解释了人种的起源,暗合了人类演化的科学史观,所以当20世纪初,驻藏帮办大臣张荫棠在拉萨宣讲"天演论",讲从猿到人,听众接受起来一无障碍,大家说,本来就是这样的嘛!

从一个故事开始,所有的故事都开始了。高原上的人间烟火从此不断——涉及"人间烟火",不妨讲一个"讨火种"的乡间儿童游戏,那其中包含了与古老生活密切相关的信息——

邻家的阿妈啦,

借我一点火吧!

……

游戏开始,小伙伴们分饰不同角色,且歌且舞完成一个过程:讨火人手捧盛放火种的陶盆返家途中,经历了前有虎豹拦截、后有豺狼追赶、恶人从中破坏

猴面陶饰
拉萨曲贡遗址发掘出三千多年前的陶罐上的猴面装饰,似可说明高原初民曾经存在过"猴图腾"崇拜。在今天的西藏,人们对猴子心存亲切。20世纪90年代初,西藏电视台藏语频道播放译制连续剧《西游记》,成为城乡居民百看不厌的最爱。人们不说看某片,都说看"猴子"。

风化成典

西藏文史故事十五讲

灶神属于苯教的地下神系统，以蝎子为其象征。每逢藏历年，人们要在厨房墙壁画上它的形象，并举行仪式向之供奉祈福。有关炉火的禁忌为：不得向火中投放骨头、头发以及不洁之物。在西藏，烟火与炉灶还象征着生存状态，灶火旺不旺，是一个家庭的兴衰信号。富有者被称为"大烟户人家"，穷人则是"小烟户"，被喻为"从一个鼠洞般的小房里，冒出一根马尾丝般的炊烟"。

等等一系列情节，最终一一战胜，当意念中有火焰跳荡在灶膛里，游戏结束。

讨火种的游戏起源于何时？没人说得清。相对明确的是，这一表现古老风习的游戏消失在1950年代，因为向我描述此一游戏轮廓的边多老师，在我写作本书的当下，已年逾古稀，而他正是讨火游戏的最后一批参与者。边多老师同时身兼音乐家和民俗学家，他的话听起来没错：这个游戏是个映象，折射出千百年来藏地乡村传统生活的一个常态。在点火用具匮乏的从前，保留火种是每户人家每晚必做的功课，方法是将星火余烬埋压在陶盆里，使之既不见明火也不致熄灭，待第二天早炊时引燃。这是一项有技巧的活计，总有不慎熄火的时候，于是邻里乡亲相互讨要火种，成为乡村生活内容之一。这是指广大农村而言，牧区人由于居住分散，燧石火镰必不可少。

我们没能在藏族上古神话中查找到效忠于火的记载，现今也是仅见流而不见源，唯知火是世界构成的元素之一，这说法更有可能来自佛教认知：在经幡的五色中，在居家装饰的檐帘中，以红为象征。我们知道的还有，本土宗教中对于火的崇拜，后来引申为灶神崇拜，对于灶火既感恩也敬畏，至今藏族尚存一系列禁忌。

总而言之，照亮史前文明暗夜的火光，从点燃的那一刻起，就再也没有熄灭过。

第一讲

神话时代之万物何来

马和犬怎样成为人类朋友

先讲一个家马与野马何以分道扬镳的故事。

神话说,"在昨天的昨天,在九个九十天的昨天",总之十分遥远的年代,马的父亲名叫喀尔达义雅尔瓦,母亲名叫桑达义巧玛,它俩在一个名叫达萨隆章的甲莫绒地方生下后代。马是神马,曾经住在天庭,但自从吉祥时代结束,灾难时代来临,天庭荒芜了。神马从九重天上降落凡尘,为口寻找食物,为喉寻找水源。后来神马之子遇到一个名叫吉恰曲的同类异性,生下了三个儿子:大哥义吉当强,二哥江绒俄扎,三弟库绒曼达。三兄弟分赴各地寻找水草丰美之地,从此命运各异。

马大哥义吉当强来到藏北的羌塘,面见此地的主人野牦牛噶瓦,提出分享这片草原的请求。野牦牛噶瓦不同意,动用了蛮力,拿犄角把马大哥挑死了。死者凄惨:肉被鹫鸟啄了,血被大地喝了,熊啃了骨头,风吹散了毛发。

两兄弟在远方呼唤,听不到回应,一路找到羌塘,只见到一堆骨骸。小弟曼达血气方刚,誓言报仇;二哥俄扎态度务实,认为长兄的本领是最大的,尚且抵敌不过,还是远避为上。

但是马小弟曼达决心已定,打算借助人的力量复仇。二哥听罢警告说,与人亲近,只能得到被役使的命运,口中套嚼子,背上驮鞍子,身心受摧残。小弟反驳道,你可以追求自由,但也缺乏安全,野兽的四蹄会追逐你,射手的箭矢会瞄准你……

风化成典

西藏文史故事十五讲

正所谓人各有志,马兄弟也是这样。曼达来到机王国,面见名叫莫布丹先的人,表达了合作意愿:"活着我驮你远行百年,死后与你互换我做主人。"人和马就这样达成约定,立下了钳子般的重誓,摁下指印表示信守。

——另一译本则说,小马曼达承诺:从此以后我驮你百年,当你作为七十万颗星辰之主死去时,你仍将是我的主人。

库绒曼达充当坐骑的感觉好极了,骄傲地体会着如同猛虎捷豹般的威风,风驰电掣般来到羌塘。骑手莫布丹先一挥绳索,套住了野牦牛噶瓦;任由野牛撒腿飞奔,瞅准机会往回一拉,利器随之刺穿牛身——噶瓦毙命,大仇得报,牦牛的尾巴做了曼达鬃毛上的装饰。……

藏北高原上的野驴群
相传从天上下凡的马兄弟归宿不同,小弟曼达的一支驯化成为家马,二哥俄扎的一支成为野马。

第一讲 神话时代之万物何来

从此以后，小弟曼达的后代跟随人类有了家，二哥俄扎的后代呢，继续在旷野游荡。

这则动物神话来自敦煌所藏的藏文古卷，在公元 8~9 世纪记入文本。只可惜残本中不见野狗是怎样成为忠犬的，我们只找到了晚些时候的传说。以下的故事是我曾经的同事、民俗学家次仁玉珍讲述的，她是从做过猎手的父亲那儿听来的，父亲又是从更老一辈那儿听来的，就这样口耳相传。

故事说，一位猎人瞄准了一头公鹿，引而即发时，弓弦崩断。一只花狗当即现身，为他叼来急需的皮弓弦。原来这只花母狗是只神犬，从天界下凡就为帮助人类，所以能够听懂人语，理解人心。这一天故事的结局，是猎人重新拉满了弓，射向那只命中注定在"等待箭"的公鹿。

从此以后，花母狗成为猎人的好帮手，不需要主人跋山涉水四处寻猎了，各种猎物自会被驱赶到射程内，猎人足不出户，只管搭弓射箭就成。这样一来，猎人不必再为生计发愁，不仅有吃不完的山珍，还用猎物的皮啊肉的换回奢侈品享用。猎人给心爱的狗取了个好听的名字"弓弦花"。"弓弦花"同山中的虎豹熊狸交合，生下一群又一群样貌各异的家狗，四散而去帮助更多的人。

不过神犬"弓弦花"的结局是个悲剧。讲故事的次仁玉珍引用了一个藏谚："人和山羊一样，经不起饱食的考验；吃饱了肚子没事干，就会添乱。"渐渐地，"弓弦花"的主人变得贪婪，有一天忽发奇想，说：今天你必须赶来一种我只闻其名、未见其状的奇兽来。

"弓弦花"听罢，怔了半晌，然后神色黯然、一步三回头地上路了。

当太阳就快下山时，山顶传来急切的犬吠声。寻声而去，只见爱犬正守住一个山洞狂吠。猎人心中大奇，定睛看去，洞中怪兽竟是一个巨大的、暗褐色的、通体嵌满眼睛的软体球状物——那些眼睛睁开来，凶光毕露；关闭时，皱巴巴一团皮囊。猎人大惊失色，慌忙射出一箭，那怪物应声喷出一团黑气，可怜"弓弦花"闻气即死。猎人咽气稍晚一些，稍晚一些是为了想得明白：这怪物正是传说中的罗睺星宿，

风化成典 西藏文史故事十五讲

专食太阳月亮的凶煞,的确是仅闻其名、未见其状啊,爱犬忠实地完成了任务,不过代价太大啦!

垂死的猎人追悔莫及。这时候,一轮圆月升起,照耀群山一片银白。

换一个角度看来,神犬虽死犹生。人们说,"弓弦花"遇难日适值藏历三月十五,于是后来每到这一天,人们要往山上抛洒牛奶青稞以示悼念。

藏獒

相传狗祖母"弓弦花"与各种兽类交配的后代,品种不同:第一种是有熊的血缘的牧羊犬,声名显赫的藏獒;第二种是猎犬,属于虎、豹、狼的骨系传承;第三种是宠物狗,小巧玲珑的袖狗哈巴狗,是狐狸的后裔;第四种是野狗,混杂的品种,退却了神性光芒的不良遗传。

神犬的后代陪伴着先民从远古走来,从游猎时代到游牧和定居,一直走到现在。在从古而今的藏族生活中,牧狗猎狗宠物狗一直就以家庭成员的身份存在。上述这个犬类起源神话也暗合了动物行为学家的考证:比上万年更早的时候,原生胡狼的某一种就被驯化为狗,或者说,那种胡狼在天性中就注定了向人而生。

26

第一讲 神话时代之万物何来

这两个故事都说明了，出于先天的感情，马和犬都是自愿与人类为伴。同时也解释了藏族何以自古以来恪守忌食狗肉和马肉的习俗，并惠及马的近亲驴、骡等圆蹄类动物——早有生死契约在先。于是从牧猎到农耕，犬和马"汪汪""咴咴"的欢快叫声从来就交织在人声里。曾经有人假设过，未来某一天，由于某种原因，唯有人类这个物种消失了，整个地球上的全部物种肯定都会高兴极了，只有狗，会充满哀伤地怀念我们。为什么没有说到马呢？最可能的情况是，后现代社会不再需要，除了赛跑的马和表演的马，日常生活中早已退场。

藏北高原聂荣县牧区有一首关于动物起源的古歌："古时的莲花湖里，长出一棵檀香树；树干分五杈，上落五只鸟；五鸟生下五只蛋，白蛋孵出绵羊，黑蛋孵出牦牛，蓝蛋孵出山鹰，黄蛋孵出野鸭，铁蛋砸开后，是公狼和母狼。"

上古村庄沿江河而居

暗夜尽头，黎明的降临悄无声息，可是当太阳从东山升起的刹那，仿佛"哗"的一声，光影铺泻一天一地，本来很凝重的雾霭忽闪了一下，林中百鸟齐鸣，应和着古老村庄的鸡啼犬吠。横断山区、澜沧江畔，这个名叫"卡"的山村睡醒了，炊烟融入雾霭——不需要太多想象，这幅山村晨景几千年里恒定如一。不变的是生活之流，具体说来，还有藏地延至今天的制陶工艺。

少年阿普走出半地下的穴屋，迎向阳光舒展双臂，随即快步奔向不远处的高台地，那里有春耕农忙前烧制的最后一窑陶罐。阿爸露天守了一夜，此时正从草皮的灰烬中一一翻拣出泛着青光的盆盆罐罐，面带喜色地冲着阿普说：差不多全部完好，只有一只崩碎啦！

阿普一眼就望见了自己的作品：一对猪崽相向而立的造型，上刻几何纹的图案，看上去很美。据此我们可以想象，制陶技术是阿普的先辈从遥远北方带来或学来的，成为阿普家的祖传手艺，卡村的陶器因胎薄质坚也一度享誉四方。

与阿爸烧陶高手的名声不相上下，阿普的叔叔是制作石器骨器的行家。那双巧手能把兽骨磨成锋利的针，能用贝壳和野猪的獠牙做成各式各样的佩饰，从江边滩地捡来石头，能敲出音调不同的声音，那是原始打击乐器——石琴。今天就要开耕了，他为这个季节准备了五个磨制石犁。

第一讲 神话时代之万物何来

　　五千年前阿普生活的时代，文明之光就投射在澜沧江畔，是属于农耕时代的文明：游荡觅食的人们定居下来，有了挡风遮雨的住所，有了生产生活的常备物品，有了饲养的家畜家禽牛羊猪鸡，有了以物易物的商贸活动，还有供审美需要的装饰品。令人敬畏的天空、大地、水中三界诸神各安其位，有专事人—神交通的巫师，可以把亡故之人的灵魂安顿在另一世界，永远活下去。祈望谷物丰收从来都是农业社会的理想，所以春耕的仪式是重要的，卡村人将以庄重的庆典，上演岁时祭祀的第一幕。

　　为此，这一天的早餐丰盛，阿妈特意在粟米粥里添加了干肉干果，全家人手捧陶碗，围坐在灶塘边——这个场景持续在传统社会的好几个千年里。画面中的人物或有不同，但场景不变。不过，根据我们掌握的考古知识，陶碗里盛的并非青稞糌粑粥，很久以后，几百上千年以后，麦类作物才会在西藏高原出现。从四五千年前文化地层中出土的，只有单一的谷物粟米。如今，这个古老品种可能的遗存，仅限于雅鲁藏布大峡谷内外，名叫"鸡爪谷"。

2002年卡若遗址二次发掘现场

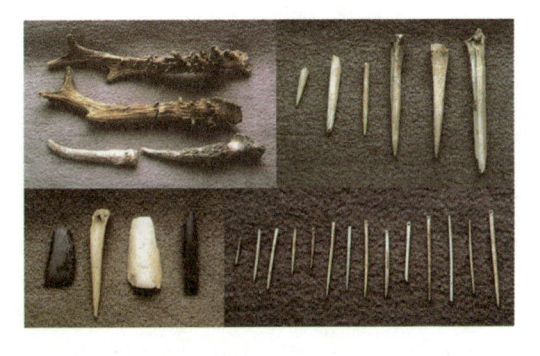

卡若遗址中发掘出的骨器

风化成典 西藏文史故事十五讲

卡若遗址上建成了昌都水泥厂

　　过了许多年，也许由于自然的灾难，也许由于人为的战乱，总之不论发生过什么，人们离开了，房舍废弃了，卡村荒芜了。

　　再过许多年，有人陆续到来，定居在附近。面对这片废墟，有人记得此地前身名"卡"，就把新的村庄称作"卡若"——卡若这名字本义为"废墟"，荒废的遗址。

　　岁月以风沙的形式走过，掩埋了阿普住过的村庄，差不多无迹可寻，人们甚至忘记了"卡若"村名的由来。直到20世纪70年代，卡若镇要建水泥厂了，开挖地基时首先发现了陶罐。考古学家们闻讯赶来，在一万八千平方米的范围内，发掘出二十七座房屋的遗址，上万件陶器陶片，大批的石器骨器。我们想象的由阿普制作的那个连体陶罐，历经五千年重新修复，被命名为"双体兽形罐"，如今摆放在西藏博物馆的橱窗里。2002年，卡若遗址历经二次发掘，证实了其时的农作物唯有小米，并意外地发现了鱼骨，从而修正了此前认为昌都人自古不食鱼的说法。

第一讲

神话时代之万物何来

卡若遗址出土的双体兽形罐

河南郑州大河村出土的彩陶双连壶

考古学家把遗址遗物连同那个时代称之为"卡若文化",藏学家们由此也认定了卡若人为藏族先民,把西藏地区文明史向前推进了几千年。

卡村的阿普到哪里去了呢?他或他的后代离开故土,也许终老在横断山区,也许沿江南下云贵高原,也许向西进入西藏腹地,继续着生活,开创着文明。在雅鲁藏布南北的邦嘎、昌果,在拉萨河畔的曲贡,或者其他江河之滨,定居下来,生儿育女,农耕牧作。昌果和曲贡,都有三四千年前的新石器时代村落遗址出土。与卡若不一样的是,曲贡已发现有青铜器,显见进入了早期金属时代;三千多年前的昌果、邦嘎作为西藏腹地

青海民和官户台遗址出土的提梁彩陶罐

卡若遗址出土的双体兽形罐,与仰韶文化和马家窑文化的比较

最发达的农业地区，出土了最早的麦类和豌豆——卡若时代的粟米由于低产，已经养活不了越来越多的人。

考古学家比对了卡若遗址与马家窑文化、曲贡遗址与齐家文化以及格尔木诺木洪文化等等这些不同地点但属同时期的文化遗存，得出了主体相似性的结论，同时指出兼有地域特色，并且似乎是时间越晚近，本土色彩越浓。风格的粗朴说明所在的生存环境更为酷烈。正像历史学家汤因比所指出的，应对自然"用力过猛"的结果是：生存第一，无暇其他。

横断山脉的高碉民居

第一讲 神话时代之万物何来

昌都的村庄和农田

　　在我们今天可以遥望的史前史中，来自同一支火把的照耀，然后点燃了一连串火把，说明早期文化传播的广泛性及后续的各自发展。从黄河流域到青海湖畔再到雅鲁藏布，人类居住范围扩展，密度增加；上古英雄们正在开创历史，青海湖畔以西王母为首领的羌戎氏族走向鼎盛，后来她成为中华民族的上古女神。多年来，藏学家们一直在探讨藏民族族源问题，从源自氐羌说，到本土说，到现在参照考古学证据、为更多人所倾向认同的外来+本土的融合说，也许更接近史实。横断山区三江流域这条历史上的南北通道、民族人群往来迁徙的走廊，最早可上溯到何时呢？

风化成典
西藏文史故事十五讲

先是听说在两汉先秦，后来又上推至春秋，考古资料证实在五千年以前，也许更早，早在人类有了行走的能力，道路就出现了。有了居所和田地的牵绊，行走能力反而下降，族群部落形成。以卡若文化为代表的西藏古文化，一端连接西南山地原始文化，一端连接黄河流域旱作文化，在古代中国的大地上，共生共荣。

人类沿河而居，道路沿河而行，三江流域的天然通衢，早于西部中国丝路的开辟，经横断山脉，通往中南半岛，延伸到孟加拉湾。这条古来即有的通道，被称作民族走廊、盐铁之路、茶马古道。

第二讲

传说时代之人神共处

风化成典 西藏文史故事十五讲

按照藏文古籍的说法，文成公主以八卦推算出雪域吐蕃乃一女魔仰卧形状，拉萨的湖泊正是其心血聚集处即心脏部位，遂填土建寺以镇之，是为大昭寺；其余镇肢寺均建在各重要部位。而这幅由当代画家韩书力创作的重彩布画《香格里拉》，看得出虽然受到上图启发，但从妖魔之地到神佛之地，反映了对雪域藏地与古人不一样的观感。

第二讲
传说时代之人神共处

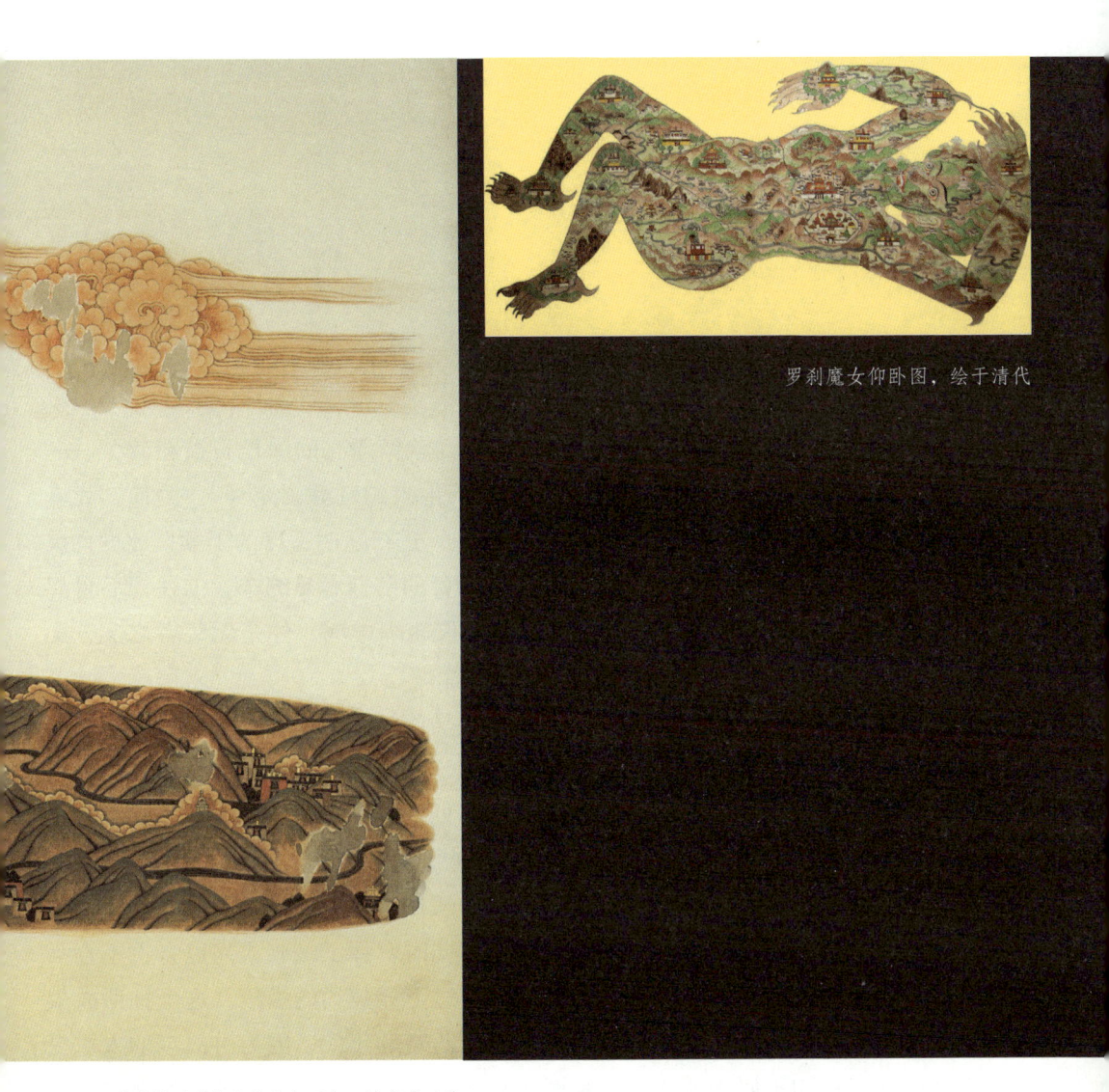

罗刹魔女仰卧图，绘于清代

《香格里拉》（重彩布画） 韩书力/作

古老象雄的精神流脉

谁带来了死亡的噩耗？是雄鹰头冠上的羽毛。

当那位助友灭敌的勇敢骑手莫布丹先死去，"就像漂亮的绿松石被粉碎"——神话这样说道，乘骑库绒曼达兑现诺言，充当了主人的殉葬"宠马"。为使"死者在死后还将活着"，接到鹰羽报信的苯教法师介入，进行适时适度的干预，超度亡灵仪式开始。与"宠马"同为死者仆人，另一种必备的陪葬者是绵羊，前往死后世界的导引者。作为灵媒的苯教师对它念念有词："仪轨绵羊啊，你是无父者之父，无母者之母……愿人由你而重生……愿人由你而赎命。"

就这样，绵羊在前开道，头角挑开岩石；小马库绒曼达紧随其后，驮着主人共赴亡者之乡。它需要在翻越山口的时候显示勇气，在面向渡口的时候显示慷慨。经过大约九座山口和九条河流，穿过天与地的交界处，异度空间在望：那里有冬夏常青的草木，有比美酒还要甘醇的泉水，主仆将在此地获得永生。

由于这个故事出现在最早的藏文古卷中，一般被解读为家马的起源、殉葬制以及古代丧葬仪轨难得的体现，也有人认为，这也同时解释了藏族人何以自古不食马肉，旁及驴、骡等圆蹄畜类，皆因人与马之间有过生死契约的缘故。这个神话故事不知流传了多久，然而显然记录于"旧教"已见落寞的年代，因为讲故事的人重复着一句话：这一切均不属于新教，而是属于从前的古老习俗。再三咏叹的还有：荒

第二讲 传说时代之人神共处

漠辽阔,道路漫长;自上而降的雨,自下而起的风;生者和死者之路不相一致,活人和死人特征有所不同;从前行善的人,现在还在行善,过去有益的东西,现在仍然有用……

据说源自古象雄的苯教,是一个万物有灵且二元并立的世界:明暗、智愚、善恶、神鬼、生灭……早期苯教作为自然宗教,天上、人间和地下,三界诸神灵异攒动,人类生活充满敬畏禁忌。苯教法师扮演着人神之间的媒介,以圣歌咒语交通神灵;

达尔果神山和当惹雍错圣湖
　　位于藏北尼玛县文部乡,是苯教的神山圣湖,此地也称古象雄的"中部之门"。

风化成典

西藏文史故事十五讲

从疾病的救治到灾难的禳解,几千年里致力于世间的平安、人生谢幕后的安排。但由于藏文的创制与佛教的传入几乎同时,前佛教时代的本土宗教乏于文字记载,遑论系统理论;上述概念和场景来自藏文古卷的断编残简,难免影影绰绰,原生态面貌始终模糊。尤其是后来接受了轮回转世的灵魂观,改土葬为天葬,从前的死后世界连同荐亡仪轨被集体遗忘,就连苯教象雄,也掩映于传说的迷茫中。

孜珠寺

　　藏东最大的苯教寺院孜珠寺,位于昌都丁青县的孜珠六峰山,据说是古象雄的"下方之门"。象雄—苯教的黄金时代,其疆域由西往东横跨数以千公里计,其上、中、下三部称"普吾、巴尔、穹波孜珠"。据说普吾位于阿里冈仁波钦一带,意为上方之源;巴尔即藏北尼玛县文部乡达尔果神山和当惹雍错圣湖一带,意为中间;穹波孜珠,即指丁青一带尤以孜珠六峰山为核心,为下方之门。现在的孜珠寺仍是藏东苯教中心。

第二讲 传说时代之人神共处

苯教象雄在哪里？很久以前，曾经的中心在阿里。很久有多久？不清楚，只知灭国于吐蕃松赞干布时期。藏文史籍中确有记载，不过从地望到史迹，半为传奇。现今你若从阿里开始走访，再向东穿过整个藏北高原，直到横断山区的藏东和川西，绵延好几千公里，沿途的人们都会自称为早年象雄的属地。当然，有学者指出，那是指宗教影响而言，而非国家或政权实体的概念，或者只是松散的部落联盟吧；象雄十八王之说，也似指各部落酋长而言。

可以说，象雄以另外一种方式"死后还在活着"。从学界到民间，不时被提起。而每每提起，不由不联想到诸如古老的、本土的、深厚的、精神童年的，这些含有形上意义的词汇，依稀可见古典光芒；每每提起，心情是尊敬的，视线是向上的。尽管象雄留下的实物遗产不多，但在高原民族的精神生活中，可说是履痕处处：在现今的藏历年程序中，从形式到内容无不体现了古老大典的本愿初衷，而随处可见的，从神山圣湖到乡土小神殿，五色经幡、玛尼石刻以及象征符号种种，居多的仍是对古老三界神的信仰。相对于后来居上的佛教，可谓"源"更远，"流"如果不是更长的话，至少是合流至今——之所以被称为藏传佛教，即是外来佛教与本土宗教的异质同构。另一方面，现时的苯教，也早已在相当程度上吸纳了佛教的观念和形态，乃至自称"黑教"，并列于藏传佛教之黄（格鲁派）、红（宁玛派）、白（噶举派）、花（萨迦派）诸派之中。

传说之余，对于象雄的追访还将不时为我们提供新的认知。古象雄周边毗连南亚、中亚和西域—中原的地理位置，

旷野上的五色经幡

关于早期苯教，一般认为是本土生长的"萨满教"性质，有人从中看出外来祆教的痕迹，有人不仅不赞同苯教＝原始本土宗教，还认为它或为佛教的一支，早于正统佛教自中亚传入；或按藏文文献所言，苯教来自大食即波斯。

风化成典

西藏文史故事十五讲

穹隆银城遗址

相传象雄的都城名叫穹隆威卡尔。"穹","大鹏鸟";"隆","地方";"威"是"银"或"银色";"卡尔"是城堡。传说中的"大鹏银城"悬浮于空中。多年来考古学家和热心人在阿里地区札达县一带用心寻找其遗址,迄无定论。这一处尚存建筑遗迹的地点也是争论的焦点之一。此图摄于札达县曲龙村附近,山形犹似振翅欲飞的大鹏鸟,而且村名也与"穹隆"之音相近。

第二讲

传说时代之人神共处

风化成典
西藏文史故事十五讲

昌都还不是古老苯教影响力所及的最东端，这座位于四川阿坝金川县马尔邦乡独脚沟村的苯教石窟，曾是苯教在川西的中心，虽已荒弃，但明、清时期的壁画犹存。

引发了学界探索的兴趣和热情。象雄在汉文古籍中早有记载，至少在隋唐两朝间就有贡使往还。那时的国号被汉文史籍称之为大、小"羊同"——大羊同包括现今西藏阿里地区和拉达克，西接大、小勃律，即今巴基斯坦北部的巴尔蒂斯坦（俗称"小西藏"）等地；小羊同在其南部接近喜马拉雅地区。大、小羊同似与藏史所称上、下阿里相对应。象雄—阿里看似边远，那要看是从哪个角度去看；象雄文明早于吐蕃文明，必定有其原因在。发源于阿里地区的河流狮泉河作为印度河的源头，流经拉达克和巴尔蒂斯坦，纵贯今巴基斯坦南流入海，孕育了古老而灿烂的古印度文明，灌溉了人类最早的农作物栽培地区——沿着印度河谷曾经走来过什么？是考古发掘出来的两三千年前的麦种吗？是宗教及其艺术吗？是商贸往来的驼队，是麝香—丝绸之路的延伸吗？多年来，阿里地区的过往痕迹一直都在被发现中，更多的惊奇值得期待。

回首苯教的象雄，神龙见首不见尾，但自然崇拜的遗风绵绵不绝至今；作为地方政权实体，早于吐蕃而终于吐蕃，

第二讲 传说时代之人神共处

但苯教的传统却若隐若显地相伴始终。让我们重新回到两千多年前的现场——吐蕃前身雅隆部落的第一代王，相传就是苯教法师们迎请的。

现在三十余万平方公里的阿里地区仅存一座苯教寺院，位于噶尔县，名叫古如江寺。2005年某一天，在该寺门前道路上，一辆载重卡车的轮胎陷入洞穴。寺僧前来清理，发现其下为一古墓，从中清理出一批殉葬物品，计有丝绸、铁器、陶器、木器和金面具等。其中丝织品蓝底白色图案，织有对鸟对兽、汉文"王""侯"等字样。经碳14测定，为1800年前旧物。另有陪葬的植物经鉴定为茶叶，将茶叶输藏的时间上推了数百年。2012年以来，中国社科院考古所对这片古墓群进行了规模发掘，并于2014年度列入"中国考古十大新发现"。一系列重大发现似可说明彼时阿里一带相当活跃的商贸交通，尤其说明了我们对古老象雄的知之甚少。

西藏岩画
属于早期游牧文化，东自昌都，西至阿里，南部从墨脱到山南，北部藏北高原，西藏各地均有原始岩画遗存，可以追溯到前吐蕃金属时代，内容与其时其地生产生活相关，手法为敲制或彩绘。

王从波密来

前吐蕃时代,雅隆悉补野部落的第一位王聂赤赞普生而有异:舌大覆面,趾间有蹼。他的祖先世居地不在雅隆河畔,他的故乡在东部波密,波堆藏布江畔的山村,只知有母,母亲名叫姆姆增。相传姆姆增生下了"特让"(饿鬼)九兄弟,最小的一个"特让玛聂乌贝拉"——因足趾有蹼相连,这名字就指有脚掌而无脚趾的"独脚鬼"了。当这个异于常人的孩子长到少年时,显示出格外孔武有力、智谋过人的样子。全村没有一个人独具慧眼,竟视其为异数另类,生怕带来灾难似的,做出了群起而驱逐的举动。少年人无奈,只好离开家乡,另谋生路去了。

其实,上古神话人物都是天赋异秉,传说中的形象个个与众不同:中华始祖伏羲和女娲均为人首蛇身,治水的大禹有时化身为熊,尝遍百草的神农是头上长角的,西海即青海湖畔的西王母则为虎首豹身,诸如此类。总之人神杂糅,从时代到个体,皆为人神共处的特征,亦即人类学家所说的"文化英雄"。西藏早期民间传说中的聂赤赞普相貌怪异,作为吐蕃王统第一人,后世有学者认为其貌不雅,出身不贵,才附会以天神之子下凡说、印度落难王子说,等等。在此援引的天龙八部之一说,来自恰白·次旦平措先生采用藏地最古老的本土说法,原版,写在《西藏通史·松石宝串》里。

这位未来的王离开家乡的时候,无声无息,不见史载,综合推断,约在公元前

第二讲　传说时代之人神共处

2世纪前后。此际的中土内地正值汉朝，正与北方的匈奴时战时和。此时的高原上棋布着十二个，或说四十个小邦国，也有说是二三十个的。不太确定的数目提示了邦国部落间相互的征战、臣服，或者自然的分合之类动态特点。各部族间不相统属，各有各的王。在这十二个或四十个小邦中，后来史称"鹘提悉补野"的雅隆部落还不够强大，但占有天时地利，农牧兼作，正蓄势待发，唯独缺少了一个统领人物——赞普，藏语本义为"雄强丈夫"，后来成为吐蕃王者的专享尊号。

部落的长者们派出六个人，或说是六位苯波巫师，满世界寻找堪为王者。不过就像早已安排好了那样，六位使者其实并没有走出很远，就在现今山南地区乃东县境内的拉仲江妥山下，望见一个伟岸的身影迎面而来——吉祥之地吉祥之时，寻找和被寻找历史性相遇。

此时的玛聂乌贝拉用他的蹼脚翻过山岭，涉过河流，走过很远的路程，在拉仲江妥山下，与迎请六使者不期而遇，他开口说道："我从波沃来。"于是，这个吐蕃前身的部落从此自命为"悉补野"：波沃之王。六使者为示恭敬，以肩为舆，抬着他走完剩下的路程。于是，这位第一代王就被称为"聂赤赞普"：颈座之王。他的故乡波沃，即波密（现属林芝地区），直译为"老人"，含有祖先之意，大约来自后人备忘。

这一场景是吐蕃正史的序幕开篇，在雅隆部落故地的山南地区所享有的诸多藏地"第一"中，除了前述由猴群开辟的第一块农田外，此时又增加了第一位王，聂赤赞普；第一个王修筑了第一座宫殿，雍布拉康；同时也可能是第一次兼并了邻近的、原由努王统治的小邦，因此可以说，统一高原的雄心从一开始就存在，就实施了。但在聂赤赞普之后的好几百年间，林立的小邦国比悉补野强大的比比皆是，例如松赞干布父祖时代，西有象雄，北有苏毗，雅鲁藏布江对岸和上下游，全都是别家地盘。

在没有文字记载的时代，这几百年间，一代又一代人经过，发生过什么事情已无从记忆，只留下一些笼统的概念。例如《西藏王臣记》说，松赞干布以前，"王族世系二十七代，其在位时，咸以苯、仲、德乌三法治理王政"。"仲"的本义是故

第一位藏王聂赤赞普　　第一座宫殿雍布拉康

事、寓言和神话传奇，是指文字创制前，史官名"仲"，为王者讲解口口相传的历史，旨在提醒以史为鉴。"德乌"即隐语谜歌，属于神秘主义范畴。当然最重要的人物是苯教大巫师，其职责是代表神意、以超自然力护持国政。就像其他邦国那样，苯教作为国教，历经第三十二代赞普松赞干布，直到赤松德赞执政初期，王权一直以苯教为护法。当佛教传入，这一强大的本土宗教势力的地位开始动摇，在长期的佛苯斗争中兴衰沉浮，直到各自重新整合，苯教退居边缘地位。

在对外方面，我们同样无从得知这个部落与邻邦发生过什么，只笼统地知道在没有文字和法律的年代，各方是以盟誓形式确认合作、解决纠纷。苯教时代的盟誓仪式，以宰杀牲畜如牛、马、羊、狗进行血祭，盟誓者抹血于嘴唇，那意思是说，倘若渝盟背约，可就惨了，其下场会像刚被宰杀的牲畜一样。这在崇神信鬼的年代具有相当的威慑力——轻易不可发誓，一旦发誓有如魔咒。这同时也是一种极其严厉的道德约束，违背盟约者将不齿于人类。好在这一规则的益处在于，无论你先前

第二讲 传说时代之人神共处

有过怎样的劣迹前科，或双方从前有过什么仇恨过节，一旦发誓会盟，等于一笔勾销，郑重承诺以信赖为前提。

话虽如此说，我们随后将会看到誓言并非磐石，渝盟事件层出不穷。后来有了文字，吐蕃仍遵循以发誓为契约的传统，王室与各大部落间，每年一小盟，三年一大盟，每每见于《吐蕃大事记》中。以此不断地强调盟誓双方的权利和义务，所以有人认为吐蕃王朝为一大军事联盟，也有道理。

聂赤赞普的生平过于简略，历史传说中仅存"始"和"末"两个场景片断：怎样到来，如何离去。不只是这位第一代王没有留下陵墓，按照藏文史书的观点，重归君权神授观念：聂赤赞普既然是天神之子下凡，自然还要重返天庭。当他的儿子穆赤赞普年满十三，可以骑马奔驰、拉弓射箭的时候，他就飘然而去。离去的方式是沿着一条光绳之梯飞升，先从脚部消失，自下而上融入光中，虹化而逝。此后的六代均是如此，直到第八代，攀天光绳断了，止贡赞普死于非命，并由此开创了吐蕃王族墓葬巨室的先河。据恰白先生考证，造成这一变故的起因在于苯教师的权力之争，但在古老史书的追记中，这段故事充满了戏剧性。

据敦煌吐蕃历史文书记载，最初的天赤七王为：聂赤赞普；聂赤赞普与南牟牟生子牟赤赞普；牟赤赞普与萨丁丁生子丁赤赞普；丁赤赞普与索当当生子索赤赞普；索赤赞普之子为德赤赞普；德赤赞普之子为赤白赞普，赤白赞普之子为止贡赞普。但是止贡赞普其实是葬于大地的，也许是史书中在此前缺漏了一代，所以现在称止贡赞普为第七代或第八代的说法并存。

王者重归大地

从颈座之王聂赤赞普开始的"天赤七王"在史书中占有很少篇幅，从第八代开始，才算生动起来。

第八代赞普名止贡，十三岁时其父升天，少年登临王位，雅隆河谷的臣民匍匐在他的脚下。但作为王者的他一点儿都不快乐，头顶上方总有乌云沉甸甸的，无论走到哪里，都如影随形。每到晚间怀着郁闷的心情就寝，满屋子的黑影幢幢令他难以入眠，即使睡着了也常做一些从山巅直坠深渊的噩梦。一早醒来，本来明媚的阳光也似带有凶煞之气，本来低眉顺眼的仆役也似怀揣叵测之心。自感敌意的环境令他多疑易怒，言行乖戾。悉补野的臣民同样感到不安，没有谁不知道，诅咒来自名字，止贡即"死于刀下"。这个奇怪的名字为老祖婆婆所取，有如铁齿铜牙，迟早应验。

待到止贡赞普娶了妻生了子，心理状况仍不见好转，反倒觉得那团乌云从头顶

止贡赞普的故事来自《敦煌本吐蕃历史文书》中的《历代赞普传记》。其名由来：老祖婆婆卓夏玛几林玛眼花耳聩，当被众臣问及新赞普上何名号为好时，她提问了看似不相关的三个问题：畿地方的扎玛岩坍塌了没有？当玛地方的母牦牛草场被火焚烧了没有？登列维尔湖水干涸了没有？众人答道：岩未坍，湖未干，草场也没被焚烧。但是藏语中的否定词在词尾，老祖婆婆听岔了，听成了岩石坍、草场焚、湖水干，就说了：他将短命，就取名为止贡赞普吧！

第二讲 传说时代之人神共处

披散而下，密不透风地缠裹，让他觉得暗无天日；那把不知匿于何处的刀或剑不知何时飞来，直刺颈项，还是心窝？

年轻的王如临大敌，不分昼夜地披甲锁戴头盔，手握利剑，四处逡巡，却不知威胁来自哪里，敌手是谁，只好在宫堡里或者旷野上大喊大叫："该来的就快些来吧！"或者召集部众百姓叫阵："谁敢比试，谁敢！"

众人每一回都是避之唯恐不迭，有一回只有一个人退后得慢了些，被暴躁的王一把揪住："就你了！"

这个人名叫罗昂，是藏文史书出现的前吐蕃时代第一个反派人物。此人本是后藏娘若香波地区（今江孜）的头人，因内附于悉补野而在此做了小官，不意间赶上了这次对决。也许这是他蓄谋已久的机会，也许未必心存逆贰，只不过出于自保本能，被迫一搏。总之此人心下明白，面对天神背景的王者赞普，只可智取，不能硬拼，于是提出了看似公平的条件：请授在下以神奇的武器甲胄，请将天绳斫断、天梯倒置，请让附体于王的战神离开。

渴望决战的止贡赞普一一照准，像是专为战败赴死。所以，当罗昂的牦牛阵携带着草木灰铺天盖地冲来，王的战神消失了，攀天的光绳断开了——咒语生效，果真死于刀下。

罗昂把死去的王投入江河，顺势接收了王位和领地。也许由于缺乏从政经验，也许由于心怀恻隐，总之他并没有赶尽杀绝，而是把前赞普的两个儿子聂墀和夏墀流放到东部工布和波密一带的深山密林中。此举好一似刻意为之，前朝复辟因此可能。

根据《敦煌本吐蕃历史文书》记载，罗昂是这样死于非命的：有哈牙氏和那囊氏的两个人，前往罗昂居住的娘若香波城堡，在一只藏獒神犬身上涂以剧毒，伺机引至罗昂身旁。那神犬定是举世罕见的好狗，罗昂一眼望见心中喜欢，情不自禁地伸手抚摸。可想而知，剧毒迅速渗透血液，一命呜呼。

随后在王朝复辟、王者归来的过程中，贤臣茹勒杰建立殊勋。这位出身于悉补

风化成典
西藏文史故事十五讲

野母系的少年志存高远，查访到先王遗体尚在龙宫，按照龙王所提条件，走遍四方，求购到一个下眼皮往上合的人鸟家族的婴儿，换回了止贡赞普遗骨；又从工布迎回王子夏墀，即名号为布带贡甲的赞普。在消灭了罗昂余党后，茹勒杰做了朝中重臣。止贡赞普被掩埋在吐蕃发迹之地的雅隆河畔，现今山南琼结县境内，是第一座藏王陵墓。从此后，历代赞普不再返回天庭，而是驻留于大地。

王者重归大地，这一迹象也说明了，那些铜和铁的战争，蓝绿松石的战争，那些非人的战争从此终结，继之而来的，是人类政治组织的发育，是文史亦是武史的进展，人神共处的时代就要结束，而人间信史也将要开始。

茹勒杰作为吐蕃良臣第一名的功绩，除了上述辅佐新王复位以外，还体现在致力于经济和社会的发展方面。敦煌吐蕃史料中的茹勒杰，仍未脱尽半人半神的文化英雄形象。在他之后直到松赞干布创建吐蕃的好几百年间，还有两位贤臣出现，皆为现实人物了，其贡献与经济发展有关：耕地面积扩大的同时，耕作灌溉一类技术也被推广，高产农作物青稞大麦的大面积种植，意味着可以养活更多人口。冶炼金属的作坊增加了，度量衡具出现了，农业生产和商贸交易以及军事实力逐步发展，在青藏高原各邦国部落中崭露头角——吐蕃王朝登场前，进行了长时期的准备。

为时数百年的前吐蕃时代，是指在天赤七王之后，经历了地丁一王、地列六王、水中八德及五赞王诸时期。期间发生的大事多多，其中有一件被后世格外强调的"天降佛经"，即第二十七代赞普拉托托日年赞时，有佛之宝物传入，但因当时不识其字，注定要在后世才得以确认。这个迹近传说的故事，有可能反映了历史的影像——佛教接触此地之始。

第二十九代德茹赞普在位期间，明确了藏地特有的尚伦制度。此后的王室重臣名字之前，通常冠以"尚"或"伦"以示出身。"尚"指外戚，舅臣，盖因藏语称舅舅为"阿向"；"伦"，既指悉补野同宗，也指早期与之结盟创业的元老家族之权臣。尚伦制度的出现，说明吐蕃霸业已成气候。据说此前的人殉制也是这位德茹赞普明令禁止的。他在不经意间还开创了吐蕃时期另一传统：守墓人制。此王因娶了东部

第二讲 传说时代之人神共处

溯湿林区的龙神之女而罹患了麻风病，出于防止传播扩散的考虑，自愿与王妃和心腹之臣进入墓地。由此受到启发，从此以后，每有赞普去世，必选近臣终生守墓。

第三十代赞普的原名并非达布年塞。此王幼年即失明，直到请来吐谷浑的名医，方才治愈。当时他坐在高高的雍布拉康宫顶平台，以便眺望祖辈传下的江山。恢复视力后的第一缕目光，恰好与山崖间头角弯弯的盘羊相遇。惊喜之余，第一个念头便是改名字：把先前叫了多年的"穆隆贡巴扎"（盲人贡巴扎）改为"达布年塞"（看见达摩日山）

在距今三四千年的拉萨曲贡遗址发现的人骨架和殉马坑，证实了当时存在人殉牲祭习俗。据更敦群培所撰《白史》，以人殉葬的蛮习是在松赞干布曾祖一代，由德茹赞普明令禁止。"活死人"守墓制，是指赞普死后，从近臣中选出最忠实者，长住墓地守望，直到终老。据说这在当时的人和当事的人看来，能被选中做守墓人，是本人和本家族的莫大荣耀。守墓期间，依靠供品维生，不得面见任何人，形同"活死人"。位于琼结县的藏王墓群中，守墓人小屋遗址还在。

囊日伦赞猎杀野牦牛

这幅绘制于1645～1648年的布达拉宫壁画，是按照藏文古书记载，表现了吐蕃赞普囊日伦赞在北方猎杀了疯牦牛，返回途中，搭在马背上的牛肉掉落在盐地，食之始知盐味的故事。

上的盘羊）。当然，光明照见的不仅是盘羊，目光所向，更在领地之外的雅鲁藏布江以北——此后，达布年塞在收服了邻近的几个小土邦之后，开始剑指北方。

达布年塞之子、松赞干布之父、第三十一代赞普囊日伦赞，进一步为吐蕃的诞生奠基。史载自此时起由汉地传入医药和历算。另外，藏文史书还提到，因为一个偶然的机会，人们发现了食盐的美味。这一点似乎不太可信，不能想象此前雅隆人不知吃盐。更像是说，此王时，悉补野已经走出雅隆河谷，征服了盛产湖盐之地的藏北，以食盐为稀缺之物的故乡从此不再缺盐。不但不缺盐，还成为大后方，因为王室已从雍布拉康，移驾至拉萨河畔的墨竹工卡。松赞干布出生于新领地、新王宫。

这两代赞普征服苏毗的业绩，见于敦煌所藏古藏文《赞普传记》。不是神话是史话，虽然不见奇迹，曾经的现实同样生动。

第二讲 传说时代之人神共处

北上，涉越三条大河

　　当年端坐于王宫之巅的达布年塞，初识世界的目光掠过了盘羊，掠过了喜马拉雅以北、雅鲁藏布以南的祖业领地之后，便聚焦于北方，长久瞩望。

　　北方有些什么，乃是谁家之天下？

　　拉萨河谷，十二小邦之一的额波查松，此时由两位森波小王掌管。有农业，拉萨河及其各支流地带，种植有大麦青稞；有牧业，毗连羌塘高原的山地是其辽阔牧场；论疆域，东有工布，北接苏毗，西邻后藏和象雄，相比偏居一隅的雅隆悉补野部，视野开阔，四通八达，战略地位之重要，不在话下。

　　但是想要一举拿下，谈何容易！

　　不过话又说回来，也许达布年塞瞩望北方的时候，并非觊觎，盘算着吞并人家的主意，也许他只是在思念着嫁在森波小王之侧的妹妹，想要一睹其妹的芳容罢了。这样的判断不无道理。想想看，一个有着从失明到复明之特殊经历的人，满怀欣喜打量世界的人，最可能是一个温和的人。更何况依据《赞普传记》所述，拉萨河谷的归并过程，胜者一方更像是被动接收呢！以下这段史实，印证了现代格言"堡垒最容易从内部攻破"，对应的藏谚是史书中所说的"骡驹倒地，鞍鞯破碎"，或者现在常说的"骡驹惊了，弄坏了金漆鞍"。

　　古地理中的额波查松小邦，大致分布于今墨竹工卡县、林周县、达孜县，包括拉萨市区的整个拉萨河中下游地区。"森波"是王族姓氏，杰布是"王"，此时为二王共同治理，实则分庭抗礼：一小王名叫森波杰达甲吾，居于东部的辗噶尔旧堡（汉文史书称辗噶尔为延葛川，在林周县境内）；另一小王森波杰赤邦松的堡寨，位于现今拉萨市附近。加上山南的赞普达布年塞，这样就在西藏中部形成了三足鼎立的格局。三股力量中，达甲吾最先消失，是被手下臣子所杀。史书上说，这位小王纯属无道昏君，不仅偏听偏信，远正直君子，近谗言小人，还施行暴政，刑罚既惨且烈，凡此等等，不一而足。对此《赞普传记》议论道："王昏昏于上，臣仆则慵慵于下；王狂悖于上，臣仆则逃逸于下矣！"

诚哉斯言。所以此王被杀的直接原因是，有一个近臣名叫念·几松，因直言敢谏而遭贬斥。由此这位曾经的忠臣心怀怨愤，终于手刃其主，之后投奔另一小王赤邦松。形同一次政变，赤邦松兵不血刃，就将东部领地收于囊中。大喜之余，自然要把其中一部分属地属民奖励给功臣念·几松。

念氏由此成为新贵，其妻巴曹氏本是悍妇，得势愈发盛气凌人。奴户中的娘氏不堪羞辱，向小王恳请更换到别的主人家。赤邦松不仅不允，还反唇相讥，娘氏神丧气败。

另有一位韦氏，其弟在小王宫中担任管家，决斗中被代理内相辛氏杀死。韦氏求告于小王，赤邦松不仅未主持公道，反而嘲弄一番，韦氏同样神丧气败。

二人同病相怜，结为好友。有一天，一前一后走在乡间的小路上。走在后边的韦氏唱了一首歌，大意是，江那边有一人，实乃天神之嗣；唯愿听从公正之王役使，好马要配好鞍子。走在前边的娘氏心领神会，回头说，我的想法和你一样。

于是两人为密谋反叛而结盟；后来又有几个家族参与盟誓；再后来，为首的几人密往江南，白天藏于猪林丛木之中，夜晚潜入雍布拉康，向赞普达布年塞表明归顺之意：良禽择木而栖，我等愿协助明君攻打旧主。这样的秘密会谈直到双方盟誓可能进行了好些天，当地人作为旁观者看到了，作歌讽喻，也留在史书上了：杰士坐骑骏马，白昼藏于猪林，夜晚潜入堡寨，敌人乎？友人乎？

第二讲 传说时代之人神共处

进入史书,因为这些归顺者后来都成为吐蕃的开国功臣被分封,包括娘氏、韦氏、蔡邦氏等等。写进史书的时候,这些家族还都如日中天。另一方面,也说明西藏地区自古以来就有创作和传播时政歌谣的传统。

看来并非有意招降纳叛,未见策反迹象,是人家自动找上门来,理当笑纳。藏地古训有云:只要不是灾难,大的都是好的——上至国君,下至臣民,有谁会嫌自家的国土太大了呢!所以,不管达布年塞是否有过投鼠忌器的考虑,最终还是首肯了。《赞普传记》记载了此王一句话:"我虽有一个妹妹嫁给了赤邦松做王妃,但是我愿听从诸君之言。"遂与众人盟誓。

正当暗中做着准备,尚未举兵之际,达布年塞去世了。接替王位的囊日伦赞继承先父遗志,亲率大军北征。不过似乎是有征无战——里应外合,森波王赤邦松被杀,王子遁往突厥,土邦臣民归顺,赞普论功行赏。没有凯旋一说,而是就地安顿:拉萨一带从此成为吐蕃中心。

雅鲁藏布江中部流域,有三条大河汇入。拉萨河之外,尚有现今林芝地区的尼洋河在东部,日喀则地区的年楚河在西部,统称为一江三河,是西藏农业地区的精华所在。三条大河流经的地方,当年皆被囊日伦赞一一收服。对于后藏年楚河地区并未动武,那是后藏的叛臣琼保·邦色拎着前主人的头颅,连同疆土一并来献的。而此人所获嘉奖,则是旧主治下的藏蕃二万户,好大一片土地,被新主原封不动地悉数赠予。至于东面达布地方,此前本已收归编氓,后来又有反叛行为发生。再度收复的过程,在《赞普传记》中巧妙地化用了"毛遂自荐""脱颖而出"的故事。这是因为史书写作时,已经翻译过许多汉文佛经和典籍,写作者熟知了汉籍中的典故。

探子来报,达布王厉兵秣马,叛旗已举。赞普升帐,与群臣聚议,由谁出任平叛大将军。正在议而不决之时,有位青年才俊名叫参哥米钦的,自告奋勇:"在下堪充此任!"

那位来自后藏的琼保·邦色已是朝中重臣,闻听此言,颇感不屑地发问:你做过将军吗?有过战绩吗?我听说聪明俊哲之士就像毛锥,即使置于皮囊之中,锋芒

风化成典
西藏文史故事十五讲

拉萨河，一条有故事的河。

尼洋河小景

也必会外露；你何德何能，以前我怎么就从未听说过呢！

参哥米钦回答：的确，以前确实无人称道过在下，那是因为无人将我置于囊中，否则的话，岂止锋刃呢，是连锥柄都要外露的哈！

就这样，囊日伦赞竟依其所请，拜将出征。参哥米钦果然神勇，打败了达布王。赞普有赏，牧户牧场，并赐饰以银角的野牦牛头，以示荣耀。时人对此也有赞歌，歌曰：以长矛一刺，获得全部牧场……

第三讲

英雄时代之喷薄而出

风化成典

西藏文史故事十五讲

吐蕃王朝崛起于雅鲁藏布江南岸的雅隆河谷，自松赞干布祖父一代开始扩张，相继兼并了前后藏地区各部落，迨至松赞干布时期，终于一统西藏高原。古代中国版图上，第一次出现"吐蕃"字样。而这个"后起之秀"，还将在其后两百多年里，演绎波澜壮阔的历史。

第三讲
英雄时代之喷薄而出

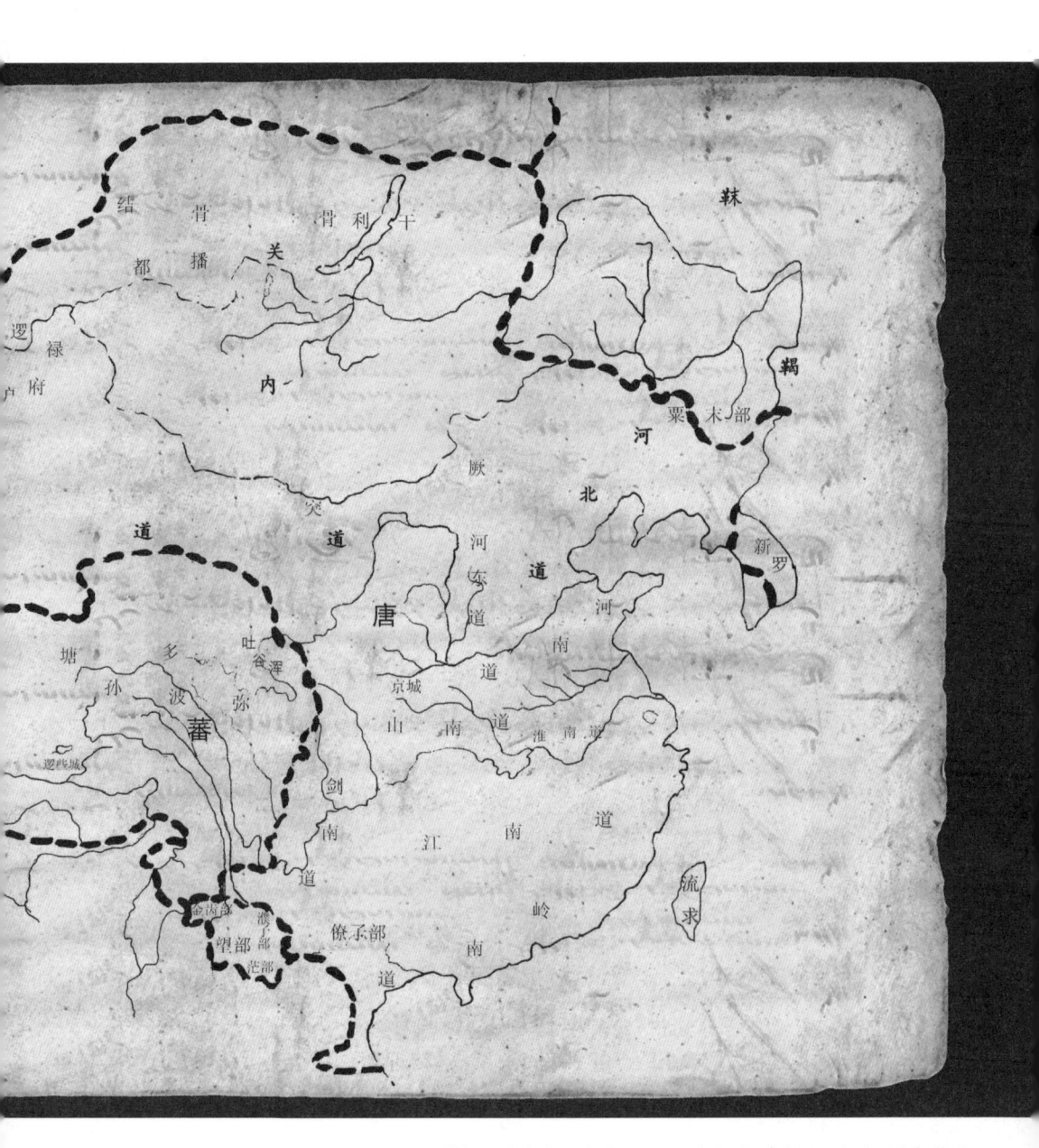

吐蕃初兴时期的疆域（公元669年） 据《中国历史地图集》简绘

松赞干布君临

　　公元6世纪尚未结束的时候，西藏腹地卫（今拉萨、山南地区，亦称前藏）藏（今日喀则地区，亦称后藏）各处，已悉归囊日伦赞麾下，这也是他留给儿子的遗产，吐蕃王朝初创时的基业。所以松赞干布并非出生于祖先故地，而是出生在新领地墨竹工卡甲玛沟的强巴米久林宫殿。那些开国功臣的氏族，各自领有封地属民，成为西藏最早的贵族，大都世袭了王室大臣的职位。

　　但是基业尚需整固。松赞干布继承王位的时候，年纪尚小，十三岁的新君面临一个危局：王室大臣忠奸莫辨，臣属部落各怀异志，各安其分的局面随着父王的猝死而告终，就连父系一族也都心怀怨怼，就连母系一族也在策划谋反，作乱的大旗公然树起——从西部的外戚象雄，到北部的牦牛苏毗，到东部的工布娘布。至于南部，先王囊日伦赞正是被门地小王进毒弑杀的。

　　正所谓沧海横流方见英雄本色，松赞干布如履薄冰，步步为营，在父辈重臣娘氏尚囊（舅臣）芒布杰以及噶尔·芒相松囊等人辅助下，首先将杀父主凶门地小王一族尽行诛灭，接着对已叛未叛的诸部族区别对待，软硬兼施：或以武力大刀阔斧地处置，或以怀柔规劝再度收服。总而言之，其结果就是疏江河于未决，挽大厦于将倾，风云突变到雨过天晴，不过一两年间。据敦煌藏本的吐蕃史料记载，这期间，首席大相娘氏尚囊的作用凸显，史书说他对苏毗等一切部落不用劳师征讨，只凭舌

第三讲 英雄时代之喷薄而出

剑唇枪,不战而屈人之兵,那情形犹似种羊引领群羊,散佚离群者乖乖归队。

外部的威胁快速解除,君臣之间、大臣之间的明争暗斗却持续了多年。老臣娘氏尚囊芒布杰是否居功自傲不得而知,赞普对之有所猜忌却是可能的,不然"兔死狗烹"这句成语就不会普世应用。如此一来,就给了反面角色琼保氏邦色苏孜以可乘之机。

苏孜其人正是先王在位时,以后藏小王头颅来献的叛归者,此时虽然老迈,仍在窥伺大相职位,于是常在赞普耳边吹风,历数娘·芒布杰如何心怀不轨,他自己又如何忠诚;转过身来,又在大相尚囊跟前拨弄是非,声称赞普将对其无罪加罪。

松赞干布塑像

正所谓无风不起浪,一定事出有因,不然那位智慧大相不会信以为真并认敌为友。史书说,娘氏尚囊芒布杰其后便称病不出,谢绝了赞普的屡次召请。松赞干布心想,苏孜所言不虚,尚囊果然离心离德啊!于是发兵征讨的同时,下一密令,指使尚囊府中一个名叫巴策的奴仆先行下手,谋害了尚囊;大兵到达,尚囊居住的布瓦堡寨被一举夷平。

琼保·邦色苏孜如愿了,取而代之荣登大相之位,品尝了一人之下万人之上的权势美味。但是显然地，还有少许遗憾，离赞普之位就差一步——何为利令智昏，新大相就是：能同时审三桩案件、听四件事情并当机立断的，这位既是自称也是公认的第一聪敏之人，何以会在暮色苍茫中搞出风险极大的高难动作，不是利令智昏是什么。

这一天老苏孜面见松赞干布，言辞恳切：当年我把后藏小王的首级和后藏的山川奉献给了先王，先王他尚未亲临巡视就已升遐，现在大王您已登极有年，可否光临陋舍，在下当以盛大酒宴迎驾，万望赏光，以慰臣心。

赞普欣然应允，毫不设防，只在途程中，打发噶尔·东赞（汉籍作禄东赞）先行一步例行检视。正可谓棋逢对手，这位未来的大相比之当下这位老臣，谋略与精明程度可谓更胜一筹，洞察的眼力入木三分，在检查酒宴布置的时候看穿了一个惊天阴谋——也许是在主座下面发现了暗器，也许是听到了霍霍的磨刀之声，也许有人告了密，吐蕃藏文史料上没有细说，当下也不便瞎猜，而且即使谋杀成功，又以何计取而代之呢，令人费解，始终是谜。

总之当噶尔·东赞乘着夜色悄然遁去，老苏孜心知事已败露，最后一次当机立断：他手握宝刀，向儿子昂日琼传授了最后一计，随即一刎而死。

噶尔·东赞连夜奔回赞普牙帐，刚刚告发过阴谋，还没来得及献上对策呢，那边昂日琼就急如火星地闯进帐内，俯身在地，双手捧献的木匣中，赫然可见乃父头颅，血迹尚未干呢！

昂日琼声泪俱下地报告说，我的老父实在是老糊涂了，晚节不保，居然心生贰志，想要谋害大王；我本打算揭发，噶尔先已看穿，只有将老父杀了以表忠心。大王啊大王，恳请您高抬贵手，免除在下的灭门之罪吧！

松赞干布表现了大度，允其所请，未予深究。但终其吐蕃一代，不复起用琼保家门。

松赞干布从十三岁即位，至三十三岁驾崩，在位二十年，平定内乱，收服象雄，一统西藏，攻占唐境和吐谷浑，兵临恒河岸边，与中土大唐和尼泊尔联姻，引进佛教，

第三讲 英雄时代之喷薄而出

创制藏文，制定法律……操办了许许多多惊天动地的大事情，正可谓文治武功同样显赫，诚为藏族史上划时代的、不啻为创世纪的一代英主。后世的智者高僧在宗教史观尤其是佛教价值观的指导下，将西藏历史佛教化，论及松赞干布的历史业绩时，通常侧重于观世音化身一面，列诸三大法王首位：转轮大法王，从而淡化了他在政治、经济、军事、文化等方面的不世之功。只讲功德，少言征战，因为说及武力，必涉杀戮，有碍于法王形象重塑。作为远观者、后来者，我们看到松赞干布在弘扬佛法方面固然有启蒙之功，但更愿意称道他在文化方面的贡献，因为正是在他的倡导推助下，藏文诞生。

关于松赞干布的年龄，的确是个问题，由于缺乏确切记载，导致众说纷纭，一旦有错很可能相差一个甲子年。近些年间虽然较为倾向于其生卒年为公元617~649年，但疑点甚多。且不论在位二十年是否能做那么多事情，他还曾谦让王位于儿子贡松贡赞，后因独子去世方才复位；松赞干布去世后，由其孙芒松芒赞接任。所以有学者考证，最初文成公主所嫁者，是贡松贡赞，后按当地习俗，夫死后改嫁其父。汉文史料说"赞普迎（文成公主）于柏海"，并未言明是哪一位赞普。敦煌所藏吐蕃大事纪年，是从松赞干布去世那年开始的，同时期的佚文片断中，恰好有文成公主与松赞干布薨逝前"同居三年"的记载，之前文成公主进藏六年的经历则为空白。

吐蕃服饰

吐蕃的官服据说受内地礼仪服饰影响，仿唐代官服佩饰而加以改造，以玉、金、银、铜、铁等材料做成章饰缀佩于臂前，称"告身"，作为区别官阶等级的标志。现在很难再见到相关实物了，但后来作为官员腰饰必备的碗袋、水袋和藏刀，想必是自古而来的传统。

风化成典
西藏文史故事十五讲

藏文的光芒

吞弥桑布扎塑像

吞弥桑布扎翻过岗巴拉山和喜马拉雅山,一直走到南印度,游学经历整整七年。这期间他遍访名师,学习梵文,留意各地文字,四处寻找创制藏文可资借鉴的范本,随时捕捉一闪即逝的灵感。此间的艰辛自不待言:赤道附近的气候足够炎热,还有那么多此前未曾见闻过的虫豸疾病,仿佛永无休止的战乱,难怪早先一拨寻觅未来文字的人不是知难而退就是患病死去。吞弥桑布扎心中只有一个念头:我必须成功,我一定能够成功!你看这雪山以南、大海之滨,植物的生长何其茂盛,而文字的、知识的、佛法的生长犹胜于原生的物象,我要从这里借取优质的种子,让它在我的故土花朵绽放;在雪域黑头赭面人之上,我要做文字之父,知识和智慧之王!

吞弥桑布扎身形瘦削但精神饱满地重返家乡,赞普就像迎神一般为他接风洗尘,陪他步入特为

第三讲

英雄时代之喷薄而出

文字诞生而建的帕崩岗城堡。远行归来者就此潜心于藏文的创制，不必在热带滚烫的土地上跋涉了，只有思想在词语的汪洋中一刻不停地逡巡；既温且饱，不必为身外之事操心了，但却时常为某个发音和拼写所困。设置合理、便于掌握毕竟是最重要的原则，这世界无论哪一种文字，莫不经历千儿百年生长演化，此际却要毕其功于一人一时，能不殚精竭虑吗？初创的激情连同被创造之物喷薄而出，新生的藏文正像足月的胎儿那样，如愿而至——

这方面有一个著名的故事。在借鉴可拼读的发音中，有一些藏语发音不能现成地照搬，吞弥桑布扎为此苦思冥想而不得其解。有一天他路遇一位行人，有一番这样的问答："你从哪里来？""我从象雄来。""你去哪里？""去萨霍尔。""因何而去？""去买茶。""何时返回？""不一定。"这段对话令他顿悟，客人回答的每一个关键词里都有他所需要的元素，由此在转借而来的符号中新添了六个字母。

三十个辅音字母押着"啊"字的韵脚率先舞蹈而来，四个元音字母稍后安静地跟进，上加和下加的符号是飞翔的羽翼和风轮，前加和后加的符号则是助行的拐杖。字母的组合排列是需要悉心甄别的，不能乱了群舞的阵脚；词语的润色是需要悉心推敲的，否则岂能活色生香——啊啧！照亮雪域暗夜的明灯就要点亮了，拂去心灵尘埃的清风将要吹临了。

年轻的赞普关注着这一伟大工程的每一点滴进展，一俟大功告成，当即成为第一个学生，惯于挽弓执剑的手第一次握起了竹笔，历史性地写下了第一个字母，经由一个"嘎"音的召唤，曾经紧闭的门扉开启，霎时光芒充满，一切皆被照亮。多么神奇！只不过简单的笔画字符，合而为词就有了生命，组成段落就有了灵魂。透过字里行间，他望见一股内在的力量升起，胜过战场上的千军万马；他感觉得到干旱已久的心田上，一场豪雨正倾盆而下，万物凭此萌动，拔节生长。

松赞干布沉迷其中忘却了身外的世界，一度不理政务，招致了群臣的抱怨。抱怨的声音终于传到耳边，是个提醒，遂召集起群臣，一一做了分工：我们已经有了自己的文字，人人都要速成学习，参照东方大唐的律令格式，结合先辈遗训和吾辈积累的经验，开始吧！着手制定大蕃的法律制度和行为规范吧！

新生的藏文带着湿润的朝气像一缕春夏间的和风拂荡在高原大地，崭新世纪从此开创。后人为了纪念这一空前的盛事，把松赞干布出生地墨竹工卡境内三十座寺庙的名称遂以三十个字母依次开头；吞弥桑布扎的家乡格外的欢欣鼓舞，自视为文化之乡，把藏纸、藏香和雕版的传统传承了千年；最早一批译自汉文典籍的《尚书》《战国策》（日本学者今枝由郎认为是《战国策》，但后来有中国学者指出是已经失传了的《春秋后语》）行将问世。筚路蓝缕，功在开辟，藏文的创制者，西藏文明时代首位学者，文化英雄，吞弥桑布扎本人，由此被公认为吐蕃第四位良臣，且是此前此后众谋臣最为亮丽宝贵的"顶饰"。

后人印象中，松赞干布首先是一个金戈铁马、武力征服者的形象，意大利藏学家杜齐教授也说：我宁愿相信松赞干布是一位勇敢的斗士，也不愿相信他身为法王。事实上，在其文治武功中，若论对于民族的生存和发展，对民族文化的贡献而言，其推动藏文创制的业绩，无论怎样评价都不过分。

恰白先生在《西藏通史·松石宝串》中贯穿了这样的认知和感情，谈到松赞干布的武功时有所保留，而赞美其文治来，则不吝笔墨。其中有关创制藏文的过程专写一章节，以无比珍爱之情总结了藏文的优点大致为：其一，拼音文字，易学易记易理解，与古老文字相比属于先进文字；其二，与时俱进，历久弥新，可以拼写现有世界上的任何语言，可以忠实翻译从深奥的佛经到现代的科技术语；其三，笔画简洁，书写方便，易于普及。在这一切之外，尚有全面系统的语言学理论，是成熟的可以进入计算机等等方面的优势自不待言。

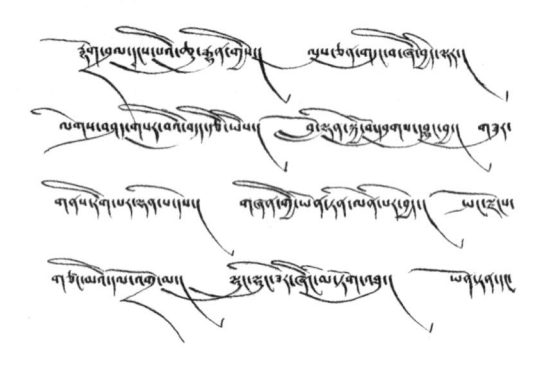

藏文书法

传统藏文书法艺术计有乌金体、伏藏体、琼体等八种经典字体。目前计算机使用的字体很多，仅中国藏学研究中心研发的"珠穆朗玛系列藏文计算机字体"即达17种之多，分别是柏簇体、标题体、藏文篆体、簇玛丘体、簇仁体、簇通体、雕版体、敦煌体、美术体、丘伊体、文告体、乌金萨钦体、乌金萨琼体、乌金苏仁体、乌金苏通体、小标体、珠擦体。

第三讲 英雄时代之喷薄而出

莘莘大法脱颖而出，历经后世的补充修订而完善，此后吐蕃军队所到之处，东临四川盆地边缘的甘孜康地、阿坝嘉绒藏区，北抵青海安多、河西陇右汉区，西至今巴基斯坦北部的巴尔蒂斯坦（"小西藏"）乃至阿富汗境内"瓦罕走廊"的"吐蕃之门"，不仅有马背上的挥刀舞剑，也捧来金汁银粉书写的法典。藏文的创制者，没能看到远在敦煌、吐鲁番或珍藏或遗落的文书木简吐蕃编年史，将吸引国际国内多少学者以毕生心血在研究；没能看到千几百年后，藏文进入计算机编程、电脑排版、现代印刷的藏文读物遍及世界各地，藏学研究事业在进入21世纪时愈益蓬勃地展开。当年松赞干布面对神奇的藏文而惊叹时，是否想到过，文字是何等宽广深厚的母体，是一个民族达成认同共识的依托，民族文化安身立命之本，承载古往今来的不朽舟楫。由文字凝聚而成的民族不易解体，从此屹立于华夏民族之林。生活方式不是不可更改的，宗教信仰不是一成不变的，我们的世界无时无刻不在变易之中，只有文字，构成并修饰了我们的内在样貌和属性。

吞弥桑布扎之后，公元8~9世纪期间，藏文经过厘定，更趋完善优美。当年吞弥桑布扎创制藏文，厥功至伟，骄傲的姿态或许也是有的，难免招致同时代人的不满甚至攻击。后世的史家们以无限崇敬的心情记载了他的事迹，并以他的骄傲为骄傲，把他当年所写的自我赞美诗也写进了青史，该诗结尾部分的大意为——

> 边鄙如斯的吐蕃大地上，
> 最初的学者舍我其谁呢？
> 我们的主人虽如同日月，
> 驱走黑暗之灯依然是我；
> 是否有恩于雪域的臣民，
> 那是不言而喻的事情吧！

尼木三绝
在吞弥桑布扎的故乡尼木，保存了"三绝"工艺：藏纸、藏香和雕版。

象雄、吐谷浑灭国记

当囊日伦赞猝然薨逝，新征服的小邦部落纷纷叛离之时，本属联盟外围的象雄也遥相呼应，在西部燃起战火。年轻的君主松赞干布对应的策略是双管齐下，又打又拉：以强势兵力震慑，之后辅以和亲手段，将胞妹赛玛噶公主嫁给象雄王李迷夏做了王妃。

吐蕃公主千里迢迢来到象雄王城穹隆银堡，一开始就感受到了这个亦友亦敌、似臣非臣的邦国对她的不冷不热。不冷是看在她身后日益生猛的吐蕃的份儿上，不敢太冷；不热则是出于警觉的本能，何来热度。何况夫君此王早已有了三位嫔妃，其中最用心宠爱者更有一位虚格妃。虽说婚礼十二分的隆重体面，但那是做给别人看的，从第二天起，新王妃就罕见了夫君的面容。

起初赛玛噶还只是觉得委屈和凄凉，终日以泪洗面，渐渐地感伤少了，怨气多了，偶有见面的时候，赌气给王看，说，既然如此，就让我搬出王宫吧，李迷夏听了不置可否；赛玛噶不理后宫内务了，生了孩子也不养育，李迷夏一概不与闻问。这样的日子过了三年，或者五年，恼恨的火终于烧干了泪，这一年赛玛噶决意离开王城，扎帐在神湖玛旁雍错湖畔，至少要度过整个暖季。

近处是碧波轻荡的湖水，远方是连绵起伏的雪山，赛玛噶的眼里心里全都是荒芜和茫然。象雄的土地辽阔，但它不属于我；空有王妃的名义，夫君却形同路人；仅仅衣食无忧又有何用，难道我就这样终老此地？

第三讲 英雄时代之喷薄而出

太阳每天都在照常升起，赛玛噶却觉得一天比一天更加漫长难耐，每天面向东方家乡的方向，都快要站成石像了。

终有一天情况有了变化，远远地望见一彪人马沿着湖边飞奔而来。眺望者顿时泪如雨下，是王兄派遣的使者来到了眼前。

使者金赞芒穹跃下马背，行礼已毕，转达了赞普的问候和担忧，赛玛噶则以长歌一曲和女帽一顶、松石一串作为对王兄的赠答。歌词系谜语，内藏玄机，非有心人难解其意——

涉及了牛：上部北方的草原上，有一头凶猛的野公牛；从山谷内传来呼喊声，从谷口处传回应答声，从卫地射出了一支箭，就在此呼彼应之间，射杀了猎物。

涉及了虎：虎肉悬挂在铁钩上了，两旁有窥伺者盯上了它；如果不能火速前来拿取，过了明天后天，鱼鹰和水獭将会吃掉它。

涉及了鱼：果然是一条大鱼啊，能抓就把它抓住吧！天上的银河地面的水，相距虽远也能连在一起；沿着河水越走越近了，往上走就会直达天际。

……

金赞芒穹返回复命，重复唱了一遍谜语歌，松赞干布听罢心领神会。然后打开封寄的信物，是女帽一顶和古旧珍贵松耳石三十颗。松赞干布看罢微微一笑，传递信息的人还在怔怔间，赞普已经下达了军令：开赴象雄。

直到此时，金赞芒穹方才悟到歌词是发兵举事的动员信号，女帽和松石则是进一步的激励：王兄若缺乏勇气攻占象雄，无异于怯懦的妇人，请戴女帽吧！反之，则是英雄配享的高贵饰品松耳石。

这个故事来自古老的敦煌藏本，以吐蕃时代的藏文所撰《历代赞普传记》中的片断，重点记录了吐蕃公主也是象雄王妃的赛玛噶既幽怨也决绝的"长恨歌"。没写战争过程，只有结果，"君臣火急发兵，灭李迷夏，统其国政，象雄李迷夏失国，象雄一切部众咸归于辖下收归编氓"，没再提及赛玛噶怎么样了，是功成身退还是玉石俱焚，写故事的人似乎不太关心。

风化成典
西藏文史故事十五讲

玛旁雍错，资深圣湖。在我们的故事中，既是王妃赛玛噶的伤心地，也是象雄王的囚禁地，现在则若无其事地迎候着远道而来的朝圣者和旅游者。

第三讲 英雄时代之喷薄而出

隐约传来李迷夏的消息：先是做了俘虏在玛旁雍错湖畔关了大约七年，最终没有逃脱被杀命运。从后来对于象雄一地的治理来看，地位也较其他部落特殊，同而未化，例如百年后赤松德赞颁布废苯令，就网开一面，特许象雄保留苯教传统仪典。

后世人谈说象雄的终结，有说是松赞干布特意安排这场政治婚姻，以便让其妹预做内应，这种可能是存在的。但这一点在这份典籍里并无明示，更像是出于个人恩怨，本书照此转述。不过从当时吐蕃的扩张趋势看来，即便没有这场联姻，没有赛玛噶的内应，象雄的覆亡也只是个时间问题。

象雄阿里远在吐蕃西极，吐谷浑（藏语称阿柴）则在吐蕃以东现今青海境内，相隔万里之遥，按说全不相干。唯一的联系，或者说两地人初次相见，是在战场，敌对双方的兵戎相见。松赞干布遣使第一次向唐朝请婚未能如愿，吐谷浑王究竟是否从中作梗不得而知，反正松赞干布是以此为借口，联合了象雄的兵马大加讨伐，以此耀武扬威却是真的。这也是吐谷浑第一次遭受来自吐蕃方面的打击，真正覆灭于吐蕃铁蹄之下，还要再等上二十多年。

说起吐谷浑立国史，比唐朝要早很多，比吐蕃更长久，存世足足三百几十年。这一族群原为鲜卑部族一支，于公元3世纪末从东北的白山黑水西迁而来，终于在祁连山和巴颜喀拉山之间的西羌故地（现今甘青一带）落地生根，公元329年正式建立国号。难得的是，这个骑射民族既尚武力也擅经商，于5世纪中叶掌控了丝绸之路南道，将中原的丝绸、茶叶、瓷器、铁器转销西域各国，再将西域的金银制品、玻璃制品和香料之类贩运而来，销往中土。国力因此而强盛。

这一时段，正值中原汉末三国"演义"，随后便是魏晋南北朝，天下动荡之际，吐谷浑得以在时空的边缘兴旺发达。但商道的资源及其厚利难免惹人炉羡，从6世纪中叶起，频遭突厥侵犯；到609年隋炀帝西征，一度遭逢被剿灭的命运。待短命的隋朝灭亡，避难于党项（今青海果洛）的伏允可汗重返家园，重整河山。可想而知，已无当初的气势。公元634年，唐将李靖率五路大军来剿，可汗之子慕容顺在国都伏俟城降唐。唐太宗以德怀远，令其复国。其后慕容顺被谋杀，唐廷再立其子诺曷钵为可汗，并将弘化公主下嫁。

悲情吐谷浑，经过与吐蕃象雄联军一战之后，虽说强敌暂时撤兵，王臣中的反叛势力却找到了新主人，与吐蕃里应外合，从此吐谷浑国无宁日，最终覆灭于公元663年——吐蕃重臣噶尔·东赞，自656年率军进击白兰得手后，于660年开始攻打吐谷浑，663年在黄河岸边一战决胜，吐谷浑兵败如山倒。诺曷钵汗与弘化公主率几千帐逃往凉州，二十多年后相继亡故，葬于凉州南山阳辉谷，墓门南向，守望故乡。

噶尔·东赞667年去世前一直坐镇于此，吐谷浑故地成为噶尔家族的常川驻地。以此为前沿据点，噶尔父子兄弟与大唐交战。几十年后，东赞之子，吐蕃大相伦钦陵在年轻的赞普都松芒布杰的威逼下，自杀于此，吐谷浑故地成为征服者后人的葬身之地。20世纪90年代在青海出土的吐蕃墓葬，墓主身份至今为谜，有推论为噶尔·钦陵者，即是其中一说。

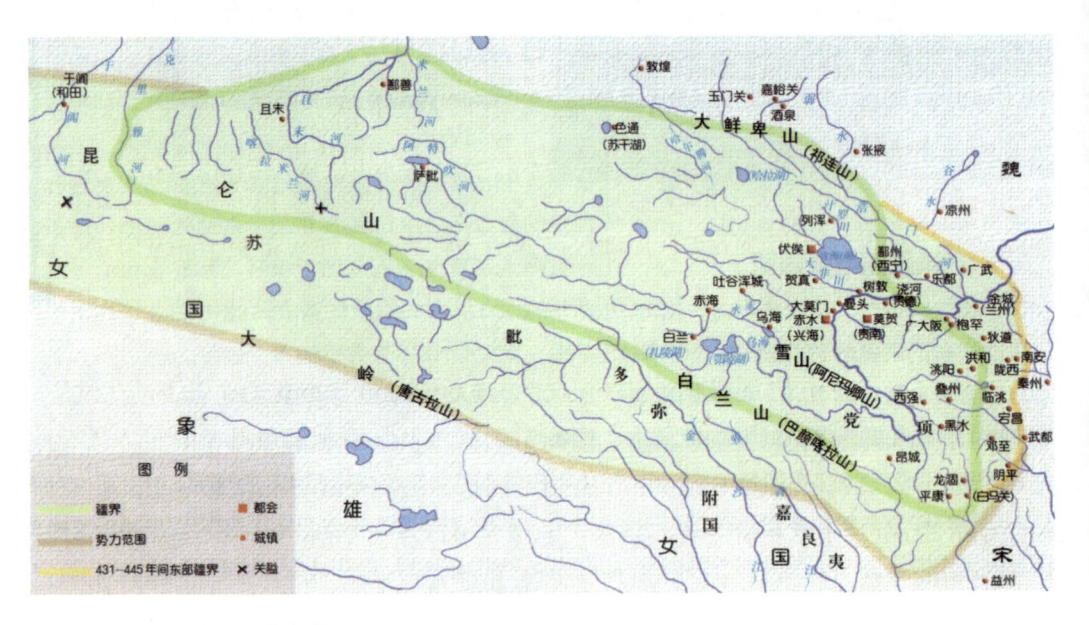

吐谷浑鼎盛时期的疆域及势力范围

第三讲 英雄时代之喷薄而出

公主的嫁妆

当内乱的硝烟散去,年轻的君主把目光放远,心下思忖,我应当做前辈没做过的事情——雅隆故地偏远了,墨竹工卡太小了,我要把都城建在吉曲(拉萨河)河畔的红山上,于是建立了时称逻些、后称拉萨的王城;中土大唐和南方印度都有文字,我不能只做草莽英雄,于是学习创制藏文的人就翻过了喜马拉雅;此前与东方的皇朝从无联络,何不派一使臣前往……有了这一开端,从此一发而不可收。

吐蕃使者第一次远赴长安,是在贞观八年,松赞干布十八岁那年进行的。当使者陪伴唐太宗所遣还礼使节归来,不仅带回唐朝的国书,还把那个繁华之都、礼仪之邦、诗书之乡的胜景细细描绘,令年轻的君主心生憧憬。尤其是,使者提供的一个信息令他心动:大唐盛世,四方来朝,姻亲结好,唐太宗已将一位公主下嫁吐谷浑,最近刚刚答应了突厥王子的求婚。

第二天大早,松赞干布召集群臣议事,并不直言心中所想,而是婉转地讲到了昨晚一梦:"我梦见娶到了西方尼泊尔王之美丽公主和东方唐朝之美丽公主。"

大相噶尔·东赞,何等聪明之人,当下邀约六位谋臣在柳树林中聚首,作为国务要事相商,毫无悬念地一致通过,当即实施。

迎娶尼泊尔赤尊公主的事情进展顺利。当时尼泊尔已成吐蕃的外邦属国,尼泊尔王对王中之王的松赞干布既害怕又喜欢,外加荣耀感,没有不答应的理由。于是赤尊公主乘坐大象之轿沿着蕃尼古道走来,随身带来释迦牟尼八岁等身佛像和尼国财宝。

迎娶文成公主却是大费周章。起初的请婚被太宗驳回,伤了年轻君主的自尊——难道吐蕃竟然不如突厥、吐谷浑,堂堂赞普反倒不及西域王子?那就走着瞧吧!

正所谓年轻气盛,松赞干布联合了象雄兵马,率军亲征大唐属地吐谷浑,一举拿下党项羌、白兰羌,二十万大军直逼松州(今阿坝松潘一带)。军事威慑下再度求婚,傲慢的唐太宗仍不为所动。直到又一批西羌部族叛唐归蕃,而松赞干布则兵退松州,谦恭姿态毕现,再派重臣噶尔·东赞携带黄金器千斤为聘礼,以谢罪名义三度求婚,这一次如愿以偿。

往下的故事,无论请婚过程还是文成公主赴藏,都是耳熟能详的经典故事,在内地是作为唐蕃友好的佳话传诵,为史所载,写进教材,并有唐代大画家阎立本之《步辇图》传世;在藏族地区,同样传诵千年而不衰,写进史书里,画在壁画上,表演有藏戏,传唱有民歌。文成公主所带陪嫁物品及工匠,是物质文化交流的标志,而随同进藏的释迦佛十二岁等身金像,安放于大昭寺主尊位置至今,供世世代代朝拜,被视为精神文化亦即佛教最初从汉地传来的象征。

公元641年,远嫁吐蕃的文成公主自长安启程,江夏王李道宗奉旨持节护送,一支庞大的送亲队伍行进于风雪漫卷的唐蕃古道,身后留下数之不尽的传说。那一路的真实情景以及她在藏四十年的岁月我们无从得知,只见藏语藏文传诵千年而不衰的演绎与夸饰,最终成为藏人心目中的白度母。以汉文记载的,是一些陪嫁物品的名称和数据,由此我们知道了,那些来自中原的物质和精神文化的精华,均为雪域高原稀缺之物,无愧为后人所称的一次大规模的物质文化交流:除了释迦金像和佛经写本外,有历算、医学、文艺等百科书籍,有从事建筑、冶炼、雕刻、酿造各业的工匠,有大宗的绫罗绸缎,有作物蔓菁的种子——俗称圆根,形似萝卜,新鲜时可当水果,可做菜肴,晒干了可以储存,丰年为副食,荒年可充饥,从此融入藏人生活,在高寒之地繁衍增殖。史载松赞干布从此脱下毡裘,换上纨绮,诚为佳话细节。

文成公主与松赞干布共同生活了屈指可数的几年,其后独自生活了三十年,在

第三讲 英雄时代之喷薄而出

藏地留下俯拾即是的满地传说，但在汉文世界正相反，除了婚嫁时的热闹非凡，似乎未见她留下只字片语，连一道奏折也未见。只有一次当朝记录，是通过蕃使传达的，为吐蕃幼主请婚。汉文宗教史记录中，有玄照法师于贞观年间去往北天竺求法，往返均途经拉萨，先后两次拜见文成公主并得到资助；大唐出使印度的使节王玄策路过拉萨，也曾拜见过她，谈了些什么，不得而知。所以就觉得她很遥远很沉默，仿佛只为活成一个象征。

相比较而言，晚她七十年进藏的金城公主，在信史中要生动许多。本来这第二次的和亲动议提出尚早，噶尔·东赞于658年亲赴长安，为十几岁的新赞普芒松芒赞（松赞干布之孙）请婚，此后多番进行，皆未获准。直到边界上打得不可开交，吐蕃大军连年袭扰，攻城略地，正如《新唐书》所描绘的那样，主要出于缓和冲突、最好是息兵止战的考虑，最终唐中宗应许了婚事，所以金城公主远嫁吐蕃时，不仅有常规的丰厚嫁妆，声势也甚为浩大：中宗亲送至始平，令同行官员以诗作别，大赦沿途咸阳、始平二地罪囚，将始平县名更改为金城。尤其是，嫁妆中还包括了土地，吐蕃方面提请拨给河西九曲即甘青黄河以西为公主汤沐地——由此占据这一地区，吐蕃如虎添翼，进出唐境而畅行

也有移植未能成功的。丝绸是古代藏人的最爱，心仪这种会吐丝的神奇生物，所以文成公主同时带上了蚕种，以及养蚕、缫丝和织锦的技术工种。可想而知，小生命周期短而旅途太长，定是中途夭折了，所以才有后来的吐蕃再请蚕种。山南、林芝海拔三千米左右有桑林，何以未能成功，自然条件和人为因素大概都有吧。

文成公主进藏壁画

释迦牟尼十二岁等身像

山南昌珠寺，据说文成公主曾在此长住，寺内还保存有她的生活用品

无阻了。

　　由于从658年开始的四度请婚长达四十余年，吐蕃赞普数易其人：芒松芒赞于公元676年三十岁时驾崩（为他请婚的人，一代名臣噶尔·东赞已于667年谢世），襁褓中的都松芒布杰继位，汉籍记载这一年由文成公主遣大臣论塞调傍赴京师，一为告丧，二为新赞普请婚。而都松芒布杰在世仅二十七年，他于公元700年御驾亲征，占领甘、川结合部的松州、洮州后，于703年一举攻克南诏，驻兵于南诏都城大理附近的约地时，于次年被杀身亡，这期间又有一次请婚。最后终于获准的，是为都松芒布杰去世当年所生之子赤德祖赞。即是说，四十余年四次请婚，历经吐蕃君主三代人。

　　金城公主参与吐蕃王室的政务活动看来多一些，不过也似仅限于与唐廷公关联络，飞鸿往来。其中有一件事情还在朝廷内部引起一番争论：约在730年，金城公

第三讲 英雄时代之喷薄而出

主通过吐蕃使臣，请求抄送《毛诗》《礼记》《左传》《文选》诸经典各一部。为此一位官员于休烈上奏《请不赐吐蕃书籍疏》，力表反对，理由是吐蕃现为国之寇仇，倘送去这些经典，岂不是让他们知悉了用兵权略，于大唐不利。另一官员裴光廷则认为此举将有助于教化，因为忠、信、礼、义皆自书中而来。最终，皇帝采纳了后者意见——这类争端直到明代还在重演，说明始终有人惧怕"远夷"熟读汉文经典而知礼识兵。

另外，唐史中现存金城公主奏折至少三件：《谢恩赐锦帛器物表》《乞许赞普请和表》《请置府表》等，每见言及"舅甥和好，永无改张，天下黔首，并加安乐"等语，用心不可谓不良苦。但金城公主在藏生活三十年间，仅有最初几年唐蕃边界无战事，此后则是连年的征战不休，至死也没能看到和平降临。

千里迢迢，挥别花团锦簇的京城，锦衣玉食的宫廷，转身朝向风沙扑面的高原。当她们走向蕃地，随身带来嫁妆也带来美好的愿望；当她们守望蕃地，是狼烟起处的一小片晴空，真正活成了象征。至于两位公主的个人命运，还有

正是由于几十年间复杂的变更，导致几百年后想要追记这段历史的困难和混乱，以至于出现了这样的笑话：说金城公主本来应嫁给赤德祖赞的儿子江察拉本王子，但在进藏途中，这位王子不幸坠马身亡（一说被谋杀），只得嫁给其父。而赤德祖赞老矣，"满头银发，白须覆面，不知脸在何处"。直到近世发现敦煌所藏吐蕃历史文书和汉典记载，方才由更敦群培最先澄清。事实是，金城公主进藏时，赤德祖赞刚满六岁。

另外，还有"席前认舅"的故事，说的是金城公主生下赤德德赞，被王妃那囊氏强行夺走，诡称己出。赤德祖赞设宴，请来汉人和那囊氏家人，让刚会走路的赤松德赞手捧斟满了酒的金杯献给亲舅，以辨别生母。结果赤松德赞走向汉人，并自称"外甥"。事实是，赤松德赞在金城公主逝世三年后出生。类似的记忆变形或被创造出来的传统，在西藏历史中还有一些，作为野史未尝不可，若作信史，需要详加甄别。

山南吉如拉康，相传为金城公主所建

风化成典

西藏文史故事十五讲

唐代二百八十多年间，有人统计过皇室对外和亲次数总共三十五次之多。其中突厥五、回纥十、吐谷浑五、吐蕃二、契丹五、奚三、宁远国一、于阗一、突骑施一、南诏二，范围广及青藏、云贵、蒙古诸高原及西域塔里木盆地等。这一惯常的策略无论中外古已有之，例如古代欧洲各公国各家族间出于各自利益考虑，素以通婚作为手段。即使在吐蕃内部各氏族部落间，也有和亲的传统。例如从悉补野时代开始，与王族最常保持姻亲关系的就有那囊、蔡邦、琼、没庐四氏族，王室中的内相（尚囊）也通常由这些常婚近亲的舅臣担当。同时娶外邦如南诏、吐谷浑等公主为妃，当然吐蕃的公主也多有嫁往外邦的，例如达布年塞的妹妹嫁给拉萨河西的小王森波杰弃邦松、松赞干布的妹妹赛玛噶嫁给象雄王李迷夏等。

几千年间在政治联姻中做出牺牲的众多女性，今人想以现代观念评判是不相宜的，难免伤害历史感情——大凡追溯历史的后人们，不论藏族汉族其他民族，更多习惯于无视当年的功利色彩，习惯于从正面的、积极的、超越个体的视角去赋予理想的价值，至于当事者的个人感受，通常是被忽略不计的。不过，历史上确曾有人扼腕，千年一叹，似也不应抹去——那首题为《咏史》（亦作《和蕃》，作者戎昱）的唐诗如此感慨：汉家青史上，计拙是和亲。社稷依明主，安危托妇人。岂能将玉貌，便拟静胡尘。地下千年骨，谁为辅佐臣。

步辇图

绢本长卷，唐代阎立本作。今存此画一说为宋摹本。画卷见证了松赞干布迎娶文成公主这一具有历史意义的重大事件。步辇，古代帝王乘用的休闲式代步工具，形同敞篷轿子，如图。这幅画作再现了身穿华丽的联珠纹丝织长袍的吐蕃使者噶尔·东赞（禄东赞），拜见坐于步辇上的唐太宗的情景。

第四讲

英雄时代之
如日中天

风化成典

西藏文史故事十五讲

赤松德赞出生之际的吐蕃疆域
（公元741年）

左上小图为藏王赤松德赞出生之际的吐蕃疆域。历经此王终其一生的文治武功，吐蕃帝国走向巅峰，疆域达至最大化。藏文古籍如此称颂赤松德赞开疆拓土的功勋：（赤松德赞）如太阳照耀人间，为直立黔首与俯首牲畜的主人；（吐蕃疆域）东抵昴宿星升起之地，即有万座城门的唐廷京师；南接轸宿星出现之地，立碑于恒河之滨；西与波斯接壤，北方直达于阗，控制世界三分之二地方。赤松德赞因此在后世藏文典籍中被称之为"瞻部洲之王"。

第四讲
英雄时代之如日中天

吐蕃鼎盛时期的疆域（公元820年） 据《中国历史地图集》简绘

三个武史故事

历史毕竟是由其时其地的人物和事件构成，唐蕃中期以激烈冲突为特点，不言战事，无以窥全貌，虽然此为作者最不情愿涉及。好在往事越千年，所有的痛都不会是永远的痛，所有一切尽皆过了追诉期，不妨就筛选出若干并非众所周知的事件，借以强化本书故事性，其中大多发生在赤松德赞武功走向巅峰时段。

自从松赞干布开创吐蕃，历经百余年历代赞普经营，至8世纪初年都松芒布杰攻克南诏，吐蕃疆域按《新唐书·吐蕃传》所载：东接松、茂（今北川、汉川、茂汶）、嶲（今西昌），南及婆罗门，西取四镇，北抵突厥，"幅员万余里，汉、魏诸戎所无也"。中间再经金城公主夫君赤德祖赞的时战时和，至8世纪中叶，蕃军已成劲旅，饮马黄河金沙江，帝国进入全盛，中土凤翔以西皆为蕃占。此为唐蕃间一系列战事的背景。

赤松德赞在位长达四十四年，这期间他不时地南征北战。同样是被后世追认为三大法王之一的缘故，后人几乎不提他亲赴前线立马横刀的往事——是刀矛还是剑戟，实际上我们无从得知他使用何种兵器。倒是在几乎所有的藏文典籍中，都格外赞扬了赤松德赞弘扬佛法的事迹，进行过脸谱化的改造。虽然这一点也是不错的，正是由于致力于佛教传播，为后来藏民族社会文化的实质性转型开辟了通道。

第四讲 英雄时代之如日中天

之一：攻占长安

公元763年夏末，吐蕃十万大军东进，由河陇地区的秦、成、渭三州集结启程，绣有虎、狮、豹、鹰等动物图饰的多彩军旗好不威武，铁蹄过处如风卷残云，径奔大震关，一举拿下兰、廓、河、鄯、洮、岷诸州；泾州刺史高晖闻风丧胆，不战而降。按说投降了也就罢了，又被胁迫着做了向导，这一次的目标非同小可：直捣京师长安。

吐蕃大军由恩兰·达扎路恭为前锋，此番深入大唐腹地，正是出自他的主意：志在易主。几年前的安史之乱中，唐玄宗避难川蜀，郭子仪急率朔方军、回纥军等精锐之师倾力东顾，吐蕃乘虚而入，进占了河西多座城池。临危受命的唐肃宗，以玉帛化干戈，答应岁输吐蕃绸缎五万匹，暂时稳住了蕃军内侵的脚步。本来吐蕃上下最为歆羡的，是大唐的蚕丝衣，为此有人称唐蕃战争是丝绸之战，不无道理；眼下可以不战而获，正是求之不得的美事。当第一批五万匹精美丝织品运抵，从王廷到千户长，一一分发下去，吐蕃上下皆大欢喜。此事记载于《敦煌本吐蕃历史文书·大事记》762年条，称"以唐人岁输之绢缯分赐各地千户长以上官员"；在另一处，则发出"民庶黔首普遍均能穿着唐人上好绢帛矣！"的欢呼。

可惜好景不长，待内乱平定，新君即位——皇子广平王即唐代宗，以向吐蕃纳贡为耻，甫一登基就"截流"，爽了先皇前约。所以说，吐蕃军此举也算是师出有名：誓言推翻不守信用的代宗，讨回公道；新皇帝人选也有了：已故邠王之孙、金城公主之侄、广武王李承宏。

大军压境，而唯一能够救驾的郭子仪距离尚远。代宗皇帝张皇，携皇室百官急避陕州。达扎路恭一进长安，直奔翰林学士于可封府第，立逼这位大学士筹办登基大典、起草诏告文书等一应事宜，定年号，择吉日，置百官，把战战兢兢的李承宏扶上龙椅。

那一边郭子仪闻讯，一刻也不敢耽搁。老帅出征，一路组织起各路兵马近万人，在郊外韩公堆遍插旌旗，一面使人潜入城内，秘密联络少年豪侠，约好某晚同一时分，郊外城中钟鼓齐鸣。伴随着鼓声大作，先由少年，接着是满城的人声鼎沸："王

风化成典 西藏文史故事十五讲

师进城啦！郭令公来啦！"

达扎路恭身经百战，不惧天子皇帝，独独敬畏郭氏一人。一闻郭令公进了城，不辨虚实，当即下令撤兵，行前照例将长安市井劫掠一空——正所谓来得快走得急，总共占领京城十五天。

与汉文史籍相对应，吐蕃文书大事纪年的762年条记载：及至虎年……多思麻之冬季会盟于则地，由论·绮力思扎悉诺则布召集之，以唐人岁输之绢缯分赐各地千户长以上官员。唐廷帝崩，新君立，不愿再输帛绢、割土地，唐蕃社稷失和。……尚·野息、论·悉诺逻（达扎路恭）等人引劲旅至京师，京师陷。唐帝遁走，乃立新君，劲旅还。

尽管来去匆匆，但意义重大。在唐朝方面，是辉煌不再、江河日下的标志性事件之一；单就军事实力而言，也可见此消彼长，因此在吐蕃方面，诚为前所未有的大捷，振奋人心。

这一年赞普赤松德赞正当二十二岁，以红绢缠头，一袭五彩锦缎披风，风华正茂，英气逼人。就像当年的王朝缔造者那样，年轻的君主胸怀四海，想要以其文韬武略与先辈的松赞干布比肩齐名。

之二：平凉劫盟

唐贞元三年（787年）闰五月十五日，在今甘肃平原县古名为平凉川之地，唐蕃议和的盟坛搭建完毕，盟誓的三牲已备，唐方会盟使侍中浑瑊、副使兵部尚书崔汉衡等人皆朝服正装，步往盟坛，那位后来留下了许多诗作的文

达扎路恭纪功碑

现在矗立在拉萨布达拉宫下方的方柱形石碑——《恩兰·达扎路恭纪功碑》，就记载了历史风云中的这段史实。碑文中，赤松德赞表彰其业绩的同时，承诺给其本人和家族，以及子孙后代以殊荣、特权种种，待遇优渥，可见此举在当时影响之大。

第四讲

英雄时代之如日中天

官吕温也在其中，偏将严怀志的千骑人马则在稍远处警戒。那场景一如历史剧中常见的镜头。

本来四年前唐蕃双方曾有过清水会盟，那一次唐德宗李适认可了甘、沙诸州敦煌一带被蕃军占领的既成事实，并据此划界分疆。蕃方也按盟约归还了陷蕃将士僧尼八百人以表诚意。适逢朱泚之乱，两京陷落，吐蕃大相尚结赞主动请缨，愿助一臂之力，共同御敌。条件是有的，而且价码不菲：唐廷同意割让陇右泾原四镇的北庭和伊西二地，并丝绸布匹等财物，作为兵援的酬谢。其后确曾有过浑瑊率军与蕃军联合作战，大破朱泚中军于武功城下之捷，但战事未竟，尚结赞即声称军中有瘟疫流行而先行退去。这样一来，先前的约议便有了可商榷之处。这边不想给予，那边自行径取，隔年尚结赞大军卷土重来，攻占北庭数州，唐方出兵又是一番恶斗，该地时复时陷。此番议和，无非体现德宗一再"以德怀之"的弱势姿态，他不仅在朝堂之上力排众议，还罢了名将也是蕃军强敌的李晟之军权，以表达和盟诚意。

浑瑊一行先行到达，不见蕃方会盟使尚结赞踪影，不禁疑窦丛生，议论纷纷。不论是和是打，双方都交往了很久，浑、崔等人都深知尚结赞其人看似忠厚，实则智勇兼备不乏谋算，不免处处小心：本来会盟之所拟定于清水，尚结赞不同意，提出改在原州的土梨树，朝廷官员们警觉到那里地形复杂，生恐有诈，议来议去，最终定在泾州附近的平凉川。

现在久等不至，浑瑊传令偏将严怀志速速回营调兵。正说话间，远远望见蕃方营地尘土飞扬，想是盟使来了——但是人马未必太多了吧，并且迅速改换队形，呈扇形包抄

《新唐书·吐蕃传》记载，公元781年，唐蕃于清水会盟，隔年即建中四年783年，"朱泚之乱，吐蕃请助讨贼"。《资治通鉴》德宗兴元元年正月条："吐蕃尚结赞请出兵助唐收京城。庚子，遣秘书监崔汉衡使吐蕃，发其兵。"此后唐蕃联军攻破叛军武功城，尚结赞引兵先退，唐军收复京师。据此德宗认为吐蕃方面未能全部履约，决定厚给绢缯而不予城池，以致战事再起。尚结赞在战局不利的情况下再次请和，德宗不顾朝中反对意见，坚持和盟，结果遭到暗算。史载尚结赞先已埋下伏兵，盟誓前借口要求崔使等人更换礼服，待其回到帐幕，发动突袭。此役唐方将士死五百余人，被俘上千人。德宗痛悔，遂与吐蕃绝交，历经顺宗和宪宗，时隔三十多年后由穆宗李恒与吐蕃赞普可黎可足（赤祖德赞）最终达成和解，唐蕃于长安和拉萨两地会盟。

而来。大事不妙！这一边赶紧后撤，不想斜刺里突现一彪人马，一支长矛直刺崔尚书，吕温奋勇上前抵挡，利矛刺穿了肩臂。

双方在平凉川旷野上的厮杀并没有持续很久，尚结赞有备而来，蕃兵越聚越多，严怀志只来得及掩护浑瑊遁走，他的千骑兵马非死即伤即成俘虏，崔汉衡及其以下六十余名官员全部就擒。后来此地被蕃人称为"唐人墓地"。

唐朝方面自然是气急败坏，德宗御制了诏书，是沉痛检讨的"罪己诏"：怀德柔远固然没错，只是不合时宜，痛下决心从此与吐蕃绝交。浑瑊布衣上朝，等候发落，那个极力为吐蕃美言保荐的将军马有驎被免了兵权，手下将士愤愤，士气低迷。

远方传来大笑：尚结赞如愿以偿。此前他曾有言："唐之名将，李晟、马燧、浑瑊耳，不去三人，必为我忧。"这下好了，一并除去。这一年他大打出手，先是掳走了盐州、夏州居民，焚城而去；又一次大掠汧阳、吴山、华亭界，不久，再掠邠、泾、陇各州民户殆尽，如入无人之境，沃野北庭也于三年后攻占。来自吐蕃的侵凌和消耗加速了唐朝的衰落。

这一年赤松德赞四十六岁，正当盛年。此际的他一身戎装，坐镇于青海湖畔南山之阴，在他的领土上往来巡视，遥控指挥唐蕃边界的争战。远在雅鲁藏布江畔的桑耶寺已经矗立，以佛教立国的第二道诏敕已经发出，向往已久的佛教圣地敦煌尽在掌握之中，衰弱的大唐已不在他的眼里——这方面有个比较典型的事例经常被引用：据《旧唐书》记载，公元781年，唐使崔汉衡抵蕃，奉上国书。赤松德赞见今非昔比的唐廷仍以上国自居，国书中对自己仍以臣礼相待，大为不满，声称舅甥国间何能以臣礼见处，遂拒收国书。直到将蕃方的"贡献"改为"进"，唐方的"赐"改为"寄"，方才收受。

从这一年起直到终老，赤松德赞对唐朝与吐蕃的绝交并未放在心上，不放在心上的还有中土的其他地方，无论长江之南还是黄河以北，无论多么富庶之地都无意再取，此刻的他迫不及待地要将大蕃的疆域扩展到黄河前套（今宁夏川地）、河西走廊和安西四镇，永久占领并长治久安。然后，再去实现一个终极愿望。

第四讲 英雄时代之如日中天

之三：赤岭毁约

上述平凉劫盟，以当时和现在的眼光看来，显然是吐蕃方面不够仗义。唐蕃战争间隙，双方多有和盟之举，大多先由吐蕃提出，有时是因战局不利于己，有时是因内部危困，但渝盟者也大多为蕃方，或是由其掠夺性经济所决定的。总的来说，一攻一守，唐朝方面多为被动应战，不过也并非全都无辜，新旧唐书都记载了一个典型的渝盟毁约事件，在此照录。

这一事件发生在距平凉劫盟之前半个世纪，唐皇玄宗在位，吐蕃赞普赤德祖赞在位。这一时段虽有金城公主和亲，仍是时战时和的局面。史书明载的唐蕃开战以来第一次划界在公元734年，双方在湟源以西日月山的赤岭分界立碑，各派将领守护，两年多的时间里倒也相安无事。当然吐蕃倾其主力攻打勃律（今巴基斯坦北部地区），无暇来犯，是其中一个重要原因。

停战期间互有往来，双方成为关系很好的敌人。公元737年某一天，唐朝的河西节度使崔希逸与蕃方大将乞力徐又会面了。崔使提议说，既然我们两国都和好成一家，何须派兵驻扎，不如各自撤兵吧。

起初乞力徐还有些犹豫，试探说，看来你是个厚道之人，我相信你的诚心，但

布达拉宫壁画　唐蕃界碑

这幅绘制于1645~1648年的布达拉宫壁画，形象地体现了"天上一双日月，地上一对舅甥"的佳话。按原图说明，此为唐蕃在双方边界贡嘎麦茹山所立的舅甥石碑。

是朝廷中人未必信得过，只怕万一，到时我岂不是悔之莫及？

最终经不住再三劝说，乞力徐唯一坚持的是举行仪式，于是杀了白狗，立了重誓，各自撤了边防。

时隔不久，崔希逸手下傔人孙诲入朝奏事，为向皇帝邀功，趁机进言：吐蕃根本没有设防，若此时发兵必能克敌。朝廷遂派内给事赵惠琮去河西视察，此二人"矫诏"令崔使率兵突袭，攻其不备。崔希逸明知此举纯属背信弃义，或曾婉拒乃至坚拒，但官身不自由，还是从凉州奔袭青海湖畔，斩杀蕃军两千多人。赵惠琮与孙诲二人皆获重赏。

这一背盟事端引起严重后果，唐蕃双方包括金城公主苦心经营的和局就这样毁于一旦，边境烽火重燃。一役之得，全线皆危，唐玄宗得知真相后气极，以"矫旨"罪处死了孙诲，另外两个，赵惠琮和崔希逸，据说全都受惊吓而死。汉文史书上说，这两人时常梦见白狗作祟，显然是精神崩溃。按迷信说法，是报应，科学解释，是日有所思夜有所梦。

飞马使印章

这枚飞马使印章，为合金"花利马"所铸，边长2×2厘米，厚度0.3厘米，凹刻阴文，图案为策马扬鞭并回头张望的使者，古藏文音为"芒斯克甲"，似指名为芒斯克驿站所使用的印章。这类印章虽在敦煌发现的藏文史料中多见，但实物却唯有这一方。除了飞马使外，吐蕃时代还有飞鸟使、飞狗使等，各表示信件速递的缓急不等。

第四讲 英雄时代之如日中天

活埋老臣与佛苯之争

　　公元8世纪中叶，大约在赤松德赞登基不到十年的时候，一个不祥的消息传来：经术士卜算说，年轻的赞普就要身遭不测，必将危及国政，并使蕃地人畜遭殃。此事已成街谈巷议，尽人皆知。吐蕃重臣玛尚仲巴杰听罢心中一惊，忙问有无禳解之法，探听消息的人回报，人人都在说，必须由位高权重的侍臣进入墓穴修法祈祷，方可确保国王健康、社稷安好。

　　此时的听者已经不止于吃惊了，而是分明感到针对自己的一个阴谋正在发酵。自从赤松德赞十三岁即位，这位舅臣就以监护人的身份独揽了朝政。作为笃信苯教的代表人物，他曾颁布了禁佛令，声称此前几位赞普英年早逝（松赞干布三十三岁，其子贡松贡赞则先于其父去世，其孙芒松芒赞三十岁，曾孙都松芒布杰二十七岁，玄孙赤德祖赞，即赤松德赞之父，活到40岁），皆因佛法进入的结果，诏令凡信仰佛法者，一律流放边鄙之地。此令颁布后，又指使苯教徒捣毁了桑耶王宫所在地的两处佛殿拉康，把拉萨大昭寺辟作屠宰场，把释迦牟尼像埋入沙洞，驱赶小昭寺汉人和尚……为此曾招致朝中崇佛大臣的不满。对此，这位老臣心知肚明，尤其明白少主赞普内心喜爱佛法，这使问题变得严重。

　　众口铄金，终有一天朝议中被人郑重提起，桂氏大臣赤桑雅拉挺身而出，愿往墓穴做活死人：赞普待我恩重如山，我对赞普也是忠贞不渝，此事理应由我担当！

玛尚仲巴杰深感已无退路，只得做出当仁不让的姿态：众臣之中有谁能够比得上我呢？论资排辈，舍我其谁！

在场的人莫不心服，表示谦让。玛尚老臣就这样走进为他量身定做的圈套。唯一能做的，是他亲自指定了墓穴位置，就在那囊章浦自家氏族的领地上，并亲自设计和监工，从给排水的管道，到衣物食品的配备，以及防人暗算的机关，无不安置得万无一失。但是命运已经注定，在劫难逃：墓门关闭的同时，巨石"轰隆"一声从外面抵住，牛角管道的流水涌进，任凭他喊破了喉咙，流水仍是源源不断，漫过腿脚，漫过胸口，直至没顶……

"活埋老臣"这段故事经由藏文典籍的传播，在西藏几乎家喻户晓，但它的真实性却颇受当代藏学家质疑，认为并非来自史实，而是来自野史，为后世宗教史家们所虚构，铁证是如此重臣，《敦煌本吐蕃历史文书》何以一无此人踪影。传播千年，无人证实也无人证伪。

当然，这个故事的意义在于，可以没有玛尚其人，但他象征着拥苯反佛的利益集团不会有错，同时也说明了赤松德赞即位初期的困难重重。与先王松赞干布相比，赤松德赞在身世经历方面最相一致的是临危受命：均为十三岁登基而父王均遭毒手，即位之初便面临着朝政纷乱、部族谋叛的严峻局面。这一次，父王赤德祖赞死于朗氏和末氏两位大臣的阴谋，年轻的赞普在恩兰·达扎路恭等忠于王室的大臣辅佐下，雷厉风行地诛杀了弑君的罪魁，清算了朗、末二氏家族财产，将其族人全部流放边远之地，内乱迅速敉平。

苯教代表人物虽然不在了，赤松德赞也废止了禁佛令，汉人臣子桑西前往中土请回的佛经千部、巴·赛囊前往印度迎请的佛学大师寂护均已到位，但弘传之路仍不平坦。苯教作为国教根深蒂固，臣民大多为苯教徒，连王室也弥满了浓重的苯教气氛，尤以专权的母系一族为代表。说来也巧，这一年布达拉宫遭到雷击，旁塘王宫被水冲毁，天灾荒馑连连，人畜瘟疫流行，朝野间的苯教徒心生不满，认为是异己的佛法传入所致。迫于压力，赤松德赞只好深表歉意地送走了进藏不久的佛教大

第四讲　英雄时代之如日中天

师寂护。寂护临行前推荐了他的妹夫莲花生，认为这位大师的法力足可降服蕃地的妖魔鬼怪。所以不几年后，当寂护再次应邀进藏，邀约来藏传佛教前弘期最著名的密宗大师莲花生。

相传在进藏途中，莲花生大师大显了身手，一一降伏了雷击红山的念青唐古拉山神、水毁旁塘宫的雅拉香波山神、制造自然灾害的十二丹玛女神及兴妖作乱的天龙八部一应非人鬼神，这些大大小小的神祇已统治了雪域千载，至此据说全都臣服于佛法之下。这位大师的事迹愈传愈神，那些传说至今已固化于藏地山水以及口碑中，就像上述活埋老臣的故事，无须证实也不宜证伪。

不过那类降伏之战是肉眼看不见的，即便当时，听者将信将疑不说，果如其言的话，只能引起臣民的更大惊恐：这位来自异国的大师既有如此神变之术，岂不是可以夺走政权吗？尤其是，听说赤松德赞竟将自己的爱妃益西措杰也赠与大师做了修行明妃，臣民越发担心：连王妃也得到了，说不定下一步真就夺得王权了。

这一轮的舆论压力一定够大，不然赤松德赞不会让莲花生暂且回避，远离王城，去往雪域各地降妖伏魔。以至于直到今天，西

藏王墓前的石狮

赤松德赞像

风化成典　西藏文史故事十五讲

玛尼石刻的莲花生形象：手持金刚橛，降妖伏魔

藏的圣地山水都还流传着莲花生的故事。

正像苯教创始人辛绕弥沃被后世神化那样，莲花生大师的故事愈传愈奇。有关传记据说已有上千部之多，但来自吐蕃的最初写本并未见其神迹。有学者从伯希和卷走的敦煌吐蕃史料中发现，这位来自古印度的"佛子"参与了桑耶寺的兴建，后来去过五台山，在张掖传播过佛法，除与文殊菩萨相遇之外，并无其他奇异形迹记载。当然，没有奇迹不成宗教，神话远比现实生动，学术层面的议论不会影响到信众的崇拜信仰，活在传说中的人物继续缤纷。

为了从根本上解决问题，赤松德赞特意组织了一场佛苯大辩论。结果可想而知，原始苯教缺乏深入的教义，缺乏辩论训练，只有传统的驱鬼役神、禳灾祈福的应用之术，面对由寂护大师现场指导的理论根基深厚、又以擅辩著称的对手，听到诸如三千大千世界、过去现在未来诸佛之类宇宙时空的玄奥术语，只有晕倒的份儿，哪里还有招架之力，自然败北。

赤松德赞当场宣布：佛教胜利！从今往后，禁止信奉苯教，不准为了超荐亡灵而宰杀牛马牲灵，不准以血肉献祭供奉；凡为赞普王室举行消祸禳灾法事，实在需要依苯教之法祭祀的，也只准许蔡弥和象雄，唯二的两地进行。禁令颁布的同时，苯教的书籍也被殃及，一部分投入河中，另一部分镇压于黑塔之下。

佛教胜利有标志——公元775年，桑耶寺开建。

这座佛法僧三宝俱全的寺庙，在雅鲁藏布江畔平地而起，参加落成典礼的民众成千上万，欢乐的大典持续了七天七夜——夸张的说法，是为时一年的庆典。赤松德赞巡视着这座雪域第一伽蓝，满意地想到，雪域从此将为佛土，这恢宏建筑也分

第四讲 英雄时代之如日中天

明是大蕃盛世的写照：四周环绕代表四大、八小部洲的佛堂，中为象征须弥山的乌孜大殿；三层的大殿，底层为石头结构的吐蕃样式，中层为砖瓦结构的汉地样式，顶层为木质结构的印度样式。而佛殿内千姿百态的观音度母和护法诸神，则是从王室和民间选来的样貌身材或健美或娇好的真人为样本塑造的。当然，形式只是一个方面，佛法的深入人心才是根本：与群臣共议的《桑耶寺兴佛证盟碑》已然树起；从名门大户子弟中选拔的"七觉士"已然剃度；藏、汉、印高僧会合而成的翻译队伍，分别在乃东丹噶尔宫和中土敦煌的译经场，正在夜以继日地从事着梵、汉佛经藏译的工作；印度佛教大师寂护的弟子和从中土占领区沙州（敦煌）请来的汉族和尚摩诃衍每天为信众讲经说法。从拉萨到桑耶，言必称佛法，成为一时之尚。

赤松德赞和莲花生监造桑耶寺图

桑耶寺全景

只履东归与顿渐之争

北魏年间，禅宗祖师菩提达摩坐化，葬于熊耳山。相传若干年后，有出使西域的魏使宋云归来，途经葱岭（帕米尔高原），与达摩相遇。只见这位大师打着赤脚，手提一只鞋子，飘然西去。宋云向朝廷复命时谈及此事，孝庄帝大奇，下令打开墓穴，果见空棺内只余一只草鞋。

这个"只履西归"的传说载于《历代法宝记》，在吐蕃占领敦煌时就被译成藏文，故而为吐蕃所周知。后世的藏文典籍中，至少为两位汉族和尚借用了此典，或曰翻版，只不过所归的方向变了，东向而去。一位是随同金城公主进藏、长住拉萨小昭寺的老和尚，是在吐蕃重臣玛尚仲巴杰颁布禁佛令，被逐离时留下过一只鞋，寓意佛法未来将在此地弘扬；另一位就是被赤松德赞从占领地

藏传佛教较之汉传佛教的十六罗汉多了两位，共有十八位罗汉，达摩多罗和布袋和尚就是后来增加的。

菩提达摩只履西归

第四讲
英雄时代之如日中天

敦煌请来的摩诃衍,是因辩论失败离藏时,留下一只鞋,寓意他自己所传之法将会在后世光大。

这段名为"吐蕃僧诤"的公案发生在赤松德赞执政晚期,约在公元793年前后。此时距离平凉劫盟、与唐廷断绝官方往来、占领敦煌和摩诃衍应召进藏等一系事件的发生,约有七八年之久。藏文典籍所描述的前因后果大致如下:

桑耶寺修建起来,佛法传播开来,从拉萨到桑耶,人人讲谈佛法,讨论争辩热烈,对于一心倡佛的赞普说来,固然好事一桩,但是问题在于,来自汉地和印度的成佛之道有顿渐之分,令人无所适从。相比之下,被他视为佛教正统的规范师寂护所传循序渐进的修为法不为众人推崇,门徒稀少,信众寥寥;而汉和尚摩诃衍所传禅宗,声称人人皆有佛性,人人皆可成佛的观点大得人心,讲说刹那成就之法,从者云集,包括王室重臣和王妃在内,信徒足有数千人之众。这也就罢了,问题在于,居家即可修禅,还要僧团佛寺做什么?大昭寺和桑耶寺形同虚设,几乎断了供奉香火。长此以往,势必人心涣散,有碍政体稳固,有违倡佛初衷。

顿悟派和渐悟派争辩得越来越激烈,直闹到势不两立,大有舍命相拼的架势。这一天,各执一词的两派又打上门来,请求裁决。赞普一改往日听之任之的超然,表态说,还是寂护大师所传中观瑜伽行的渐悟之法,更合乎正法正理。

赞普表了态,后果很严重。连锁反应出现:汉和尚摩诃衍的三位忠实弟子愤而自杀,以舍身示抗议;另外几个激动的弟子则手持利刃,扬言要在王宫前与渐悟派同归于尽。事已至此,赞普只得一面将两派分开严加管束,一面派人赶赴尼泊尔,急请寂护弟子莲花戒进藏。

由赞普亲自主持的辩论大会在桑耶寺菩提洲大殿举行。赤松德赞在上居中而坐,摩诃衍和莲花戒分坐两旁,顿悟派弟子人头攒动,渐悟派弟子屈指可数。赤松德赞向两位大师各赠一枝花鬘,声言失败一方须将此花献与获胜一方。

今已发现的敦煌本藏文文献中,从汉文翻译的有菩提达摩的《二入四行论》,有《楞伽师资记》《七祖法宝记》即《历代法宝记》,还有《顿悟真宗金刚般若修行达彼岸法门要诀》和《顿悟大乘正理决》等,说明在公元7~9世纪,汉藏间佛学交流曾十分密切。10世纪之后的藏传佛教形成期,固然有"下路弘传"的交流,但汉传佛教与藏传佛教已然各成体系。

汉和尚摩诃衍当庭陈述禅宗的观点，在藏文典籍中省略了认知，强调了体验，将其所言简化为不思不观、全不作意而顿悟成佛。如此一来，对方胜券在握。果然，此论招致莲花戒大师义正词严的驳斥，他身后屈指可数的弟子们发言踊跃，滔滔不绝，而摩诃衍身后人头攒动的弟子们，则哑口无言。

赞普当场宣布：中观瑜伽次第修习为正理正宗，渐悟派获胜！从此蕃地不得修习除此之外的法门。摩诃衍认输，将花鬘献给莲花戒，留下一只鞋子，返回内地。

藏传佛教后弘期的几百年里，这场顿渐之争不时被加工润色，形同缺席审判，从简单化到妖魔化，最终顿悟派被定性为异端邪说。被加工补充的部分，包括摩诃衍留下只履的同时，把教法典籍也一同"伏藏"于某处，几百年后为人开启。噶举派的大手印法和宁玛派的大圆满法与和尚的悟心成佛法一脉相承——在后来的教派之争中，有人古为今用，把当下的批判对象噶举或宁玛一派，与早有定论的失败理论和声名狼藉的代表人物画上等号，使其不攻自破，不失为明智而省力的策略。

但是，事情并未到此为止。随着一些距离这场争议的年代更为接近的藏汉文史料的重新面世，疑问也浮出水面：有学者提出的质疑首先是，这一论辩场景是否真实存在过，换言之，这一事件是否如同前述活埋老臣以及佛苯之争、金城公主改嫁公公、赤松德赞席前认舅那样，属于历史的重构、又一个被创造的传统呢？

晚近发现的敦煌遗书中有一部《顿悟大乘正理决》，其序言系摩诃衍邀请前任河西视察判官、朝散大夫、殿中侍御史王锡所撰，文中涉及同一事件，从形式到结果都大不相同：首先，这场论辩的时间，从申年到戌年（792~794年），跨度为三个年头；其次，不是当面辩论而是背靠背的笔谈，其结果也正相反——

申年时，摩诃衍接诏，言及"婆罗门僧"即来自印度的教派，状告汉僧所教授的顿悟禅宗，并非释迦牟尼金口所言，请求赞普下令停废。摩诃衍回奏赞普，凡论必有出处，如有差池的话，是可以废止的，就请他们提出问难之目，我来回答吧。

赞普允其所请，于是婆罗门僧经年累月地搜索禅宗经义，务求从中找到瑕疵，屡屡上奏提问。而"我大师心湛真筌，随问便答。若清风之卷雾，豁睹遥天；喻宝

第四讲
英雄时代之如日中天

镜之临轩，明分众像"。如此一来，告状的一派理屈词穷，仍不肯服输，反而蛊惑某些大臣阴谋加害。摩诃衍的两位吐蕃僧弟子声称"吾不忍朋党相结，毁谤禅法"，愤而自杀；另有三十名吐蕃僧联名上书：如果禅法不行的话，我们就脱下袈裟，丢到河沟里去算了。最终的结果是："至戌年正月十五日，大宣诏命曰：'摩诃衍所开禅义，究畅经文，一无差错。从今以后，任道俗依法修习。'"

这一段陈述为准当事人所写，如果只能算一面之词的话，在晚近发现的藏文经典中，有学者发现了似可补充佐证的材料。生活在那一时代或稍晚些的宁玛派早期法师努氏佛智，在《禅定目炬》中曾同时提到莲花戒和摩诃衍，但没有提到这场辩论；对各自的渐、顿之论进行深入论述时，从其宁玛派立场出发，他将顿悟置于渐悟之上，经过更高一阶的密乘瑜伽，至高者为其大圆满法。

如此一来，"吐蕃僧诤"就有了从形式到结果都全然不同的两个版本，有心人自可继续发掘和探讨，最终去廓清去复原，但对更多的人来说，不管是否真实发生过，留下过一只鞋子，又一只鞋子，总计一双，抑或只履未留，都不再重要；更多的人所看到的，是千余年来各自的生生不息，是殊途同归，论辩双方谁也没能打倒谁，至今和谐共生。

且让我们绕越这座历史的罗生门，回到故事发生的年代和现场。

自从文成公主建成小昭寺，直到金城公主在藏期间，汉地和尚以小昭寺为基地，百多年间前来传法译经者络绎不绝。待到摩诃衍离去，虽然蕃占区的敦煌还保持着汉和尚轮番前来蕃地的制度，但已盛况不再。待到后世有朗达玛灭法，汉和尚绝迹。再度往还在大幕重启之后，那是另外的故事了。

争议平息，赤松德赞的困扰并未就此减少，相反的，越发焦虑。按说吐蕃在他的手中正如日中天，放眼望去，

赤松德赞晚年向佛，还有一个晚近从吐蕃遗书中发现的资料佐证。有心人将斯坦因和伯希和卷走的敦煌遗书中的相关断片拼合订正，整理出湮没千年的昙旷大师所撰《大乘二十二问》。博学卓识的昙旷大师名满敦煌，颇受赤松德赞礼敬，若干年里频问疑难，内容涉及佛性、三身、空、真如、涅槃、菩提心、阿赖耶识，及声闻与菩萨证取涅槃的差异等等，从浅显到精微。问答方式为书面的，由快马驰送，从桑耶到敦煌，隔空会话。时间似在吐蕃僧诤之后，看来赤松德赞仍为诸多佛学难题所困扰。

吐蕃的地理在此一时期达致最大化，军事实力居于最巅峰；就近看来，文治政绩同样显著——自松赞干布创制律令以来，百余年间虽经不时充实，但臻于完善当在赤松德赞在位期间：桂氏大臣赤桑雅拉奉命详制法度律令，包括医疗标准法、命价赔偿法、婚姻离异法、受诬辩冤法等涉及社会生活的法律法规，并细化了诉讼及判决的规定，使有法可依，有矩可循。在经济生活方面，也由大臣聂·达赞顿素首创了每户属民饲养马一匹、犏牛一头、乳牛一头、黄牛一头为其私有财产的规定，同时提倡夏季晒干草备作牲畜越冬饲料，从而鼓励发展牧业生产——无论远近看来都很光明，为什么还要焦虑。

没有人注意到中年之后的赤松德赞的变化，心中一半是火焰，一半是海水。火是扩张专制的帝国意志，水是梵界净土的袅袅法音，水深而火热。越到后来，意志渐弱而法音渐强。先辈君王把世代的臣民紧紧绑缚在同一辆战车上，走上了一条不归路，狼烟从未熄灭，四海从未升平，人心从未被征服，倒是无数人洒下的血泪比四大洋的水还要多啊！而镇守四边的将领已成军事贵族集团，永无餍足的欲望导致了四面楚歌。再一放眼望去，前途茫茫；就近看来，宫闱间的钩心斗角愈演愈烈……晚年的赤松德赞多次在青浦的山洞中修行过，不可能对这一切避而不想。反复想到的是，佛祖释迦牟尼把王位和荣华弃置身后，印度孔雀王朝的阿育王放下屠刀，这些先贤的事迹早已熟稔于心，是否该卸甲卸妆了——假如不能立地成佛的话，但愿来世再做好君王。

赤松德赞五十五岁那年（796年），随着触目惊心的大事件在宫廷内接二连三发生，退意已决——是时候了，脱下战袍披僧衣，隐遁到内心中去，隐遁到佛法中去，隐遁到永恒的轮回中，或者超越轮回，归向无边的大空中去。

赤松德赞执政后期，吐蕃对外全面开战：公元786年后，与伊斯兰的黑衣大食激烈争夺西域霸权；787年平凉劫盟后与唐关系恶化而频繁交锋；789年开始与回纥展开争夺北庭的血战；794年后与南诏反目成仇，攻伐不断，一系列战事正在耗尽吐蕃最后的能量，或者说，其实早已透支。

《敦煌本吐蕃历史文书》中的大事纪年仅记载至公元763年，而此后自788年至803年唐蕃间官方断绝了往来，因而史家对赤松德赞生卒年及其后牟尼赞普即位时间众说纷纭，迄无定论。

第四讲 英雄时代之如日中天

从唐诗看边关离乱

有一个名叫李如暹的人，随镇守安西某镇的父亲李蓬子将军，少小离长安，长大在边关。其时其地正处在唐蕃交战的前沿阵地，双方大军在这一线来来往往，城郭疆土时而沦陷，时而复得。在少年的眼中，黄河边渭水畔的田野仿佛不为生长稼穑，而是专供铁蹄践踏。待到天宝年间有安史之乱，更是雪上加霜，趁着郭子仪率领党项兵回纥兵东顾平叛，吐蕃大军占领了安西四镇。那一个城破之夜，杀声四起，浓烟滚滚，少年李如暹跟随逃难的人群慌不择路，一口气逃到大河边。但是河面上结着薄冰，岂敢涉越，只得藏身于附近荆莽丛中。黎明时分，蕃兵的吆喝声传来，逃难的青壮男妇皆被掳去，驱往蕃地为奴。李如暹在蕃地部落做工牧羊，一过十数年。每天眼望东方，渴盼父亲的兵马前来解救，总是失望；被俘边民中时常传递有关议和的消息，过后又石沉大海。最为伤感的时刻，是在一年一度正月初一那天，被允许穿戴一天的汉装，梳一天的汉式发髻。

李如暹算是幸运的，终得逃归故里，更多被掳者不得不终老异乡。毕竟是将门之子，他的遭遇一度作为新闻在社会上流传，同时代的著名诗人元稹和白居易关注这一不幸群体，写下同题诗《缚戎人》，均为差不多的遭遇，前悲苦，后荒诞：边民被掳，蕃地为奴，娶妻生子，其孙不知祖父为汉人；老病时思乡心切，穿过朔风

风化成典
西藏文史故事十五讲

白居易·《缚戎人》

缚戎人，缚戎人，耳穿面破驱入秦。
天子矜怜不忍杀，诏徙东南吴与越。
黄衣小使录姓名，领出长安乘递行。
身被金创面多瘠，扶病徒行日一驿。
朝餐饥渴费杯盘，夜卧腥臊污床席。
忽逢江水忆交河，垂手齐声呜咽歌。
其中一虏语诸虏，尔非苦我苦多。
同伴行人因借问，欲说喉中气愤愤。
自云乡贯本凉原，大历年中没落蕃。
一落蕃中四十载，遣著皮裘系毛带。
唯许正朝服汉仪，敛衣整巾潜泪垂。
誓心密定归乡计，不使蕃中妻子知。
暗思幸有残筋力，更恐年衰归不得。
蕃侯严兵鸟不飞，脱身冒死奔逃归。
昼伏夜行经大漠，云阴月黑风沙恶。
惊藏青冢寒草疏，偷渡黄河夜冰薄。
忽闻汉军鼙鼓声，路旁走出再拜迎。
游骑不听能汉语，将军遂缚作蕃生。
配向东南湿地，定无存恤空防备。
念此吞声仰诉天，若为辛苦度残年。
凉原乡井不得见，胡地妻儿虚弃捐。
没蕃被囚思汉土，归汉被劫为蕃虏。
早知如此悔归来，两地宁如一处苦。
缚戎人，缚戎人，戎人之中我苦辛。
自古此冤应未有，汉心汉语吐蕃身。

张籍·《陇头行》

陇头路断人不行，胡骑夜入凉州城。
汉兵处处格斗死，一朝尽没陇西地。
驱我边人胡中去，散放牛羊食禾黍。
去年中国养子孙，今著毡裘学胡语。
谁能更使李轻车，收取凉州入汉家。

漠野，终于渡过黄河，终于望见唐军的旗幡了，老泪纵横地迎向前去，可是那些唐兵，"但逢赭面即捉来，半是边人半戎羯"——你会汉语又怎样，你穿着藏装呢！不由分说，一概拿下，以便邀功请赏。而被缚之人则被发配东南部吴越湖南等潮湿瘴地垦荒劳作。当然，《缚戎人》一类诗歌也可折射被俘蕃人的遭遇——两百年间的边关离乱中，不见描写吐蕃人民苦难的诗文，始终沉默，没有代言人。被迫绑缚在战车上的双方人民，其实同样的遭际命运。

正当吐蕃赞普大兴佛法的同时，前方边境厮杀正烈。与这位"汉心汉语吐蕃身"共同了命运的不乏其人，有些还是唐朝官员。平凉会盟时，吐蕃设计劫盟，一批朝廷官员被押往拉萨。其中有吕温，几年后才得以还朝，却因被疑失节，不仅不为所用，反遭关押；同一事件中被俘的那位偏将严怀志，在蕃地生活了十多年后，由南方翻越喜马拉雅，又遭南亚人劫持被卖做奴隶。再一次脱逃，经十余国家从海上归来。历尽千难万险，等待着他的却是被囚的命运，数年后才与吕温一同获释。不久吕温病逝，年仅四十岁。当严怀志回到家中，父母去世了，妻子早已另嫁他人。这是《册府元龟》中记载的真人实事。

还有虽生犹死的。唐人张籍在《没蕃故人》中写道：前年伐月支，城下没全师。蕃汉断消息，死生长别离。无人收废帐，归马识残旗。欲祭疑君在，天涯哭此时。

仿佛就为呼应，一位被掳者这样写道：日月千回数，君名万遍呼。睡时应入梦，知我断肠无？

第四讲 英雄时代之如日中天

> 这首"日月千回数"的作者姓名无考。仅从其留下的数十首诗中推断，此人是在唐德宗年间（781年）吐蕃占领敦煌时，被押解经离海、青海、赤岭、白水，一年后到达临蕃，在蕃地生活多年。此人诗作连同另一作者马云奇的合计七十二首，被法国人伯希和劫往巴黎。后经国人整理出版为《敦煌唐人诗集残卷考释》。

有毕竟归来的，有终老他乡的，好歹都可庆幸，那些战死沙场的呢？诗圣杜甫写过数十首涉及战乱的名篇，其中最为脍炙人口的《兵车行》留下了这样的千古名句："君不见青海头，古来白骨无人收，新鬼烦冤旧鬼哭，天阴雨湿声啾啾。"一语道尽，又一言难尽。杜甫本人历经战乱，颠沛流离中贫病交加。他在《天边行》中咏叹过"天边老人归不得，日暮东临大江哭。陇右河源不种田，胡骑羌兵入巴蜀"，又在晚年的永泰二年（765年）欣闻唐蕃议和而额手称庆，写下"渭水逶迤白日净，陇山萧瑟秋云高；似闻赞普更求亲，舅甥和好应难弃"的诗句。殊不知，唐蕃之战在他身后还将持续百年。

《全唐诗》中有数百首涉及了唐蕃战乱中兵民之苦，而此际的吐蕃似乎并未留下相应的诗文，是不是就尽享了征服者的荣耀和喜悦呢？非也非也。从有记载的历史看，自公元623年的最初一战到公元866年的终结之战，唐蕃间战事进行了两百余年。两百年足有十代人，冷兵器时代的战争以短兵相接血肉搏杀为特征，即使胜者一方也往往歼敌一万自损数千。穷兵黩武十数代人足够消耗，不知造就出多少鳏寡孤独。说泱泱大蕃全民皆兵也许言过其实，但地方建制的确接近于准军事组织。蕃地各部大致被划分为豪奴和庸奴两种，前者为提供兵源的勇士部落，专事习武打仗，地位较高；后者专事生产，提供物资给前线及本土统治阶层，地位较低。英雄主义教育贯穿始终，家有立功或战死者，门庭高挂铠甲以示荣耀；如有怯懦脱逃者，门首张挂狐尾以示羞辱。然而高原宜农地区毕竟有限，常备的几十万大军的供给是个问题，所以边防邻近的汉地乡村就被习称为"吐蕃田庄"，每到麦熟时节，蕃军必下山抢粮，战事频发；常年的征战使人员折损，所以战利品中除去金银细软和生产生活资料，越来越多的人被劫掠而去，青壮男女既是劳力，也借以繁衍人口。

另外吐蕃还时常让被征服者在其广大的占领区内相互迁移，更敦群培根据近代发现的藏文史料，在《白史》中认可了有吐谷浑部落被迁至边远藏地，而尼泊尔人经常被提及的一个事例为公元787年，和谈失败，蕃军劫持了唐朝官员，大掠汧阳、吴山、华亭民户上万人，绳牵出塞。行至汉蕃边界的一条峡谷时，蕃人让其东向拜别父母之邦，一时间哭声震天动地，几百人哭昏过去，不少人跳下悬崖。由于多年征战，吐蕃人口锐减，劳动力缺乏，需要从占领区源源不断地补充。其中尤其喜欢各式技术工匠。

据统计，两百年里唐蕃间通使至少一百五十余次，有和亲、告哀、吊祭、修好、议盟、盟会、封赠、朝贡、求请、报聘、求和、约和及慰问等。

被迁入于阗即新疆和田地区的史实。

　　一部唐蕃关系史，很奇怪地缠绕联结，时战时和，战多和少，又交往密切。说是甥舅，时常反目不见亲情；互为仇雠，又荣枯相伴存亡与共，真正是斩不断理还乱。最终两败俱伤，吐蕃的全盛期固然比唐朝持续得久了些，全凭了赤松德赞的个人魅力，但随着他的离世，表面的繁荣戛然而止，此后每况愈下，以公元869年吐蕃平民起义为标志，吐蕃的瓦解犹早于唐王朝崩溃三四十年。

唐蕃之战（布达拉宫壁画）

第五讲

英雄时代之
牧歌唱晚

风化成典
西藏文史故事十五讲

吐蕃与唐朝相伴始终，兴衰同步；两百多年间，高原和内地联系空前密切，唐蕃古道格外繁荣。密切的联系经常是温和的，表现在政治、经济、宗教、文化的全方位交流；很多时候则以激烈冲突的形式体现，持续的战乱令各族人民苦难深重。直到公元9世纪初，双方在长安和拉萨会盟立碑，终于宣告了战乱的结束，和平的到来。正如大昭寺前会盟碑中所铭刻的：甥舅和好，社稷如一。

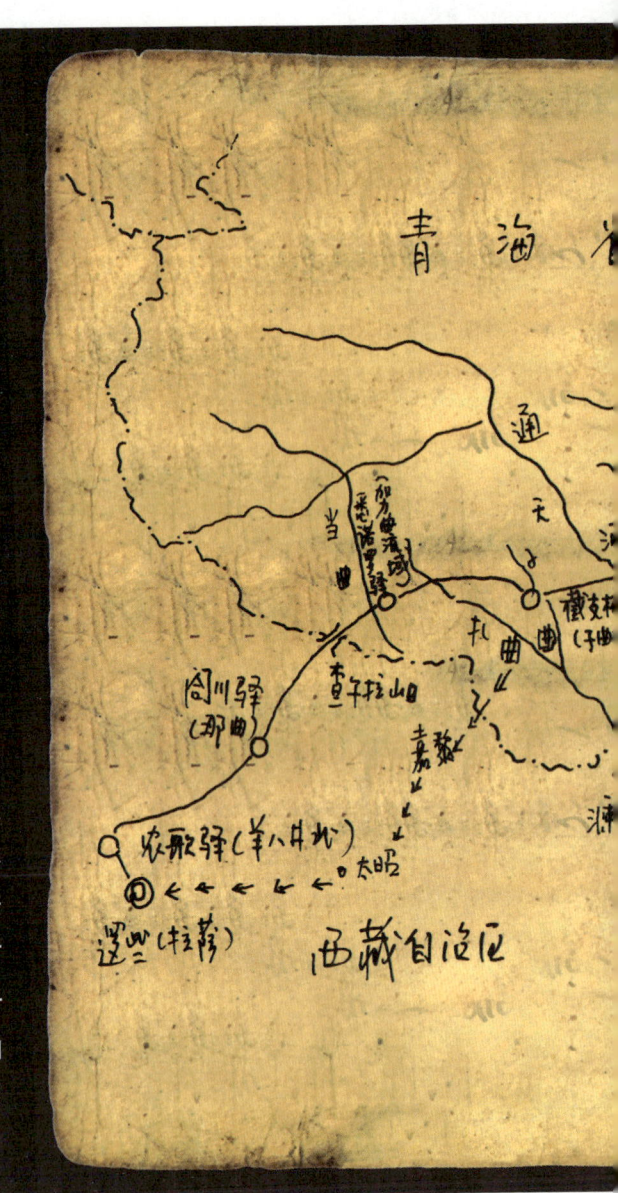

第五讲

英雄时代之牧歌唱晚

唐蕃古道路线图，据陈小平《唐蕃古道》改绘。增补的部分 → → → 表示，更可能是文成公主经玉树－嘉黎－太昭到拉萨的路线。

息战言和之路

一代雄强赤松德赞离世前后那几年，佛苯间进行了既非第一次、也非最后一次斗争；在更长的时间里，宫闱中发生了既非第一次、也非最后一次阴谋。每一次王位更替之际，都是一个重新洗牌的过程，权力再分配，各方势力重新组合，有时温和一些，更多时候是残酷的激烈的，这也是封建专制下的政权难以逃脱的宿命。这一时段的系列故事说来话长，从宗教到世俗的权力之争，加上阴谋与爱情，几个典型人物，具备了影视作品所需一应要素，足够一部长篇或四五十集电视连续剧的情节。所以，要讲的故事，唯以梗概简而言之。

先是赞普所尊奉的莲花戒大师被一外道、随同主人来藏的侍从管家名叫达纳室利的印度人所暗杀——肾脏被揉碎而殒命，手段残忍。赤松德赞骇然，叹息，心下思忖：大师已先我而去，恐怕我在人世的寿命也不会长久，是时候去闭修了。

这样想着的时候，最为倚重的心腹舅臣、大相尚结赞去世。这位大相783—796年在位，正是于784年带兵助唐平息朱泚之乱、又于787年策划了平凉劫盟的智勇兼备者，可谓吐蕃中流砥柱。此人的谢世延宕了赞普的行期，首要的是做好善后工作，包括王位的继承、相位的安排，还包括把自己心爱的王妃茹容氏托付给新赞普。于是，他在桑耶寺大殿二楼密会了尚结赞的儿子尚布仁。

当即有人急报赤松德赞的长妃蔡邦氏梅朵尊。这位蔡邦妃在藏史中是个坏女人

第五讲 英雄时代之牧歌唱晚

形象，外戚贵族集团兼苯教势力的代表，后代史家笔下空前绝后的狠角色。该王妃的"劣迹"，集中表现在权力更迭这一时段。古籍说，此妃早已对那囊氏舅臣手握相权心怀不满，久存更张之意，从相位到王位的人选全部暗中安排就绪，现在眼见希望又将落空，激动之下急急招来最宠爱的三子牟迪赞普。

一番教唆让年轻人冲动起来，不顾一切冲上寺殿二楼。尚布仁闻声而出，年轻人挥刀刺去。后来有藏史说，正是这一公然的行刺事件，令赤松德赞心生厌离而退位的。

牟迪赞普因凶杀罪被桂氏大臣审判，流放到北方边地。由于长子早夭，赤松德赞传位于次子牟尼赞普，并将爱妃茹容氏一并托付——其时唐蕃王室皆有此俗，王位与嫔妃均可一并继承，那一边也有"则老太太"（武则天）先例。安排好这一切，摘下王冠的赤松德赞，动身前往苏喀娘玛修法去了。

蔡邦妃梅朵尊妒恨交加，几次欲杀茹容氏，都因年轻赞普严加保护而未遂。于是，她索性下毒谋害了这位亲生的儿子。某些藏文典籍还说，已经退位、专心修法的赤松德赞，也是在这个女人的指使下，被一支毒箭射中而亡的。

——心狠手辣的蔡邦妃的故事皆为后世史家所撰，未必史实，姑妄听之。

温和的牟尼赞普信奉佛法，在位仅有一年零九个月。在位期间，面对父王赤松德赞的超荐以何种方式举行，苯教又一次发难。牟尼赞普依靠朝中重臣和本地高僧，通过一场冗长的辩论，最终决定是按佛教的而非苯教的方式进行。他继承了父王未竟的事业，建寺译经，弘扬佛法。相传此王具有理想主义的激情，曾有过分田地均贫富之举，尤其渴望偃武修文、永久和平，并已主动派遣使者赴长安请和。但是他在世二十九年这一生中没能等到那一天的到来，即被谋害。死因是宫廷中屡见不鲜的毒杀，据说是其母痛下了杀手。

年方十岁的四王子赤德松赞，正是在这一局面下继登王位的。负责教育和保护幼主的，是著名的参政僧人阐钵布娘·定埃增，还有一位勃兰伽·贝吉允丹。僧相此时已经手握实权，甚至可以决定诸如是战是和这样一等一的大事情。在这里，佛教所秉持的和平理念取得了胜利：这一次和盟与以往多次和盟不同处在于，是真诚

风化成典　西藏文史故事十五讲

仁达摩崖石刻大日如来像及藏汉文铭文（重装彩）

昌都地区察雅县丹玛仁达摩崖石刻，镌刻于公元804年，赤德松赞在位时，藏汉工匠参与勒石。碑文表达了弘法利生与唐蕃和好的愿望。这一古迹曾长期传为文成公主进藏途中所刻，又一说为前往长安和谈的使者所为。因地处偏僻，至20世纪80年代才最终确认了内容及年代。

的而非姿态的，是永远的而非权宜的——让我们共同努力，一劳永逸，结束战争，结束加诸彼此的长期的苦难。

在唐蕃间中断官方交往十五年后，通往长安的古道上，重新起步的是和谈使团的队列，再次响起的是欢快的马蹄声。唐廷欣然响应，和谈顺利进行。

然而，与其兄牟尼赞普一样，赤德松赞也没能等到那一天，815年，英年早逝。弟继以兄，子承以父，赤德松赞的儿子赤热巴巾（赤祖德赞，汉籍作可黎可足）最终完成了这一遗愿。先是821年，在长安盟会树碑；次年唐朝会盟首席代表、大理节度使刘元鼎走向拉萨，双方举行盛大仪式：公元823年，大昭寺前树起了流芳百世的"唐蕃会盟碑"。

息战言和之路走得何其辛苦，一走就是两百年。

在完成最终的仪式前，唐蕃双方紧锣密鼓地进行了多年的准备工作：向对方归还战俘，重开商贸互市，划定边界，归还某些占领土地，多种内容的礼尚往来，例如求取五台山地图，参观内地寺院等等——总而言之，唐蕃间从公元623年首战以来至此公元823年，整

第五讲

英雄时代之牧歌唱晚

整两百年时间，无数人的鲜血和尸骨铺成了这条和平之路。虽然此后有关战事的记录还将再持续若干年，皆因蕃军将领各成军事利益集团，许多战事未必出自王朝中枢之意，实属鞭长莫及所致，但毕竟，光明之路已经开通，距离永久和平不远了。

后世将赤热巴巾与先王松赞干布和赤松德赞并列为三大法王，对于这位君王来说，可谓名副其实。不过由于真心的虔诚，他未免走得太远了。在佛教尚未普及到民间，又遭朝中崇苯大臣强烈反对的情况下，分配给寺庙大量土地财富，要求每七户人家供养一名僧人；身为赞普之尊，每每将自己头上的绸巾铺开让僧人安坐其上；强令群臣每见僧人必施礼，若有人以手指点僧人就砍人家的手，若以眼瞪视僧人就剜人家的眼——是不是过分的佞佛；物极必反，是不是会招致不满，激化原有矛盾。终极结果是，这位缔结了唐蕃和平并一心向佛的年轻君王，惨遭韦氏等崇苯大臣的联手谋害，且是历来死于非命的赞普中死相最惨的一个——头颅被拧转一百八十度。

吐蕃一统政权最后一位赞普达玛邬东赞，是赤热巴巾之弟，在位仅仅三年，似乎只做了一件大事：毁佛灭法。由此遇刺身亡，并被后世丑化为头上长角的怪物，得名"朗达玛"。

大昭寺前唐蕃会盟碑

　　唐蕃会盟碑亦称甥舅和盟碑，以藏汉两种文字勒石以铭。开篇即为：大唐文武孝德皇帝与大蕃圣神赞普舅甥二主，商议社稷如一，结立大和盟约，永无沦替，神人俱以证知，世世代代使其称赞。……

111

相约在核桃花开时节

下约茹地方由古老的琼氏家族统治了上千年，西藏现存最大的墓葬群朗县列山墓地，很可能就是这一氏族显赫者的归宿之地。墓地西侧有氏族保护神山琼拉天措守望，汇入雅鲁藏布江的金东河自南而北在墓地中间穿越。公元869年某一天，骄阳如火烘烤着大地，河谷田野的麦苗将要枯死。按照新主人的命令，琼域六部落的人们被驱赶来削平一座山头，以便将山后的泉水引来灌溉庄稼。烈日下的劳作是困苦的，人们议论纷纷，抱怨连连。

一个女人走上坡地，一袭黑衣裹在身上，一方黑巾罩在头上，除此之外任何有色彩的装饰都没有。至于表情，看得出悲哀中透露出坚定神色。劳作的人们一眼望见，当即手上停止了活儿，口中停止了话语，齐刷刷躬身俯首，施礼问安。黑衣女子开口道：你们心里想的、口里说的，我都知道了。要是福气衰败了，祖先之灵也不能庇佑我们；要是自己不动手的话，琼拉天措也不能保护我们——你们说，是砍干山头容易，还是砍湿人头容易？

一席话说得众人茅塞顿开。每一部落当即各各推出一人，史称"琼工六人"的起义首领，追随黑衣女子在一株千年核桃树下议事，约定以核桃树开花的那个夜晚起事，以手持火把为标记。就这样，史称"火把起义"的故事进展得秘密而顺利，熊熊大火随即焚烧了新主人有形的房舍和无形的权力，统治者赛尼赞仓皇逃回工布

第五讲 英雄时代之牧歌唱晚

老家。

黑衣女子不肯罢休,这一次扮成乞丐,潜往工布的城堡刺探情报,详察敌方动向,指挥"琼工六人"率众夺取了城堡,杀死了赛尼赞,下约茹之地重回琼氏掌握中。

这是藏文史籍中讲述的核桃花起义的故事。黑衣女子名叫柏萨阿木吉,是琼氏前主人的遗孀。数年前有赞普支系的赛尼赞亲王,杀死了她的丈夫,谋夺了琼域的领地。柏萨阿木吉发动群众,奋起反击,俨然复仇女神。作为南部起义者领袖,成就了一个巾帼英雄形象。不过,对于她的动机,有不同说法。史上有人说,是为报私仇,因为先夫的另一位妻子,被赛尼赞娶纳而她遭到冷遇,所以心生忌恨。如此说来是给故事添了枝加了叶,添枝加叶的人似乎对女性英雄有些不服气。

总之"火把起义"并非孤立事件,其时从吐蕃占领地敦煌到卫藏本土,起义的火把从此处到彼处遍地燃烧,被藏史形容为"一鸟凌空,众鸟飞从"或"干牛皮着火"的态势,整个吐蕃陷入无法可依、无章可循的无序局面。王室在朗达玛遇刺后还是存在的,一分为二成为对峙的南北朝;臣民和领土也跟着裂为两半,各为其主:以拉萨河为界,一派拥立朗达玛次子云丹占据卫茹一带,一派拥立朗达玛长子沃松占据故乡雅隆一带。时称地广人众、以牧为主的前者为大政、众派、金派、食肉派,而地狭人少、以农为主的后者相应的被称为小政、寡派、玉派和食糌粑派。这是很形象的比喻,时人和后人倾向于以沃松为正统,所以用价值高于金的玉来形容。

统一不再,南北对峙的格局最终耗尽了吐蕃王室残存的气数和资源,二十几年后引发了平民暴动,天下大乱。之所以称为平民起义而非中原历史上的农民起义,是指各地起义首领实为老旧的贵族和因战功受封的新贵,他们想要推翻的是王室统治,从此不再向之交税纳粮、支差服役,是要求地位独立,各自占山为王。

这期间还发生了一桩重大事件,说"重大",既指事实本身,尤指象征意义——

历代藏王陵墓遭到掘挖。据藏史记载，公元877年，即民变之后第九年，贵族世家聚会商议摧毁藏王墓，并作了分工：某家族负责某王陵，墓中陪葬珍宝皆归掘墓者。于是，众先王的灵魂不得安宁，几乎全部殃及。据说只有卓、觉二氏摊派的松赞干布王陵安然无恙，是因为这两家踌躇再三，未敢下手，敬畏之心终是胜过了狂热之情。此后再经千年，出于整个民族的敬意，好大一座松赞干布墓完好保存至今。

　　王室早已被架空，掘墓事件之后虽然名义上存在，实际弱化为地方势力；南北朝两王室的王统还在持续，被追记得大致完整。但因后世的史家出自唯宗教史观，凡与宗教无涉或对宗教贡献不大的，似乎就乏善可陈，不屑于认真记载，反之则大事铺陈。所以史家虽众仍难免一面之词，我们既无当时写就的类似敦煌所藏吐蕃史料可资凭借，也无唐史可作参考：唐史的记载者不知其详，自公元866年、唐咸通七年记下最后一笔："吐蕃自是衰绝，乞离胡（云丹）君臣不知所终"之后，再无吐蕃消息。再后来，连唐史也没有了，那个在中古亚洲光焰四射的大唐早已黯淡，苟延至905年，寿终正寝。中原内地分裂，演绎五代十国。

　　王室余脉，若干代人、几百年间的故事其实有声有色，不妨试举一例。

　　王室后裔一支在后藏江孜一带已成小土王，据朗日官寨。有民女朗萨雯波，被土王强抢来做了儿媳妇，受虐致死，但在天葬时奇迹复活，被度化为尼。这个故事被广为传诵，后来编成八大藏戏之一的《朗萨雯波》。有一首道歌也取材于此，据说是尊者米拉热巴规劝朗萨雯波时所唱："朗萨姑娘你这一生，如同草坡上的彩虹；纵然彩虹美丽无比，转瞬即逝无奈虚空。"

　　《西藏通史·松石宝串》根据众多藏文史籍罗列了两支王统的世系，本书据此简化为以下图示，长话短说，一笔省略。

第五讲 英雄时代之牧歌唱晚

玉派沃松 在拉孜的城堡中度过余生
　　　｜
　　之子贝科赞 31 岁被弑
　　／　　　＼
贝科赞长子扎西孜巴　　次子吉德尼玛衮
据守江孜，为后藏王　　前往阿里，开创统治
　　　　　其三子占三围
其三子史称下部三德，演绎藏传佛教后弘期史话
长子白德建立芒域贡塘王朝
次子维德后裔中有人回到雅隆
三子吉德六个儿子兴衰各异，
有将后藏兼并为一的，并修建了夏鲁寺
更多后世或为施主，或为高僧

金派云丹 36 岁去世
　｜
长子赤德衮宁
　｜
长孙日巴衮
　｜
曾长孙赤德
　｜
赤德之子韦布
　｜
韦布之长子赤德阿杂热
多子多孙，星散于大部藏区
韦布之次子赤德衮赞
在贝科赞遇弑后，被约茹人
迎请做了王室继承人

拉加里王官遗址
　　吐蕃王室后裔建立的拉加里小王朝，位于山南地区曲松县境内。存续最久，直到 20 世纪 50 年代，千余年中保持了半独立地位，据说其王在举行仪式大典中，穿戴其祖先松赞干布时代服饰。

拉加里王子出生地洛村
　　曲松县色吾乡的洛村是拉加里的风水宝地，历代王妃生孩子必来此地，这一风俗也保持了千年之久。现在的洛村从房舍到服饰，看得出来古风尚存。

吐蕃的遗产，敦煌的缘分

现在，让我们把目光转而投向河西走廊的敦煌，莫高窟，千佛洞，让我们巡礼并思考，这一方神圣而华美之地何以使得古往今来、乃至后世的中国人肃然起敬，它在藏民族历史文化中占据了怎样的位置，它在中华民族的形成和发展中昭示了什么。

敦煌一带古名三危，据说距今五千年前，黄河与长江发生了战争——是北方黄河流域以舜为首领的部落击败了长江流域名为"三苗"的部落。三苗人被流放到荒漠的三危，半是农耕，半是牧猎，其后人即羌戎。后来土著的月氏强大了，成为三危的主人；再后来，更强大的匈奴人赶走了月氏人；汉武帝战胜了匈奴人，敦煌郡名于公元前113年始现于中华版图，敦煌的文脉也随着生产与经贸的开发而渐成规模。汉代之后的几百年间，敦煌虽然经历了十六国中的五个政权和北魏拓跋氏的统治，战乱虽使城郭凋敝，文脉却未中断，自公元366年开凿了第一个洞窟，其后一发而不可收，终于迎来隋唐年间丝绸之路的黄金时代，其中也包括吐蕃占领时期的六七十年——这一点于我们的主题至关紧要，且按下不表，让我们先把敦煌史一路看过——鼎盛时期的敦煌，那条文脉的潜流已发育成为浩瀚江河，以佛教为底色为依托的文化艺术已臻峰巅，莫高窟异彩纷呈的千壁丹青印证了不世的繁华。

吐蕃之后有回鹘，回鹘之后有党项，敦煌的幸运在于，上千年间历经十几个民

第五讲

英雄时代之牧歌唱晚

族的王朝轮番统治，几乎所有的统治者都是脱下战袍就拜倒在地，无一不向莫高窟添加内容。西夏王廷是这样，武力之后是文治，以佛教安邦；两百年后的蒙古大汗也是这样，在他们一手制造的废墟上，用双手再建了敦煌最后的辉煌。反倒是之后的明朝，由于原因种种，加之海上丝路开通，经此路与西域的联系基本中断，敦煌不再经营。被遗忘的命运持续了数百年，直到——

直到敦煌遗书被发现，一夜间名震海外，一门国际性的学问敦煌学应运而生。

让我们来述说吐蕃的敦煌。说吐蕃的军旅是来向敦煌致敬的，显然不对。当时名为沙州的敦煌军民困守抵抗十六年，到公元781年，终因粮绝不得已而降之，从而避免了屠城之厄；所订城下之盟中，以不使敦煌人迁往蕃地为条件，接纳了吐蕃的统治。往下的情形，说双方合作共事、其乐融融，也是不对的。尊卑高下分明，敦煌吐蕃文书中，屡见蕃人为上等臣民，唐人则自称"我等蛮貊边鄙之民户"字样；占领初期，即有唐人驿户汪国忠，于贞元三年（787年）率众起义，杀死吐蕃节儿（总管），后遭镇压处死。

但是，待秩序恢复，吐蕃统治者对这一文采飞扬之地心怀敬意，法外施恩、网开一面，却也是真。例如不像对待其他占领区那样，强迫汉人穿蕃服、改发式，从

敦煌莫高窟

风化成典 西藏文史故事十五讲

敦煌遗书发现于20世纪初，为敦煌藏经洞所藏公元5至11世纪的多文种古写本及印本。清光绪二十六年（1900年），由道士王圆箓在莫高窟第16窟甬道偶然发现藏经洞，即第17窟。其后分别由法国的伯希和、英国的斯坦因等人盗取，大批文书珍品被裹走，分藏于英、法等国。1909年由清朝政府学部将幸存文书收藏在京师图书馆。现中国国家图书馆藏有一万六千余件；英国图书馆一万三千六百余件，法国国立图书馆七千余件，俄罗斯科学院东方学研究所一万八千余件，其余散藏于敦煌、故宫博物院、香港艺术馆和东京国立博物馆等机构。敦煌遗书中，藏文写卷共有七千件，包括历史文书的《吐蕃大事纪年》（从公元650年至764年，合计为115年）《赞普传记》《赞普世系及各小邦邦伯、家臣表》；有经济文书、法律文书、民族关系文书、职官制度文书、医学文书、占卜文书，以及佛教、苯教文书等。译作则有译自汉文名著的《论语》《尚书》《史记》《战国策》及童蒙读物《三字经》《太公家教》等。另有古印度文学名著若干，实为吐蕃时期百科全书。

而让敦煌人多少保持了尊严；吐蕃文书中多见告牒：禁止抄掠汉户沙州女子、禁止掠夺沙州汉户果园……官方文件也以藏文汉文并行通用，似无歧视。相反的情况倒是，吐蕃人入乡随俗，生活方式有了变化，"人物风华一同内地"，吐蕃子弟热心学习汉语文，以《千字文》为课本，标上藏文注音。

共同的事业还多：共同经营莫高窟，开凿和改建了一批洞窟，吐蕃赞普的画像也在壁画中长存于世；兴建圣光寺，共同着译经事业，四百余人的译经场中，来自吐蕃的僧人足有上百。从梵文翻译，也从汉文翻译，例如《楞伽师资记》《历代法宝记》《二入四行论》等，即是译自汉传禅宗文献。藏文《大藏经·丹噶目录》中，表明有三十四种经书译自汉文。事实上远不止这些，晚近发现的敦煌遗书中还多。译、抄佛经的同时，也把儒学经典多部译成藏文。

莫高窟159窟吐蕃赞普部从图

第五讲

英雄时代之牧歌唱晚

最重要的相同点是，对于各自所珍视之物的相互珍视。

吐蕃人的宽容以待获得了巨厚的、始料不及的回报。这一时期留下的，从一部部文书到一张张纸片，所有的藏文资料连同数万件图文墨宝，都被敦煌人雪藏于千佛洞，稀世之宝注定沉睡千年方可重见天光。

若论吐蕃的遗产，这批重见天光的稀世之宝就是其中之一。尤其是硕果仅存的古藏文原始史料，为复原吐蕃信史所必不可缺；作为古代汉藏文化交流的见证，敦煌文献价值无量。

若论吐蕃的遗产，当然最重要的是留下了一个藏民族，一个在世界高地生生不息的藏文化。这是一个很大的题目，在此作者自感表述之力不能及，索性打住。同时作者忽然想起许多年前采访过的一人一事，深感西藏与敦煌的缘分，实为旷世奇缘——在千年过后的当代，敦煌还在回报中，或者说，敦煌施与西藏的恩德还在继续，奇迹还在继续。

话说20世纪70年代，铁路还只通到甘肃的柳园。柳园车站大库房里堆放着小山一样的待转物资，其中相当一部分来自西藏，回收来的"废品"。敦煌文物研究所的老学者霍熙亮先生恰巧路过，恰巧就从废铜烂铁中看到了宝贝。大惊失色又心急如焚，原来这是"文革"期间作为"四旧"的文物，几毛钱一斤卖给废品收购站，从西藏长途运来，等待车皮送往内地"回炉"。万幸的是，积压有年而幸存于此。

敦煌文物研究所的报告急送国务院，时任副总理的李先念当即批复：冻结物资，派员清理，下拨一百多万元作为清理、保管和进藏费用。就这样，在国家文物局的协助下，霍老先生和史苇湘、孙修身三位专家，带领十五个工人，把一座七十米长、十几米高的货堆翻拣了三遍：第一遍只选佛像菩萨像，进一步考虑到法器的价值，进行了第二遍拣选。然后是第三遍，来自上级指示，凡寺庙所用之物包括僧人生活用品皆在回收范围。

就这样，清理工作在柳园严寒的冬季里进行了四个月。从北魏到清代，这批文物中不乏国家一二级文物，有西藏多座著名寺庙作为镇寺之宝的，均为无价。此外，

风化成典
西藏文史故事十五讲

敦煌绢画吐蕃赞普

经国家协调，从北京、湟源、眉山等各地搜寻而来的西藏文物陆续集中到敦煌。1983年5月间，这批文物被精心打包，分装于二十四辆崭新的"东风"大卡车上，从敦煌出发，浩浩荡荡踏上返家之路。

那一年的9月间，作者我返回拉萨，恰好与霍老先生同机邻座，问起老先生进藏何事，就此得知这段奇缘。随后又跟随老人家来到色拉寺，那是文物存放的现场。大大小小的佛像菩萨护法神像，莲瓣中的"花开见佛"，从四手到千手的观音，还有铜钟钹镲，香炉碗盏，成千上万。热振活佛主管此事，说登记造册已进行了三个月，各地寺院正准备前来认领请回，那表情那语气既兴奋又感激。随后我把采访所得写成一篇文章，赞美了文物保护者，发表在《西藏文学》，标题是《众神之神》。

第五讲 英雄时代之牧歌唱晚

一代文化所托命之人——法成

陈寅恪对他的评价很高：是吐蕃的玄奘，一代文化所托命之人中的一个。

法成大师出身于后藏的管（桂）氏家族，上溯几代的先辈中，有多位蕃廷重臣及名列吐蕃七良臣之一的赤桑雅拉；往后再过几百年，这个家族还将出现一位大译师兼宗教史家宣努贝，并有《青史》问世。管·法成在哪一年来到敦煌，未见确切记载，据判断，当在吐蕃占领期的中后段，主要活动于沙州敦煌，有时在甘州张掖一带。即使在公元848年开始的"归义军"时期，敦煌归唐后，也一如既往地在这两地译著讲辩，只不过将其"大蕃国大德三藏法师沙门法成"头衔中的"大蕃"二字略去，改为"国大德……"云云。何以不归去？皆因身为归义军首领张议潮的学佛师尊，受到格外礼遇。敦煌归唐之后，法成至少又活了二十年，约在唐咸通十年（869年）前后故去。

以上有关法成大师的身世履历，来自国内学者观点，藏学家王尧先生曾在西藏考证过。不过日本和欧洲的学者认为法成是一位汉族高僧，且出身于敦煌世家的吴氏，所谓管·法成的"管"(vgos)正对汉字"吴"音；他们甚至认为，雪藏了敦煌遗书千余年的藏经洞，即是吴氏私家藏书馆。在权威证据出现之前，双方还会各执一词，但是，对于法成大师在汉藏佛学及文化交流方面的巨大贡献，无论中外，却是众口一词。

若论法成在译经方面的贡献，首推汉文藏译，其次为藏文汉译和讲义结集。有人统计过，早期译自梵文的汉文本、中原高僧所注疏的许多经典篇目，由他转译成藏文的将近二十部，后被辑入藏文版大藏经中。其次是藏文汉译，至少五部；另有佛学专著也在两部以上。译著之外,讲授佛法的笔记自成系列。唐宣宗大中九年（855年）至大中十三年（859年），法成大师在沙州开元寺讲说无著大师所造、玄奘亲译的煌煌百卷《瑜伽师地论》，足足四年时间,有十多位弟子负责记录，结集成多卷本《瑜伽师地论》讲义录。敦煌遗书中所见《瑜伽师地论汉藏对照词汇》，据信为法成此次讲论的副产品。

法成大师精通汉、藏、梵文，精通佛学奥义，因而他的翻译并不限于文字转化功能，他的讲述也每有其他版本的参照。上述讲授笔记中，时见"故蕃本云……""若于蕃本……"字样，把印度高僧莲花戒以及当时吐蕃高僧的论述随机贯穿于讲稿中。当年唐僧玄奘西天取经，从印度直接引进唯识宗，经由法成，再度引向吐蕃佛教，体现出河西佛教与吐蕃佛教的融合，所以今人有论：法成是最后一位带有中原佛教印迹的藏族高僧。

从这些佛典经籍中看不出这位译著讲辩者的生平，或者说，法成大师的存世价值尽皆化入这些藏汉文字中。时至今日，我们仍难确认其族属，但他显然超越了具体的民族身份，为中华文化、世界文化所共享。不过，即便就经典而论，也还有大大小小的故事可讲。一个有意思的小故事：玄奘有高足弟子名圆测，来自新罗的僧人，也是一位唯识派大论师，他为尊师玄奘所译《解深密经》撰写注疏，曾被法成转译成藏文，十卷本的《解深密经疏》。后来汉文原本佚失了两卷,复又据藏文本译回——这个归去来兮的故事传为佛学界佳话。

对西藏文化产生莫大影响的大故事可举一例：《贤愚经》也是经由法成大师汉译藏的。据考证，此经并无梵文原版，是南北朝时期八位和尚欲往西天取经，行至于阗，躬逢盛大法会——"般遮于瑟之会"，遂驻留听讲。来自印度、克什米尔和西域诸地的高僧济济一堂，每天轮番开坛讲法，八位和尚逐日听讲记录，所获甚丰，

第五讲

英雄时代之牧歌唱晚

最终结集而成《贤愚经》或作《贤愚因缘经》。这一部通俗有趣的故事集经由法成翻译,以最易于接受的方式,传遍藏语世界,使慈悲、果报等佛法教理直达人心的同时,不期然成为资源库,千余年来取之不竭:故事中的人物上了壁画,绘进唐卡,为说唱艺术提供内容,一批传统藏戏的剧情也取材于此。在当代,又有人对这部经书进行了藏文汉译,古老的题材就这样在往返流转中获取活力。尤为重要的是,15世纪初拉萨传召大法会的创设,即是宗喀巴大师从《贤愚经》第一个故事获得灵感,从此一年一度。

无论属蕃还是归唐,自公元4世纪中叶开掘了莫高窟,直到元末明初,敦煌作为佛教文化中心的地位维持千年,唐蕃时期则是其既大且盛的峰巅。法成生逢其时,成为一面旗帜,标志性人物,声誉日隆,众望所归。即使在公元840年之后的几年里,一边是"会昌法难",一边是朗达玛灭佛,佛教在唐蕃两地几遭灭顶之灾,唯有敦煌以独享的地理和人文优势,成为避风港。写经坊的抄写工作不曾停止,讲坛上的教授无碍地进行,莫高窟中还在新绘着丹青。但是,随着藏汉文化所托命之人的离世,连接两地的脐带中断,同源同宗的两大支系,汉传佛教和藏传佛教从

敦煌藏经洞藏传样式菩萨造像幡

莫高窟161窟俗称观音洞，以其窟内集中表现各类观音造像而得名，有学者考证为三藏法师法成所建功德窟。因此窟虽建于晚唐归义军时期，但位于156窟领袖张议潮功德窟上方几米处，似可说明法成与张氏的师生关系，最重要的原因，是此窟内容与窟主的特别关系：观世音部经典中的至少四部由法成汉译藏，占藏文密典"观世音续"的四分之一。另外，窟内造像从题材到表现形式都深具吐蕃佛教因素和藏传风格，也为此说提供了佐证。

第五讲
英雄时代之牧歌唱晚

般若波罗蜜多心经（敦煌石室本）国大德三藏法师沙门法成译

如是我闻

一时薄伽梵住王舍城鹫峰山中，与大苾刍众及诸菩萨摩诃萨俱。尔时，世尊等入甚深明了三摩地法之异门。复于尔时，观自在菩萨摩诃萨行深般若波罗蜜多时，观察照见五蕴体性悉皆是空。

时，具寿舍利子，承佛威力，白圣者观自在菩萨摩诃萨曰："若善男子欲修行甚深般若波罗蜜多者，复当云何修学？"作是语已。

观自在菩萨摩诃萨答具寿舍利子言："若善男子及善女人，欲修行甚深般若波罗蜜多者，彼应如是观察，五蕴体性皆空。色即是空，空即是色。色不异空，空不异色。如是受、想、行、识亦复皆空。是故舍利子！一切法空性无相，无生无灭，无垢离垢，无减无增。舍利子！是故尔时空性之中，无色、无受、无想、无行亦无有识。无眼、无耳、无鼻、无舌、无身、无意。无色、无声、无香、无味、无触、无法。无眼界乃至无意识界。无无明亦无无明尽，乃至无老死亦无老死尽。无苦、集、灭、道，无智无得亦无不得。是故舍利子！以无所得故，诸菩萨众依止般若波罗蜜多，心无障碍，无有恐怖，超过颠倒，究竟涅槃。三世一切诸佛亦皆依般若波罗蜜多故，证得无上正等菩提。舍利子！是故当知般若波罗蜜多大密咒者，是大明咒，是无上咒，是无等等咒。能除一切诸苦之咒，真实无倒。故知般若波罗蜜多是秘密咒。"

即说般若波罗蜜多咒曰：
"峨帝峨帝啰峨帝波啰僧峨帝菩提莎诃"

"舍利子！菩萨摩诃萨应如是修学甚深般若波罗蜜多。"

尔时，世尊从彼定起，告圣者观自在菩萨摩诃萨曰："善哉，善哉！善男子！如是，如是！如汝所说。彼当如是修学般若波罗蜜多。一切如来亦当随喜。"

时薄伽梵说是语已。具寿舍利子，圣者观自在菩萨摩诃萨，一切世间天、人、阿苏罗、乾闼婆等，闻佛所说，皆大欢喜，信受奉行。

此各行其道，各具其貌。所以今人有论：法成参与了一个时代，又标志着一个时代的结束。

法成大师的汉译之作中有一篇《般若波罗蜜多心经》，收入北京刻经处辑印的《心经七译本》中。与法成之名并列的另六人是：鸠摩罗什、玄奘、法月、般若、智慧轮、施护。现今盛行于世的玄奘译本，以简明精到见长，而法成译本，则完整圆融。均为美文，较之存世的数十个《心经》汉译本，同属上乘。

早在1930年，当学贯中西的一代大师陈寅恪谈及"敦煌学"，将目光投向千年前，望见其时其地法成大师的行迹，不由不生发如此感言：

"夫成公之于吐蕃，亦犹慈恩之于震旦；今天下莫不知有玄奘，而法成则名字湮没者且千载，迄至今日，钩索故籍，仅乃得之。同为沟通东西学术，一代文化所托命之人，而其后世声闻之显晦，殊异若此，殆有幸有不幸欤！"

的确，在藏汉佛学乃至中国文化史上功莫大焉的法成，不要说在汉地不见昭彰，以往的西藏史书中，同样名不见经传。有遗忘的原因，沉积于文化层中

风化成典
西藏文史故事十五讲

雨后的莫高窟

需要发掘；譬如堆薪，后来居上，犹有藏族史家专注于后弘期大师的原因。随着敦煌遗书的发现，敦煌学的诞生，中外相当一批研究者投身于此，法成及其译述也在关怀之列，国外有上山大峻、今枝由郎，国内有王尧等等。钩沉索隐的结果，让我们对其人其事从一无所知到略有所知。时隔千年，我们重新迎向，并且铭记——无论他是管·法成，还是吴·法成。

第六讲

ཁྱེད་ཀྱི་...
...
(བོད་ཡིག)

命运种种：
生活在远年
的时空
（之一）

风化成典 西藏文史故事十五讲

敦煌遗书中有七千余件吐蕃时期古藏文文献,其中包括相当一批藏医学典籍,计有医疗术、火灸术、穴位图和方剂汇编等,内容丰富,体现了藏民族长时期的医学实践;同时吸纳了内地中医和印度、波斯等地的医学成果。均为手写卷,文字古朴,属于公元9世纪初第二次厘定藏文之前的文献,具有重要的医学史价值。

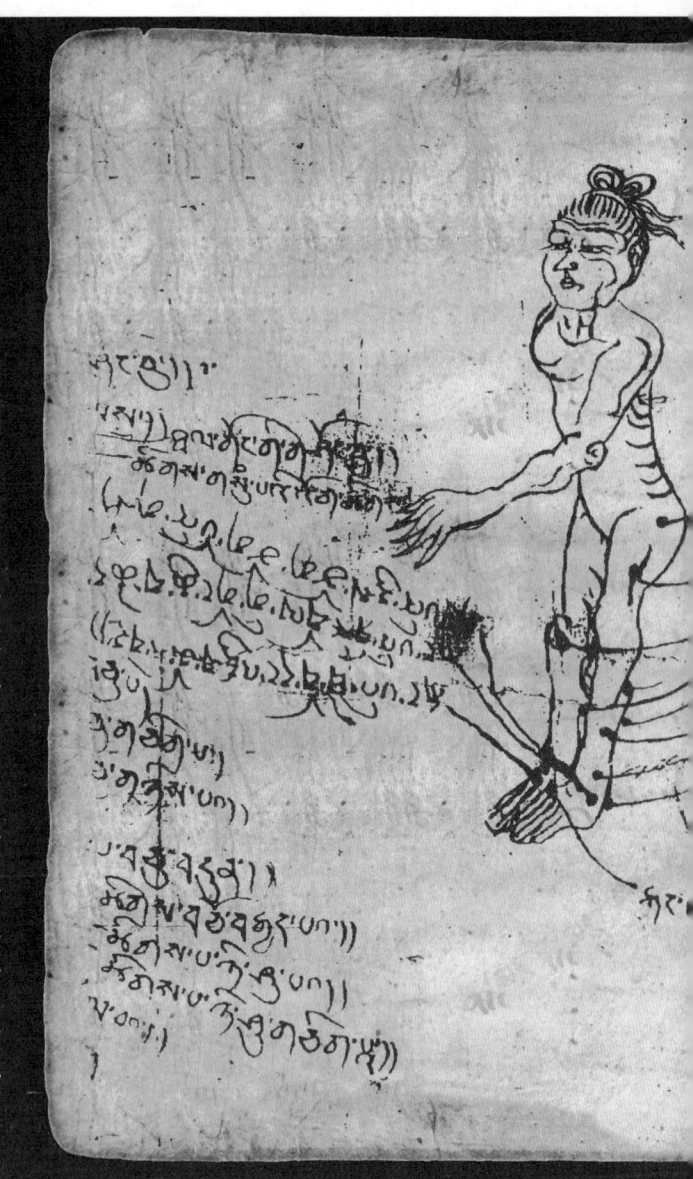

第六讲

命运种种：生活在远年的时空（之一）

藏医穴位图　转引自《敦煌本吐蕃医学文献精要》

噶尔氏兄弟与赤玛蕾母子

噶尔·东赞，汉籍作禄东赞，早年就以揭露叛臣邦色苏孜加害赞普的阴谋而崭露头角，深得松赞干布信赖，官至大相。嗣后又以征伐吐谷浑、智胜诸使臣，为吐蕃迎娶第一位汉公主而建立殊勋，成为吐蕃一人之下、万人之上的众臣之冠。待到松赞干布临终托孤，转而辅佐幼主芒松芒赞，俨然大蕃实质上的人主。他的五个儿子堪称五虎之将，个个生猛，无论是送往大唐学习的，还是留在身边的，无一不悉心培养，均为军事统领，镇守蕃境四方，其中有两个子承父业，相继担任大相。六七十年间，吐蕃诚为噶尔家族之天下，对内平乱，主持盟誓，号令吐蕃朝野；对外扩张，四面出击，令东土西域胆战心惊。其子中最骁勇者为论钦陵、论赞婆，被唐朝视为劲敌。前者于公元 667 年攻占唐之"生羌"十二州，670 年陷落西域十八州，迫使大唐退出龟兹、于阗、焉耆、疏勒安西四镇。本来这一年唐廷派出薛仁贵率十万大军征西讨伐，同时力助吐谷浑复国，结果大非川一战，被论钦陵的四十万大军劫了辎重，几至全军覆没；论钦陵与王孝杰的青海之战，论赞婆与黑齿常的

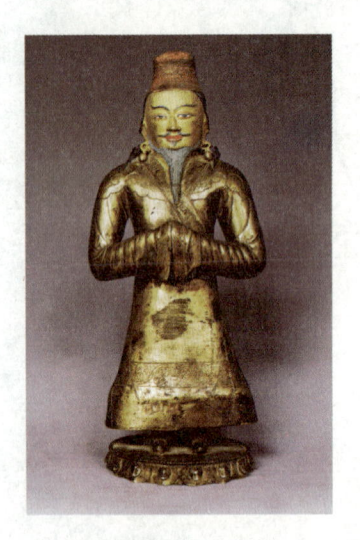

噶尔·东赞塑像

第六讲 命运种种：生活在远年的时空（之一）

良非川之战，均为唐蕃史上著名战役。这情形正如汉地常言所道：打虎亲兄弟，上阵父子兵。

噶尔父子为吐蕃打下了半壁江山，出将入相，功高盖主，给人以居功自傲、飞扬跋扈的印象在所难免。相形之下，王室之柔弱就如同大树底下的一蓬小草，幼主都松芒布杰（也作赤都松）及其母后赤玛蕾的不安全感可想而知。正所谓棋逢对手，芒松芒赞的遗孀赤玛蕾，并非任人宰割的庸碌之辈，重振王室的威严，确保正统的延续，为此她运筹于帷幄，只待幼主成年。但在外表上一定是刻意低调的，谦恭隐忍的，幕后的活动也极其秘密，否则做了那么多年的准备，噶尔兄弟不会察觉不到。

噶尔氏兄弟对蕃廷宫闱的密谋全然不察，作为吐蕃的栋梁之才、忠勇之士，还在驰骋疆场，攻城略地。唐史中多多记载了与其交手的战事，都很简略，其中兵部尚书王孝杰多次与噶尔兄弟交手，例如公元694年对阵噶尔氏五弟勃论赞刃，完胜；次年对阵噶尔氏二弟论钦陵，则大败，并以败绩而被罢职免官。对于这同一场战事，在蕃地藏文中则为美谈，被大肆渲染，当然是文学化了的民间传说，有如敦煌变文、汉地评书，是当时吐蕃人自豪感和优越感的表露。该美文幸好遗存于敦煌的吐蕃文书中，虽然只是片断，但生动极了：蕃大相论钦陵对阵唐尚书王孝杰，战前有斗智斗勇的书信往返，由此也可见藏式文风所来有自，擅喻，擅辩，擅排比，擅夸饰。且让我们欣赏大战在即，一段书信

赤玛蕾（？—712年），全名为没庐氏赤玛蕾芷登，出生在与吐蕃王族悉补野氏世代通婚的四大族之一没庐氏家族，为松赞干布之孙芒松芒赞正妻，都松芒布杰之母，迎娶了金城公主的赤德祖赞的祖母。她在吐蕃政坛的活动长达三四十年，其中最后八年则是直接主政，形同女王。芒松芒赞于公元676年去世的同时，赤玛蕾生下遗腹子都松芒布杰，在嫡庶争立的复杂斗争中，这对母子完胜。二十年后，为摆脱噶尔氏兄弟掌控朝政的局面，赤玛蕾母子联合其他力量，一举剪除了噶尔家族。公元703年，赞普都松芒布杰出征死于南诏，消息传到蕃地，多个部落小邦趁机谋叛。在赤玛蕾的主持下，此起彼伏的叛乱皆被平定，叛臣小王悉被诛杀，赤玛蕾的政治活动也由此走上前台。在近世出土于敦煌的吐蕃文献大事纪年中，从公元700年至712年，集中记载了她的驻跸行止及其政务活动。这位女主正式执政时期，在内部实行了一系列改革措施，疗治战争创伤，对外，则努力促成了唐蕃间的"神龙（年）会盟"，八年无战事；促成了与唐室的联姻，金城公主进藏。后人分析，唐廷之所以格外敬重这位吐蕃女主，即因其身为主和派；而赤玛蕾之所以剪除噶尔兄弟，是因其豪强军事集团尾大不掉，既威胁了王室，也妨碍了和平。

吐蕃赞普的丧葬仪轨历经薨逝、停厝、剖尸、大葬四阶段，通常历时两三年。但王妃母后等并无中间的两道程序，赤玛蕾是唯一例外，吐蕃大事纪年中记录了丧葬全过程。不仅如此，像她那样连续多年进入王室大事纪年的女性，也属绝无仅有。

往返中的"文斗"过程：

唐之统军元帅，王孝杰尚书发来书翰，并赠以粟米一袋，蔓菁籽一袋。书信中言：吐蕃之军旅如虎成群，如牦牛列队，所计之数吾亦相当。谚云：量颅缝帽，量足缝靴，吐蕃能聚集之大军，吾亦有相等之数今在焉。细喉咙能容纳，大肚子会装不下吗？天降霹雳，轰击岩石，岩石再大岂能相比。

噶尔·钦陵作答云：口头比试毋言数之多寡！小鸟虽众为一鹰隼之食物，游鱼虽多为一水獭之食物；鹿儿鹿角虽多，岂能取胜，牛角虽短却能取胜。松树生长百年，一斧足以伐倒，江河纵然宽阔，一度之牛皮小舟即可渡过；青稞稻米长满大地之上，入于一盘水磨之中成粉；星斗布满天空，一轮红日之光，使之黯然失色；山谷川口一星火焰，足以烧光高山深谷之所有果木树林。一股泉水源头暴发山洪，足以冲走所有山上坝上的果木树林；满地土块之中，若使一石滚动，请观此一石破碎？或是土块破碎？请观在一大坝之上，一背干草与束草之篾片同放，草先朽乎？竹子先腐乎？请观一铜缸之中，放进一瓢盐，是水有味乎？盐有味乎？雷电霹雳之光舌甚少，天下四境所传之声甚大；你们之军旅实如湖上之蝇群，为数虽多，不便于指挥，与夫山头云烟相似，对于人无足轻重也。吾之军丁岂不是有如一把镰刀割刈众草乎？牦牛虽大，以一箭之微，射之难道不能致死乎？

王孝杰对答曰：一卵之微，以大山之重压之，能胜任乎？一火之微，以大海之波灭之，岂有不灭之理乎？

噶尔·钦陵又答之：山之巅为岩，岩之上为树，树之梢头为巢，巢之内有卵。山如不坍，岩则不垮；岩不垮则树不断，树不断则巢不覆，巢不覆则卵不碎也，山能碎卵者，莫非此类者乎？大火燃于山上，河水流于谷中，山腰亦不能至。吐蕃悉补野氏如天上之日头，唐主如月亮一般，虽同为君主则相似，然于天下，其光耀所及则相去甚远。大小之类言辞不必较量也。大海之中有鲸鱼在游，天降霹雳，杀鲸鱼于水中；雷电二者一旦降临，虽坚过岩石亦将粉碎也……

（转引自王尧、陈践译注《敦煌本吐蕃历史文书》）

第六讲 命运种种：生活在远年的时空（之二）

大相论钦陵豪气干云，正在前线冲锋陷阵之时，一张构陷的密网已然在故土后方织就，噶尔家族将遭灭门之祸。公元694年，在赞普都松芒布杰主持的"鹿苑"盟会中，毫无先兆地，突然以"谋反"罪名，当场问斩噶尔氏幺弟勃论赞刃，其后又以"叛国"罪直指噶尔家族，查抄了家产，诛杀噶尔家门亲信两千多人。《敦煌本吐蕃历史文书》中，这段史实有一段文学化记载：年轻的赞普赤都松，曾在幼冲之年，刀砍野猪、降伏野牛、抓捏过虎耳；十六岁亲政后，就与母亲赤玛蕾策划剪除噶尔氏家族。"鹿苑"盟会上，他以这样一首歌表达意志：

吉曲河水与雅鲁藏布孰短孰长？
霞达白房与琼瓦达孜孰低孰高？
是人来骑马呢还是马来骑人？
是镰刀割草呢还是草割镰刀？
即使在山脚点起灯火，
雅拉香波雪山也是化不了的；
吐蕃的王位人人都在觊觎，
但天神悉补野的世系不会断绝！
平民噶尔不是想当王吗？
是溪水往上流吧，磐石滚上山吧，
黄金箭筒里的绿松石箭要出鞘了，
布满坝子的帐篷要收拢了！……

此时噶尔五兄弟中，长兄赞聂多布已亡故，五弟被杀，四弟悉多于在攻打西域时被俘，只剩下最骁悍的钦陵、赞婆分驻边境。赞普赤都松亲率大军连夜奔袭，扑向大相论钦陵的边防营帐。此时老将论钦陵刚刚大胜王孝杰，乍听"叛国"罪名，如同五雷轰顶，悲愤到了极点时，精神崩溃，当即拔剑自刎以示清白，也算是抗议。他的那些手下，多年忠实追随者上百人，也以同样的手法殉主，表达了最后的效忠，那场面一定相当惨烈。

当讨伐的官兵尚未到达时，噶尔·赞婆已经接到加急密报，得知了家族覆灭的最坏消息。何去何从？走投无路的赞婆也像二哥那样，没有选择反戈一击，当然也没像二哥那样以死明志，而是眺望东方，想到了一向为敌的武则天，"则老太太"，遂率领几千人投唐而去。

一同亡命者，有兄长论钦陵之子莽布支（汉籍作论弓仁）等亲属。唐史载，女皇武则天闻之大喜，派遣羽林飞骑迎至郊外，盛宴款待，并授赞婆辅国大将军、行右卫大将军，加封归德郡王，兵戍河源。

《敦煌本吐蕃历史文书》中原应有详细描写，将那一路的逃亡生动体现，可惜亡佚大半，只剩下赞婆子侄们的一两段凄凉歌唱：妻子虽越过山头，孩子还遗留在后；老祖母龙钟不得站立，母亲和妹妹招手相送。属庐氏系我终身伴侣，我的属官长上是唐王三郎，逃亡者故乡是大唐。

侄媳属庐氏则唱道：铁样的堡寨里放出一只铁犬，金鹿儿受惊逃逸……野牦牛命中注定，越过了沼泽之地。过去失和的唐王啊，倒来解救了我们。

此后的赞婆是为大唐而战了，他和论钦陵的子孙后代全都仕唐，屡立战功。赞

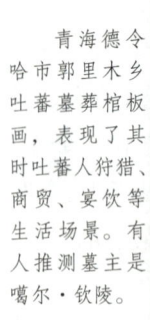

青海德令哈市郭里木乡吐蕃墓葬棺板画，表现了其时吐蕃人狩猎、商贸、宴饮等生活场景。有人推测墓主是噶尔·钦陵。

第六讲

命运种种：生活在远年的时空（之一）

婆死后赠特进、安西大都护；莽布支即论弓仁则为左羽林大将军，受封安国公，死后葬于长安南郊，由当时著名文人、朝中重臣、人称"出将入相的开元大手笔"张说，奉旨撰写"拨川郡王碑"文传之于世。这篇千字碑文历数论钦陵之子论弓仁武功伟业与忠勇壮烈，篇末铭曰：……既封酒泉，乃位将军。朔方阴塞，直彼獯虏；帝命先锋，阚如虓虎。山北加灶，汉南击鼓；十数年间，耀国威武。我有师旅，将军鞠之；我有边甿，将军育之。柳涧亡师，一剑复之；兰池叛胡，三战覆之。武节方壮，朝露不待；王爵送终，宿恩未改。时来世去，人物如在；铭勋谧忠，以告四海。

抹去了噶尔兄弟的蕃廷，等于自废了臂膀，赞普都松芒布杰亲自披挂上阵，攻占唐境瓜州，远赴南诏开疆辟土。赤玛蕾从幕后转向前台，留守本土，代子执政。

吐蕃将领徐舍人

唐蕃时期，汉藏及其他民族在异族朝中出仕任职者不乏其人。据汉文史书记载，吐蕃每得汉人，不识字、无技术为"无能者"，皆"黥其面"充役使；有文化的人臂上文黑，以示区别，安排录用。当时在吐蕃为官的汉人多为文官，延用中原近侍属官之名，称"舍人"，"知汉书舍人"。执掌兵权的不多，但有一个徐敬业家族后代"徐舍人"。当年徐敬业起兵江南，有"初唐四杰"之一的骆宾王代为起草《讨武曌檄》，文采飞扬，气贯长虹，已成散文名篇传世。其后徐敬业兵败被杀，且被灭门，骆宾王不知所踪。《册府元龟》和新旧唐书都称其徐氏子孙"流播绝域"。有当代学者认为其弟徐敬猷和骆宾王投奔了吐蕃，很可能就在论钦陵帐下。《旧唐书·吐蕃传》记，贞元十七年（801年），吐蕃军寇盐州、陷麟州，大掠居民。被掠者中有延州僧延素等七人，曾在军帐中被召见，所见者正是那位"赤髭大目"的徐舍人。松绑赐座，徐舍人说了这样一番话：大师不要害怕，我本汉人，司空英国公（徐敬业祖父徐世勣，大唐开国名将，赐姓李）五代孙，在吐蕃"代居职位，世掌兵要"，却无时不在怀思故土，顾念血族。一番推心置腹的交谈之后，这位徐舍人放归了延素诸人，也有说释放了更多的百姓。遗憾的是，汉文史料所记徐舍人事迹仅此一例。

徐舍人与论弓仁，前辈皆为唐蕃各方功臣元勋，无奈叛离，互换了角色。无独有偶，也算公平。

公元703年，噩耗传来，爱子赤都松在南诏遇难，年仅二十七岁。赤玛蕾没有时间悲伤，因为久存异志的各地部落纷纷谋叛，有的拒不执行政令，有的声称重新独立，有的蠢蠢欲动，密议举兵征讨王室。赤玛蕾调兵遣将，指挥若定，将各地反叛之火一一扑灭，巾帼不输雄强。

外部的动乱平息，宫墙内暗流汹涌。已故赞普的正室琼氏所生的王子尚在襁褓中，庶出的兄长倒有几个，而每位王子身边都环绕着一股势力，众多的眼睛觊觎着唯一的王位。国不可一日无主，赤玛蕾果断宣布：王位由势单力薄的巴擦布氏王妃所生长子啦拔布继承。当然这只是权宜之计，王室有必要确保正统，待到嫡王子野祖如长到两岁，随着一声令下，啦拔布废立；为免除后患，啦拔布和庶出的王子们全都被贬谪到边远荒蛮之地。

在爱孙野祖如（即赤德祖赞）成长的岁月，祖母赤玛蕾主持军国大政整整八年，从容不迫地整顿内务，清点田亩，征收赋税，充实国库；对外，则令边境罢兵，接二连三地遣使入唐，请求和亲。唐蕃间终于举行了息战言和的"神龙会盟"，唐中宗也终于肯将金城公主远嫁吐蕃了。公主带来了丰厚的嫁妆，嫁妆中的不动产，是吐蕃梦寐以求、大动干戈也没能得手的河曲之地。

吐蕃女主赤玛蕾，身后备极哀荣，可谓空前绝后：吐蕃王廷两三百年里，或曾有过辅政的后宫嫔妃，没有谁能像她那样以王者的规格享用整套丧葬仪礼，没有谁像她那样作为中心人物进入当朝所记的编年史，没有谁像她那样，被唐廷格外看重，视同君王，特派专使前往吊祭会葬，那的确是历来的王妃所不曾享有的礼遇，除了文成公主。

赤玛蕾的事迹之所以被湮没千载，究其原因，或是由于毕其功于政治而鲜见宗教方面的建树作为，后世的僧侣史家不予昭彰吧！如若不是藏于敦煌的藏文吐蕃文献史料重见天日，如何得知其人的存在，又从哪里一窥藏史中这精彩一笔！巾帼英雄，女中豪杰，这样的赞叹当下比比皆是。有人把她比作同时代的武则天，有人则说她更像是后世的孝庄皇太后，然后异口同声，称她为藏族历史上的一位伟大女性，实至名归。

第六讲 命运种种：生活在远年的时空（之二）

王玄策，史实+传奇

　　王玄策在唐贞观、显庆年间，至少有过三次出使印度的经历，首次出访在公元643年。此前有北天竺统一政权的摩揭陀国王尸罗逸多（藏文作天竺王曷利沙）已两次遣使至唐通好，这一次唐太宗派了二十二人的使节团报聘回访，王玄策身为副使。返国后次年，即647年，他担任正使，率团三十人，再次衔命赴印。但这期间印境已生重大变故：尸罗逸多病故，一个名叫阿罗那顺的人趁机篡位，使整个北印度陷于战乱。此人憎恨佛教，也仇视前国王结好的国家，大唐使团因之遭袭，使团成员悉数被劫。

　　王玄策是个勇敢智慧的人，他和副使蒋师仁设法越狱，渡过甘地斯河，穿过辛都斯坦平原，纵马北上尼泊尔，面见国王那陵提婆。此时的尼国已然归附吐蕃，并且在唐朝使节几番途经时，皆以相当的热情接待过。当听到王玄策以赤尊和文成二公主新嫁的"王中之王"松赞干布的名义向他借兵时，当即满口应允，并飞报吐蕃。松赞干布闻讯，即派一千二百名精骑火速赶来，会合尼泊尔七千骑兵，以王玄策为主帅，以蒋师仁为先锋，八千余精锐之师向摩揭陀掩杀而去，在敌方的主场上开战。最终在甘地斯河畔的浴血对决中，王玄策巧布"火牛阵"，令篡位者阿罗那顺的数万战象部队或战死或被俘，总之全军覆没。

　　王玄策救出了狱中同事，恢复了北印度的和平与秩序，押解着阿罗那顺凯旋京王玄策征讨异国，以现在的眼光看来，属典型的武力干涉别国内政。即使以儒家正统的眼光看取，也与王道相左。而当时的唐太宗未必打算将印度纳入版图，因此未必乐见王玄策此举。这也许可以解释唐史中何以不见相关记载，王玄策后来何以寂寞。对王玄策本人来说也复如此，正如网络上有人所评论的那样，他是一个打了胜仗挥挥手就走的人，既不去做殖民地的王，也不希图邀功请赏，其人表现可说是反映了中国人传统的价值观。

师，"缚献太宗"，廷前御审，够神气的了。为此唐太宗李世民册封王玄策为朝散大夫。

第三次使印，距此十年之后，唐高宗显庆三年、公元658年。这一次可算是和平之行、朝圣之旅，主要使命也只是奉送一件佛袈裟。这一次他参拜了印境的诸多佛寺，或许是为上次的杀孽求得宽宥吧，毕竟敌人也是生命。此时他或已崇信佛法，近年间在洛阳龙门石窟发现了以其名字落款的佛陀造像题记，似可佐证。他留下的遗迹还有，在西藏吉隆县马拉山口蕃尼古道上的一通摩崖石刻《大唐天竺使之铭》。

王玄策的故事确系史实，传奇之处在于：在异国的土地上，驱策异地的尼蕃联军发动一场战争，居然大获全胜；获胜后一无所求潇洒而去，且在唐史中籍籍无名。当今继续传而愈奇的是，令王玄策其人名扬一千几百年后的世界者，并非中国人，而是由当代大作家、日本玄幻文学宗师、《银河英雄传说》的作者田中芳树，在长篇历史小说《天竺热风录》中完成的，且在日本畅销多时，已出中文版。自从三十多年前步入大学，此君偶见日文版《亚洲历史百科辞典》中王玄策词条，震惊得目瞪口呆，从此着迷，以后凡见有关其人其事的只言片语，无不搜集；经过整整二十年的构思，写下此书。史实原本精彩，加上人物塑造和细节虚构及大师文笔，足够好看的了。

这一史迹在敦煌吐蕃历史文书中有所记载：松赞干布应王玄策之请，发兵一千二百精骑参战，共俘获、斩杀天竺兵一万三千人，得牲畜两万余头只，攻占城池一百零八座。阿罗那顺的反对者迦摩楼波王拘摩罗闻之大喜，派人将马匹财物送往吐蕃，云云。

以此看来，吐蕃实际成为这场跨国之战的获益者，史称吐蕃边境扩展至北印度之说，也许由此而来。唐史也将此役功归吐蕃，并记下这样一笔：贞观二十二年（648年）五月庚子，吐蕃赞普击破中天竺国，遣使献捷。

第六讲

命运种种：生活在远年的时空（之二）

合力取天竺这一事件，说明了松赞干布当政后期，系唐蕃关系的蜜月期，即自641年联姻至650年驾崩的十年间，唐蕃边界和平，唐史大事记中罕见地不见唐蕃间战事记载。这期间太宗驾崩，特将松赞干布塑像立于阙前；高宗即位，封松赞干布为"驸马都尉""西海郡王"；松赞干布则向高宗表示："天子初即位，下有不忠者，愿勒兵赴国共讨之。"

王玄策大动干戈的壮举在今人看来是传奇，而王玄策当时究竟作何念想，是出于以天下为己任的正义感，还是出于解救同僚的道义感，也许有过自述，因为他曾写过数次出使印度的经历见闻，足有十卷本的《中天竺国行记》，并图三卷，可惜散佚，今仅存片断文字。而这段尘封经年的往事能够公告天下，实在应当感谢有心、用心的日本作家田中芳树。

由此也提醒我们，对于历史人事，有多少无从得知，有多少随风飘散，有多少惊鸿一瞥，更多的留给了遗忘，待到连遗忘也被遗忘，是真遗忘。

大唐天竺使之铭碑（局部）

此碑尚存喜马拉雅山中，凿刻在蕃尼古道西藏吉隆段马拉山口的崖壁上。由于千年来被当地藏族人作为圣物崇拜，其上遍抹巨厚的酥油，字迹不见。当地人想当然地声称此为清代石刻。1990年，四川大学考古学家应西藏文物管理委员会之请，在后藏一带进行文物普查，方始发现真迹。唐史中鲜少王玄策事迹，对其赴印路线语焉不详，曾引起学术界争议。直到此碑铭发现，方才确认了至少此番出访的时间、路线和任务。

朗达玛背负千载骂名

从前有个王子,自小锦衣玉食就不必说了,当然也受过良好的教育。由于他排行最小并非王储,未来不必承当大任,所以他生性比较自由浪漫也是可以想见的。但也并不是说没有忧虑的时候。每当他走出宫门,蓝天上舒卷的白云固然令人心旷神怡,但对于民间的疾苦不可能视而不见。极目望远,会想到祖先的帝国两百年间打下的江山何其宽广,但若想守住恐怕越发不易了;往近处看,王宫里的明争暗斗愈演愈烈,你看那些老牌的贵族世家,朝内是重臣,朝外掌兵权,野大朝小,王室一族反成弱势……每想到这儿,这位王子就叹一口气,我既无权谋之心,更无治国才干,也不打算青史留名,对于朝政,我只是个局外人旁观者,且让我潇洒度日吧。

可是好日子到头了,终有一天厄运降临:他亲眼看见了身为赞普的王兄惨遭毒手,脸面被拧转在背后的恐怖模样,惊惧得险些晕倒;而真正让他怕到要死的是那句话,那些凶手,曾经殷勤环绕在国王身边的重臣,冷笑着对他说:你就是新赞普了。

就这样做了王。新王知道等待他的命运会是什么,所以一方面做出听话的样子,另一方面则纵情于声色犬马,一任那些凶手重臣借由自己的名义发号施令,让全体臣民一致认为他是个无道昏君。至于他心里想些什么,暗中在做着什么,一生真伪,当时的人不知道,后来的人就更不知道了。因为仅仅三年,他就被暗杀了,暗杀者是谁?受迫害的僧人。夺命的箭不偏不倚正中额头。临死前,他双手紧握箭柄,说了一句奇

第六讲 命运种种：生活在远年的时空（之一）

怪的话，至今仍是无解之谜——"或许早了三年，或许晚了三年"。

是指死期吗？假如再过三年，你们就会知道我是何许人也；或者若早上三年，我就不至于身负骂名了？之耐人寻味首先在于，临终前他到底说过这话没有，如果没说而是虚构，虚构者意在暗示什么？

由于心有不甘，这个灵魂在人世某处滞留至今，阅尽千年沧桑，习惯了曾经的臣民代复一代的口诛笔伐。我不下地狱谁下地狱，是人间的无间道，大约永世无望超生了。

故事讲完了，明眼人也看出来了，是朗达玛乌东赞的故事，文学版本。

在汉地民间，若问起历史上最坏的人是谁，十有八九的人会说，秦桧。此人不仅卖国求荣，还陷害忠良岳飞。在西藏民间，若问起历史上第一恶人是谁，同样的，几乎所有的人都会说，朗达玛。头上长着牛角的恶魔化身，他毁佛灭法，是导致吐蕃王朝崩溃的罪魁，连带此后四百年黑暗时期的祸首，凡此等等不一而足，其多宗罪可谓家喻户晓人人皆知。

有关朗达玛之死，当时的汉文史籍不曾涉笔，藏文呢，是隔了两百年，公元11世纪之后的僧侣史家追记的。这一主流版本说，朗达玛身为反佛人物，猴头牛角，狂躁暴戾，似与崇苯诸恶臣一道，谋害了其兄赤热巴巾。篡位后即任用奸佞，陷害忠良，毁佛灭法，寺院做了屠宰场，僧人被迫做了屠夫，经书遭焚毁，连文成公主带来的佛像也一度被扔进拉萨河里。总之十恶不赦，引发一位名僧拉隆贝吉多杰的极大愤慨，勇敢地做了刺客。

过程就更精彩了。贝吉多杰从扎耶巴出发时，更换了装束：头戴黑冠，脸涂黑油，衲衣外黑内白，以炭灰涂黑了坐骑。就这样，黑人黑马来到拉萨，巧遇朗达玛正在大昭寺前的唐蕃会盟碑前细阅碑文。刺客假装跪拜，一叩首时，袖中张开了扳指；二叩首时，箭已上弦；随着第三次叩首，

会昌法难

唐武宗李炎即位后力禁佛教，力倡道教。从会昌二年（842年）开始，一步步实施灭佛计划，直到会昌六年（846年）三月去世为止。所以说，吐蕃朗达玛灭佛与唐武宗灭佛差不多同时，原因也大致相同：由于出家者众，依附于寺庙的人多，劳动力和兵源减少，且寺庙的收入不纳税，国家财政收入减少。

会昌法难中，据说有四千六百座佛教寺院被毁，多达二十六万的僧尼还俗，没收寺庙土地、财产无数，寺院奴婢十数万人转为纳税户。许多佛教宗派和组织就此消亡，如唐密、华严宗等。

箭矢命中赞普眉心。对方只来得及说上那句早三年晚三年，随即气绝身亡。

贝吉多杰翻身上马，飞奔至河，丢弃黑冠，洗去马身黑灰和脸上黑油，翻穿了衲衣。追兵赶到，只见白人白马涉河而去，黑人黑马不见了踪影。

这个主流版本流传了上千年，人们深信不疑，毁誉分明。直到最近几十年里，借助于思考和新材料尤其是敦煌所藏吐蕃资料，藏学界才出现了不同的声音，指出其中硬伤。对于名僧杀人的质疑还是次要的，追查刺客身世，不对了，假设此僧当时还活着，至少百岁高龄。就像前面所讲"活埋老臣"的故事那样，只可作为野史传奇。另外还有微弱的声音发言，认为朗达玛是一位志在振兴的君王，当年毁法事出有因，是纠偏，是对此前佞佛的拨乱反正和矫枉过正，等等。事实上吐蕃的衰亡自有其深刻的历史原因，将其归结为某一人既不客观，扭曲了历史，也无助于对历史经验的总结和借鉴。

朗达玛头戴虚拟的牛角，在历史中流浪。假如真有灵魂的话，在天之灵一定凄怆，为自己的命运，也为他试图振兴的吐蕃——放眼望去，身后的王室内讧一发而不可收，贵族集团一分为二，各自簇拥着怀抱小王子的两位王妃，开始是南北对峙，最终是四分五裂。他望见核桃树下的密谋，从前的臣民在各地首领的号召下，高举造反大旗，其势如同干牛皮着火，迅速燃遍雪域大地；从前匍匐脚下之人，开挖了从前的人主历代吐蕃赞普之墓，往日的辉煌烟消云散，帝国的疆土如同风中缕缕飘飞的布条……

朗达玛遇刺图
（壁画）

第六讲 命运种种：生活在远年的时空（之一）

吐蕃七良臣

15世纪有位名叫达仓宗巴·班觉桑布的学者，撰写了一部名为《汉藏史集·贤者喜乐瞻部洲明鉴》的史学名著，其中以一小节的篇幅，汉译不过千字文，追记了吐蕃七位良臣的事迹，依稀可见从雅隆部落到吐蕃王朝千年文明史中，社会经济文化技术发展成长的痕迹，让我们得知在战争与和平之外，不属于宗教而纯粹世俗生活的一面，这在以王统记和宗教史为主线的传统藏族史学史中，是稀见的、可贵的。只可惜了，这七位贤良之臣除了茹勒杰和吞弥桑布扎之外，更多一些的信息并未见诸文字，仅仅留下名字和主要业绩。这一情形好有一比：这位《汉藏史集》的作者达仓宗巴·班觉桑布，藏学界迄未考证出其人身份、履历和事迹，同样只留下一名、一书，并且此书手写本还是后人从不丹王室"淘"出来、讨回来的。

吐蕃良臣之第一名，就数茹勒杰了，本书第二讲中我们已经认识了他。这位父系为札氏，母亲来自悉补野氏的勇敢少年，以龙王所需的人鸟家族的婴儿，换取了先王止贡赞普的骨骸，迎回王子夏墀重续王统。待秩序恢复，这位良臣便致力于发展农牧业生产，其功业为：将草滩开垦为农田，驯养牛羊家畜，从此时开始的夏草冬储似是前无古人的，原始的生产方式得以改进。

从王子夏墀即布带贡甲赞普复位，直到松赞干布继位之前五六百年，或说是七八百年间，又有两位良臣出现。名列第二位的是库氏家族的拉布果噶，他的功业同样表现在农事方面，具体而言是对水资源的利用：蓄积湖水或引来溪水灌溉农田，使作物产量提高。灌溉农业的普及，说明其时雅隆—吐蕃普遍种植麦类作物，告别了旱作的粟米，较之周边邦国具有了优势，青稞麦养育着未来的帝国。与此相应的，是测量了土地面积，统计了牲畜数量，显然在数学和统计学方面有所贡献。

良臣之三为蒙氏之子赤多日朗察，他在达布年塞赞普在位时，鼓励金属加工作坊的规模发展，诸如烧木成炭、冶炼金银铜铁。而达布年塞正是松赞干布的祖父。冶炼技术的普及让我们联想到伴随着兵器的大量生产，实力大增，兼并扩张的步伐加快。与此相应的是生产工具的改进，这位良臣钻木为犁为轭具，在使用犏牛和黄牛耦耕的同时，也使用牦牛作为驮畜。这位赤多日朗察亲自为驮运交通定了价，运输业就此展开。技术的领先，推动了北伐的进程。

名列良臣第四的，是那位创制了藏文的吞弥桑布扎。文字的创制非比寻常，不仅使吐蕃如虎添翼，尤其作为吐蕃之所以为吐蕃、藏族之所以为藏族的根本所在。所以在吐蕃七良臣中，这位藏文第一人被称之为吐蕃众臣之顶饰当之无愧。

第五名是赞普赤德祖赞时期的赤桑雅顿，他在发展贸易方面的贡献为，初创了度量衡器的升、斗、秤，由此促进了各部落内外的商贸交往和公平交易，与此相适应，应用数学应当是普及到民间的了。

紧接着的赤松德赞时期，吐蕃已臻巅峰，第六位良臣赤桑雅拉所做的，是移民搬迁的工作：把散居于边远山区的居民招引到平川河谷地带，开垦荒地，引水灌溉，兴建家园，建起村庄城镇，这既是对于内部的整固，集中居住也是文明发展的要素之一。赤桑雅拉出身于后藏的管氏家族，这个家族后世频出大译师，有敦煌的法成和写下《青史》的宣努贝。

最后一位良臣，出身于涅氏，名叫达察东色，他的建树略有不同，更像是一位法律制度完善者。这部史书说此前没有赔偿命价的法律条文，是达察东色提议制定的，从而在处理民事命案时有了执法的依据。他还制定了守卫四方边境的制度，由各武士部落承担各边哨的守护。此时已在力促和平的赞普赤德松赞时期，国势凌夷，

第六讲 命运种种：生活在远年的时空（之二）

榆林窟吐蕃时期婚嫁图（壁画）
这幅壁画充满了和谐喜庆气氛。相对而坐的新人吐蕃装束，而右侧的来宾和侍女则是唐人打扮。

看来放弃了对外的攻势，而加强了防守吧。

综观整个吐蕃时代，勇猛的武将不必说了，贤明练达的文臣其实还多。在封建君主体制下，世袭的王未必具备真才实学，辅佐的重臣则不然，否则吐蕃的霸业也不会持续两三百年。我们注意到上述七位良臣一定是经过了后世僧侣史学家的特别筛选，既有建树又为人温良，符合佛教慈悲为怀的信条；其贡献皆与社会发展和生产生活有关，都是文臣。既无开疆拓土的武将英雄，也无政治斗争中的功臣，哪怕是为维护王室、巩固政权建立殊勋的功臣。换言之，凡涉

风化成典
西藏文史故事十五讲

及杀戮者不得入选；另有一些遭到罪谴的，也被理所当然地抹去。而吐蕃史料的早期却是另一种风格，《敦煌本吐蕃历史文书》中所盛赞过的将相，更多善于机变者、英勇无畏者，例如这样描写禄东赞的前辈噶尔·芒相松囊，对反叛者、前任大相吞米·增波杰赞努亲自行刑的一幕：芒相松囊手起刀落，割下吞米首级，拎在手中又塞进死者的怀襟。此时，一个奇异景象出现了，那个无头之躯居然前行了五六步，方才仆倒在地……

以此标准衡量，治世之能臣、乱世也未必奸雄的噶尔·东赞，未能置身良臣之列，也许就因为其子孙的谋反嫌疑而被殃及的吧。虽然如此，不妨碍其人知名度最高，从史书到口碑，无论藏地还是内地，也无论过去还是当代，声名远播。他甚至成为艺术形象，在壁画绢画的美术作品里，在舞台上和电视屏幕上——闪烁在吐蕃夜空的群星中，此人其实是最亮的那一颗。

古代作坊图（布达拉宫壁画）

第七讲

闭修时代之佛祖在上

风化成典
西藏文史故事十五讲

吐蕃一统不再，到元代纳入中央王权统辖之下，其间历经近四百年地方豪强分据时期，正好对应同期内地的四分五裂。这幅地图所示各势力范围仅限于中古时期某时段的相应状态，实际上多方角逐此消彼长。史称西北吐蕃的唃厮啰政权此际已然消亡。

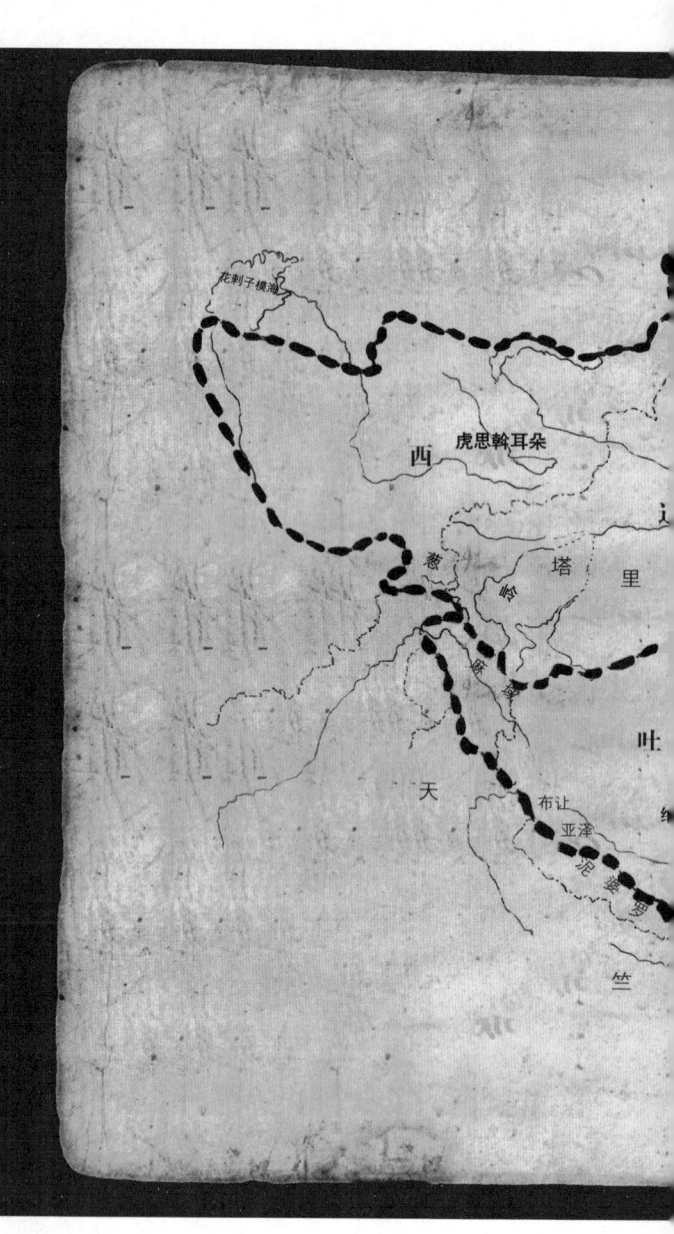

第七讲

闭修时代之佛祖在上

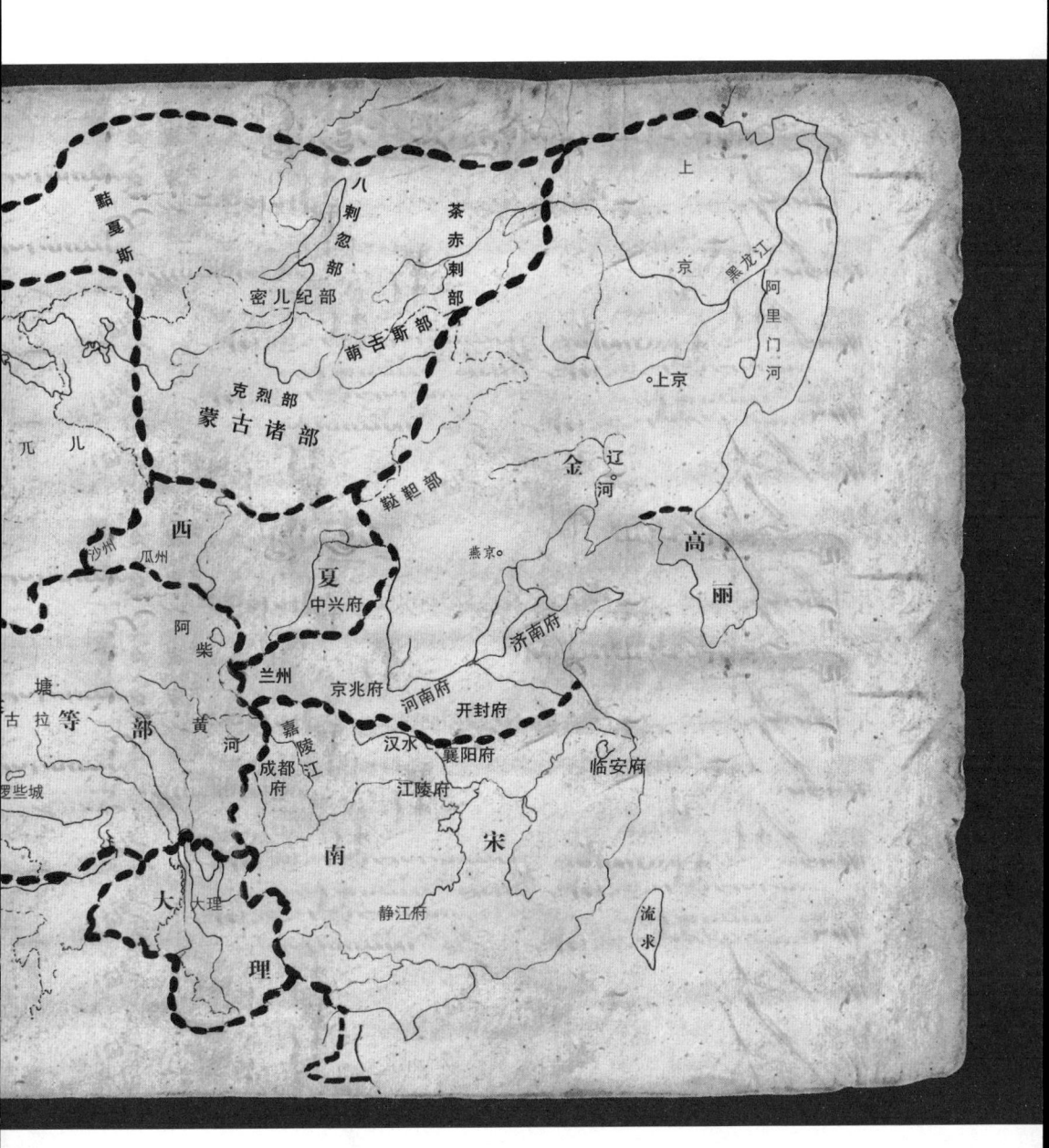

宋、辽、金、蒙古、西夏、大理略图（公元1142年前后）据《中国历史地图集》简绘

两路火把相向而来

从前有一个牧羊少年，在山野里长大，过着简单纯粹的生活。他的视野很开阔，近处是草原，远方有雪峰。天空的穹庐幽蓝，云朵连接着羊群。背囊里有干粮干肉，身边有清泉清风。偶尔甩一下"乌尔朵"（牧鞭，线编抛石器），一只兀自溜得太远的羊被抛出的石子儿赶了回来；偶尔打一声呼哨，唱一支歌，是对心情的抒发。牧归，和部落里的小伙伴们练习摔跤，表演骑马射箭，宣泄成长中过剩的精力和体力。但心中有好奇，眼里有渴望，他不时盯着远方的雪山，山那边的世界是个什么模样？

少年长成青年，放飞青春期的骚动和张望世界的冲动，终于对外现身，不过是以挑战、以冲撞、以耀武扬威的方式：身披铠甲，手执长矛，挟裹着雪域高原酷烈的长风和初生牛犊般的勇气，铁蹄踏处，人们闪避不及。在强者为王的时代，享受着攻城拔寨的快意，俯瞰着越来越广大的疆土。当然，种种艰难和困扰也随之袭来，不再单纯。

然后，这个马背上的身影倏忽不见，世界长久地听闻不到他的消息。他把自我放逐到家乡故里，放逐到精神深处，到雪山丛中苦修去了。

一晃许多年过去，当再一次面向世界，内部仿佛脱胎换骨，外表也换了行头：一袭袈裟，一串念珠，口诵佛号，慈眉善目，武者一变而为智者形象。连同一起亮相的背景，也是重整了旗鼓的河山：旗是五色的幡旗，鼓是法鼓的妙音。换天换地，

第七讲
闭修时代之佛祖在上

塑形塑身，身后还有一个绛紫色袈裟的方阵，那一片绛紫，现今称作"喇嘛红"了。世界是三千大千世界，历史是成住坏灭的无尽演绎，人生是六道轮回中的小小一环；当目光向上的时候，有无届弗远，目光向下，则满含悲悯。他说话的时候满口梵音，所言时空距离通常惊人，与世界若即若离，是因为对于世界的整体看空，不可思议的大空中，又并非置身世外——他修炼成为一个凡器世界的祝福者。

　　从前的世界先是为之惊异，紧接着为之庆幸，不由自主地合了掌，本想口诵"阿弥陀佛"，不由自主也跟进一声"唵嘛呢叭咪吽"。

　　这个人是谁就不消说了，不过显然是个群像叠影，且凝聚了好几百年的时间。作为民族历史上罕见的特例，这一变化按学术语言叫"蜕变""嬗变"，俗话称"拐点""变脸"，时髦语言为"转身"，通常修辞为"一个华丽的转身"，在这里，是社会转型，一个不失庄重的转身。

　　在与外部世界以激烈冲突的方式为主的交往中，曾经接纳过多样的信息，与多种思想资源、社会制度和生活方式相遇，通往未来之路有过多种可能的选择。从后来重新整合过的社会形态中，可见世俗政权的观念被委弃于身后；从敦煌遗书的藏译中华名典中，可知曾与孔孟之道擦肩而过；从现今的习俗尤其是丧葬习俗中，可察知早期本土精神世界特质之乾坤大挪移。一切水土不服者都在漫长过程中消失了，最终的构成固然有外部激荡的因素，却被高原冻土吸收而生长，和合为一成为特质。导致这一时期的转型的因素，以简单化表述，无非海拔高度的自然环境使然；复杂一些表述，可以加上历史经验，加上自我修为，加上文明的成长，或者再加上缘分，等等。

　　就仿佛被重新格式化了，从今往后走上了一条与众不同的道路，决定了从今往后的千年，决定了一个民族的历史文化是这样的而不是那样的，决定了角色和故事的不同寻常。

　　帝国已成往事，之后将近四百年的时间里，虽然边缘藏区的"西北吐蕃"还曾有过几达两百年的政权轮番登场，但高原主体仍不脱史家所称之分治割据时期：不存在统一的政权和法度，土地与民众被大大小小的豪强分而治之。要是按照僧侣史家的说法，至少其中有某段时间还被称为黑暗时期，皆因佛法未至。其实不然，几百年间内省和内向的时代，伴随着一个民族的心灵成长，正是佛教从早期的统治精英走向普罗大众、由上层步入民间的过程，藏传佛教后弘期就此发端，且范围之广大、程度之深入，前所未有。这一后弘期甚至被人称为西藏的"文艺复兴"时期，皆因藏传佛教最典型的特征,即密教传统正在此时形成——虽然此"文艺复兴"非彼"文艺复兴"，是"人本"退位，"佛本"登场。

总之当这一时段结束，整体转型结束，藏传佛教形成。

如果远观这个被称为藏传佛教后弘期的时段，可见引燃的火种分别从东西两路迤逦而来：史称"下路弘法"的路线，是从甘青藏区穿过了横断山脉；史称"上路弘法"的路线，是从喜马拉雅山以南到达阿里。

关于东路这一支，听说火种是这样保存下来的。公元843年朗达玛灭佛，卫藏地区的宗教被摧毁之际，有三位比丘正在曲沃日的深山里修行。正如古语所说，桃花源中人，"不知有汉，无论魏晋"。直到有一天，愕见一群僧装打扮者，手牵猎狗在山中打猎，惊问其故，方知世事生变。三比丘连忙化装成乞丐，先是潜至阿里，无以存身；再远走突厥，难于立足；辗转来到青海化隆，在丹底寺住下了。

此时正值唐朝末世，此前不久，与西藏灭法差不多同时，就像商量好了那样，至少客观上遥相呼应了：公元840年，唐朝也进行了一次大规模的灭佛运动，"会昌法难"。好在远离唐蕃中心的甘青川边一带，从两个方向来说都是风暴波及的末端，尤其敦煌—河西的佛教阵地尚在坚守；一两百年过去，先前唐蕃争夺之地，更换了同样崇佛的西夏新主。所以这一带寺庙一直都在，一直都有人呵护着火种，汉僧、藏僧，后来加入西夏僧。

卫藏三比丘加入了守望者的行列。到他们年迈之时，有一个出生于宗哥的重要人物出现：年纪轻轻的苯教徒嘎热请求皈依佛门。按照成规，受戒仪式必得有十位僧人在场，非常情况下也须保证五位。为此，卫藏三比丘，请来两位汉和尚，因陋

第七讲
闭修时代之佛祖在上

就简举行了仪式。

又过了许多年，相传为云丹六世孙的桑耶寺寺主也失坚赞，资助以鲁梅为首的"卫藏十人"受戒学经，来到丹底寺。这位宗哥人由于传法于"卫藏十人"而"吹燃了吐蕃佛教之死灰"，被后世尊称为拉钦·贡巴绕赛。

关于上路这一支，实际上火种是由吐蕃王室后裔携带而去，并且先于卫藏之地在古格点燃，已经出现了像益西沃那样的法王、仁钦桑布那样的高僧，托林寺及其遍布阿里的寺院。但宗教史学家们更乐意归功于其后到来的印度阿底峡大师，这也是可以理解的。在阿底峡进藏前后，的确有相当一批古印度高僧进藏，可谓整体转移。古印度历史上多分裂、少统一，自公元5世纪后有匈奴人不断侵扰，7世纪大唐玄奘前往取经，就见其地佛教衰微；此后的几百年间，频遭外来势力侵凌；尤其11世纪开始的几十年里，阿富汗穆斯林军队先后十几次征伐印度，甚至建立了伊斯兰政权。佛教的生存空间遭受挤压，唯有喜马拉雅雪山以北，可任由佛光普照。这就是阿底峡及相当一批高僧进藏传法的背景。当然，来自佛法之源的经典和传播者最为正宗，这也是阿底峡大师之所以被公认为藏传佛教后弘期一面旗帜的主要原因。

总之，当1076年，在古格托林寺举办"火龙年大法会"，上下两路在此会合，成千上万的僧人云集于此，佛教重兴的火焰在雪域大地已成燎原之势。

藏传佛教后弘期所弘兴的不限于佛教，起自喜马拉雅以南的文风，同时影响和改变着藏文世界。从那以后，以藏文书写的诗文逐渐纳入《诗镜》的格式规范，《吠陀》中的典故也触目可及。仅以修辞学方面的藻词为例，世间万象皆有意象唯美或含意深奥的代称，直言主体名称是要被取笑的。

修饰"天空"的：云行之路，星辰之路，天神之路；另有一词可译为辽阔无垠、无远弗届。

修饰"太阳"的：时间之睛，黑暗之敌，万光之主，七乘之车，等等。其中七匹马拉的车辇这一喻指来自《吠陀》。

修饰"月亮"的：夜之主，睡莲亲，清凉之主，众星之主，海中生，抱兔，等等。其中后两者借用《吠陀》典故。

修饰"大地"的：藏金之处，宝藏拥有者，以海洋为腰带或以海洋为披风，另有一词可译为包容万物的乘载者或曰载体。

风化成典
西藏文史故事十五讲

丹底寺

白马寺

　　这两座寺庙分别位于青海化隆县和青海互助县，因藏传佛教下路弘法的祖师拉钦·贡巴绕赛曾于这两地传法而成为圣地。

第七讲 闭修时代之佛祖在上

高原边际：吐蕃的余绪和回响

与这片雪域高地的沉默无言相比较，周围的世界仍在喧嚣和动荡之中。中原地区早已改朝换代，公元906年，经历过鼎盛—衰落的唐朝灰飞烟灭；又经历过半个多世纪"五代十国"等等一众短命王朝，赵匡胤以相当的快捷建立了宋朝。不过相比大唐而言，此时的中土可谓小宋了。在中国历代封建王朝中，这个朝代重文轻武，可称为柔软文弱之最，版图也是最小的，都城从黄河以南的开封直退到长江以南的杭州。能够支撑三百余载，简直匪夷所思，"神"了。三百余载，北宋南宋，皆为半壁江山；广大北方，游牧半游牧民族建立的政权轮番登场：从公元960年到1279年，先辽后金，契丹人，女真人，间有西夏人，最后是蒙古人，皆非等闲之辈。宋朝皇室经常以朝贡输币方式购得一时和平，仍然不时地处于战乱的惊慌中。不过惊慌之中有从容，有文采，且不说以开封陷落前有《清明上河图》为证，说明其时的市井繁荣，说明物质文化的发达，其中所暗示的文化教育程度之高，在封建社会中也是首屈一指的。尤其是宋代文人名臣，筑造了堪与唐诗比肩的宋词高峰；散文也是，唐宋八大家中，宋朝就占了六位。一代文豪三苏，苏氏父子苏洵、苏轼（东坡）和苏辙，范仲淹、王安石和欧阳修、文天祥等等，名字在今天响亮依然，作品在今天经典依然。就连武将岳飞，一曲《满江红》的"怒发冲冠"也成千古绝唱。在汉族传统中他是民族英雄，民族气节和民族精神被长久地传扬和标榜，只是在倡导民族平等团结的今天,一些赞美才变得迟疑,因为不论谁来入主中原,只要身为中华民族一员,皆为合法合理,无可无不可,毕竟那只是统治阶层的事情。正像藏谚所云:只要日子过得好,哪怕尼姑做皇帝。

这样说来又不免混淆了是非曲直、公义不义,令人困扰,且不去说它,离题远了。总之文史的宋朝精致优雅,屡遭蛮力摧折令人同情。好在与之周旋对峙的敌方阵营中,不见了骁勇之最的吐蕃勇士,及其刀光剑影——岂止不见呢!后吐蕃时代,无论宋史辽史,所载吐蕃皆为甘青川一带西北吐蕃。确切说来,绵延无尽的争战中,西藏本土势力缺席了,边缘"大蕃"旧部参与了,且与唐代的情形正好相反,这一次是同一阵营的同盟者,联手御敌,抗击西夏,重续甥舅缘。

这就说到西北吐蕃的史话了。公元9世纪中叶,当朗达玛遇刺,王室内讧,帝国崩溃,高原周边吐蕃占领区内的军事贵族们乱了阵脚,有的率部投唐自保,有的趁机兼并扩张。史载吐蕃末世将相、落门川讨击使论恐热,调动苏毗、吐谷浑、象雄上万骑,先攻渭州(今甘肃平凉)守将尚思罗,再攻鄯州(今青海乐都)守将尚婢婢,大战河湟。等多年的混战消停了,西北吐蕃各政权浮现。10世纪中期,西凉府六谷蕃部先与五代的后汉联系,领授凉州(今甘肃武威)节度使之职,又向继之而来的北宋政权纳贡称臣,其中一次就进贡好马五千匹,宋廷则回赠以綵缯和茶叶。到11世纪初,1015年,凉州被西夏攻陷,六谷蕃部首领投奔河湟唃厮啰政权。

唃厮啰政权之名来自创建者唃厮啰,其人据信为吐蕃王族沃松一支的后裔,被西北吐蕃奉为正统,首府设在西宁,时称青唐城,因之史称青唐吐蕃政权。唃厮啰本人也沿袭旧例,尊宋廷为"阿舅天子",于1038年受封为保顺军节度使,祖孙几代维系的这一地方政权,俨然中土边防,成为抗击西夏侵扰的屏障,表现得英勇悲壮,最终于12世纪初亡于西夏。这个时间与宋朝皇廷之被迫南迁,由北宋而南宋几乎同步,所以有人说,二者已成命运共同体,此前唇齿相依,此际唇亡齿寒。

西北吐蕃的军力不仅在前线保卫疆土,也是中原可靠大后方:冷兵器时代的征战仰仗战马,而战马的主产地在北方草原,无论是辽是金,与南方宋人的互市,均

第七讲 闭修时代之佛祖在上

严格遵从不得输出马匹的指令；而人口密集、精耕细作的田野上是养不起马的，所以只能从西部辗转换购战马。到1038年西夏李元昊独立称帝了，宋朝与之停止了互市并开战，西路顿成绝塞，于是马的来源就只能从大西南的吐蕃故地和大理（南诏）征购，或以茶易马。当时的黎（四川汉源）、雅（四川雅安）等州年产蜀茶三千多万斤，由官方专用雅茶换蕃马，每年从周边藏区及西藏腹地输马入宋的马匹多达两万，其中最著名的，是优良品种的河曲马、青海骢。宋朝始建茶马司，茶马古道也由此而来。除了茶，宋代还以边地喜爱的稀缺之物——丝绸易马。精美的丝绸花色繁多，有瑞草云鹤、如意牡丹、孔雀百花、六金鱼、聚八仙……

可以设想，假如没有这样的后方可以依恃的话，宋朝的运祚何谈久长。

从六谷蕃部到唃厮啰政权两百余年间，虽然战乱不断，甘青河湟一带吐蕃故地却是逆势繁荣。何以

黑水城时轮金刚唐卡

西夏时期汉传、藏传佛教并存。西夏人之接受藏传佛教，与两路弘法有关，与敦煌—河西藏传佛教的发展和回鹘人西迁后改宗藏传佛教有关。有印度僧人直接来西夏传法，西夏僧亦前往西藏和印度取经。西夏黑水城遗址位于内蒙古自治区阿拉善盟一处荒漠中，自汉代以来为多个民族聚居并经营。西夏时设置黑水镇燕军司。该城于元末因自然环境恶化而废弃。20世纪初，俄、英等国学者相继盗掘大量文献，致使该遗址文献文物大多流向国外。其中文书多为西夏文、汉文、藏文、回鹘文、蒙古文等大量藏传密教文献及绢画、木雕等，不但具有艺术价值，同时也反映出这一地区在西夏时期普遍奉行藏传佛教。

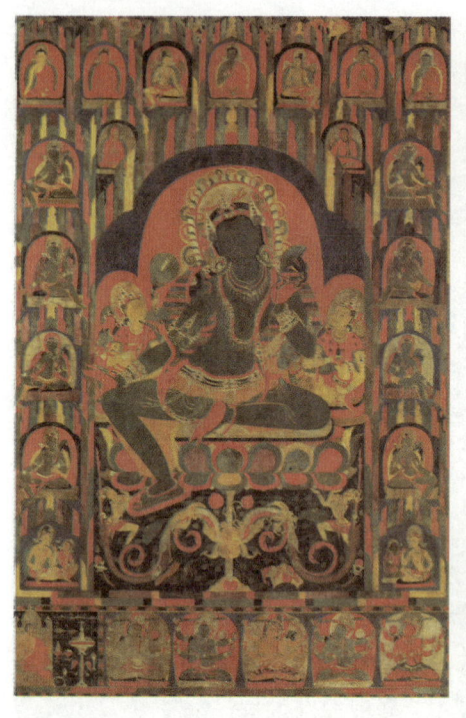

黑水城绿度母　　　　　　　　　　黑水城绿度母缂丝唐卡

至此？得益于与中土宋朝的密切交往，各方需求的互补只是一个方面，另一方面，由于西夏的崛起，西北丝绸之路被迫改道祁连山南，这条曾由吐谷浑经营过数百年的古道。西宁遂成必经之路，史称"青海道"。商来贸住，古道兴盛，增益了西北吐蕃故地的经济繁荣和文化发展。正因如此，这条古道上的丹底寺、白马寺香火不熄，声名远播，否则以鲁梅为首的"卫藏十人"不会慕名而来，向"死灰复燃者"拉钦·贡巴绕赛求法受戒，然后高擎火炬返回故里；即使后来的征服者西夏人，也不由自主地匍匐在地，口诵六字真言，较之藏族地区有过之而无不及，并且创造了相当璀璨的佛教艺术——西夏故地黑水城的藏传佛教遗存，至今仍可见那一时代的辉煌。

第七讲 闭修时代之佛祖在上

功在开辟的宗教先贤们

　　当鲁梅从桑耶地方首领擦拉那手中接过钥匙，偕同他的伙伴"卫藏十人"，走向桑耶寺的时候，内心是兴奋的也是惶恐的。自从朗达玛毁佛灭法至今，已经过去了好几代人，寺庙废弃了，僧人遣散了，卫藏地区传承下来的，只有走村串户的少数几人，半俗半僧，只会给夭亡小儿做做法事而已。今天，从安多藏区丹底寺学成归来的求法者，有如"学院派"，就将重新入驻桑耶寺，佛法复兴的第一把火，就将从此时此地重燃，能不兴奋吗！但是偌大雪域，只有区区十个人，重燃的火会不会熄灭呢？弘法的路在哪里呢？想到这里，惶恐难免。

　　雅鲁藏布江畔的桑耶寺从影到形渐渐看得清晰：当年何等宏伟壮丽的建筑，褪色了，败落了，好一似寒风中的瑟瑟枯叶。当大门吱呀一声打开，呼啦啦惊动了满院子天上飞的、地上跑的。穿过长满荆柴杂草的廊院，乌孜大殿里更是触目惊心：房柱折断了，壁画被连年的雨水冲出流痕，梁上有鸟巢蛛网，墙角有狐穴鼠洞，金属的佛像尚在，头顶积满鸟粪。

　　据说从吐蕃王朝解体，西藏不复一统，佛法曾有七十余年不兴的空白时期，鲁梅等人此刻所眼见的，正是当年现状的写照吧。但也正是从动手修葺破败的寺宇开始，象征着"死灰复燃"，新时代起步。其后又有求法于东部康区的阿·益西雍仲、直·雄催二人学成归来，与鲁梅等人所传承的合称为"下部戒律"；卫藏十人与阿、直二人按照教化民众的各自缘分，分赴各地找到施主，收弟子，建寺院；弟子又收弟子，从而衍生出众多的部派。再后来，阿底峡大师也从西部来到拉萨地区，两路弘法合流，因了师承、寺院和方法的不同而形成了大大小小的各种教派。现如今，下路弘传"东律"一系的痕迹还在，那就是鲁梅的再传弟子扎巴恩协主持修建的扎塘寺。

扎塘寺兴建于公元11世纪末，位于雅鲁藏布江南岸的扎囊县城，外观看来未必起眼，但寺内壁画之特别之精彩，其风格带有东部汉藏文化交流的印记，不由不引起现当代中外藏学家和艺术家的关注，那的确可算是藏传佛教后弘期早期艺术的高光。

与卫藏地区之下路弘法的兴起差不多同时，吐蕃王室沃松一支的后代们已经在象雄故地建起了古格等小王国，出现了像天喇嘛益西沃（965—1036年）这样的法王。他曾身为国王，勤于国政，因年轻时熟读了记载先祖业绩的文书，不免时常感到世

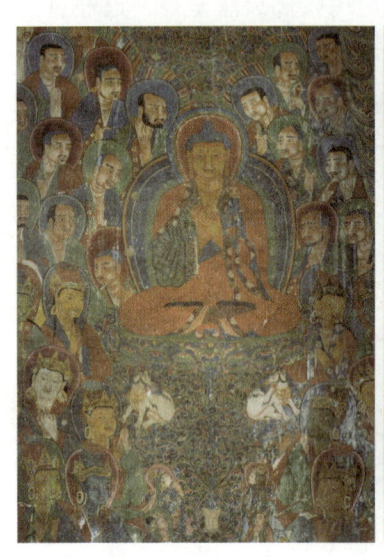

扎塘寺壁画

扎塘寺壁画艺术吸引了国内外藏学家和艺术家的目光。这一伴随着藏传佛教后弘期到来的艺术风格，带有下路弘传早期的朝气，汉藏文化交流融合的大气，与后期按照度量经绘制的壁画形成鲜明对比。

第七讲 闭修时代之佛祖在上

俗的辉煌浮华如过眼烟云；或者在古格的领地上巡视时，看到干旱土地上人民的疾苦，不由不沿循着先辈赤松德赞的思路，想要为自己的臣民寻求一条一劳永逸的解脱之路。年深日久，这样的想法累积得多了，终于在五十岁那年做出了一个决定：禅让王位于其弟，带着两个儿子出家，专事教化民众，慈航普度。在古格小王国存续的六百年间，王室中宗教法王与世俗国王并驾齐驱的传统由此而来。

天喇嘛益西沃在这片生长了原始苯教的大地上，建起象征佛法中兴的寺院群落，其中位于古格都城中心的托林寺，院墙内宝瓶装饰屋脊的殿堂，据说就达六十四座之多。益西沃还选派二十一名青少年赴印度克什米尔留学，其中有西藏最著名的大译师仁钦桑布和次著名的小译师勒贝西绕，是硕果仅存的两位，其余的先后在印度酷热的气候中死去了。

托林寺

古格鼎盛时期，号称托林寺共有一百零八座子寺遍布阿里。托林寺的部分建筑及壁画保存到现在，其艺术风格受周边国度印度、尼泊尔，克什米尔地区等画风影响，妩媚飘逸。1997年，考古学家发掘了其中早年废弃的大日如来殿一角，一批极为精美的青铜像、木雕、经卷、唐卡、模制泥佛和泥塑残片等千年遗存面世，既有南亚风格也有西域风格。图为这次发掘成果之一。

风化成典 西藏文史故事十五讲

天喇嘛益西沃古稀之年身陷囹圄，是在与强邻葛逻禄人的战斗中不幸被俘的。这场战争可能有领土之争的含义，但据称尤其侧重于宗教保卫战的性质。被关押期间，有葛逻禄的首脑前来劝降，提出若想保命，或者让阿里的臣民皈依伊斯兰教，或者——阿里不是盛产黄金吗？那就拿与你身体等重的黄金来交换吧！

这两个条件都被天喇嘛益西沃拒绝了。但亲人们不这样看问题，他的子侄们积极筹措黄金，并且差一点儿就完成了。探监时报告说大部凑齐，就差一个脑袋的重量。没想到这位法王连连摇头，回答说，我已老迈无用，何苦金人赎身，就带上那些黄金去印度迎请大师前来传法吧！

天喇嘛益西沃的事迹在后世广为传扬，虽经当代学者考证，这个故事是否史实是有疑问的。如果是虚构，意在说明外请上师的必要性。故事说，天喇嘛益西沃之所以舍生求法，是因心念吐蕃故地，令他忧心的状况持续已久：由于缺乏有资质的高僧，受戒仪式勉为其难，将就了事；由于缺乏上师指导，做法事从内容到形式掺杂了原始苯教的色彩；更有些出家人行为不端，敛财聚富之外，还借宗教之名行伤风败俗之实……长此以往，佛将不佛，而这一切难以借助本土力量拨乱反正，亟待外请高僧大德以正见来规范。所以当接受了邀请的阿底峡大师于1042年一到古格，继任了法王之位的、益西沃的侄孙拉喇嘛绛曲沃就迫不及待地请教：对于佛法应当渐悟呢还是顿悟？外道与佛教的区别在

托林寺壁画供养天女

第七讲
闭修时代之佛祖在上

哪些方面？另有修行次第等等这类困扰了他们很久的基本问题。

阿底峡大师不负众望，从阿里到拉萨，以他精深的佛学造诣，指导着藏传佛教的复兴事业走上正轨。在阿底峡进藏之时，大译师仁钦桑布已有八十五岁高龄，译著等身，当代一些学者认为这位阿里本土生长起来的佛学大师，其修为之深厚并不弱于外请的高僧，但应了"外来的和尚会念经"的心理，他的地位和声望才置于阿底峡之下。有了这样几位高僧大德，藏传佛教后弘期迎来了一个普及的热潮。1076年在古格托林寺举行的"火龙年大法会"，聚集了来自西藏各地和青、康藏区的僧人成千上万，标志着一支新型力量就此崛起。经幡飘扬，法号吹响，寺院在两百多座的基础上迅速扩张，僧侣队伍在成千上万的基础上强力扩充。从宗教角度说来，这一分裂割据的无政府时代，岂止不黑暗，说是藏传佛教的黄金时代都不为过。

所以这一时代就成为藏传佛教各教派宗师成长的时代，依其师承源流的不同而枝叶不同，有注重经典的，有偏爱修身的，经院式的，民间化的，通往彼岸的乘载工具有别，目的地相同。藏传佛教分为旧译密咒即宁玛派（俗称红教，以莲花生为主尊），和新译密咒两大枝，包括其他各派，萨迦派（俗称花教）、噶举派（俗称白教），以及后来式微了的噶当派、觉囊派、希解派等。换言之，藏传佛教传统的主体是由新译密咒各派构成，所以宁玛派之外各教派的历史往往从后弘期讲起。就连本土宗教也在此间脱胎换骨，大量吸收了佛教的内容和形式，一变而为理论宗教的"雍仲苯"，生存至今。而藏传佛教之所以成为"藏传"的，又何尝不是相当程度地吸收了本土宗教精神，例如有那么多先前苯教的大神另行皈依，有的甚至在前额中间生出第三只眼睛，说是在释迦牟尼生前就宣誓成为佛教护法了呢！

各大教派进一步分化出诸多小流派。例如噶举派为11世纪的玛尔巴和米拉热巴师徒所创建，后来的弟子及再传弟子又分别建立香巴、止贡、塔波、噶玛、竹巴、蔡巴等多个派别，其中噶玛噶举开创了活佛转世制度；噶举派虽从未当政而是一直"在野"，但经常在其后的重大历史事件中扮演主角，不乏战事，至今为人所乐道。祖师之一米拉热巴的故事，在藏地更是脍炙人口。

风化成典
西藏文史故事十五讲

苦修者米拉热巴

米拉热巴塑像

一首流传在西藏山南地区乡村的传统"果谐"(圈舞)歌词,这样为米拉热巴形象代言:
请看我的身躯,
犹似一副骨架;
常人看了不忍,
可谓人见人怜。
看我所吃食物,
如同猪狗一般;
美食于我何益?
看我所穿衣饰,
如同奴隶一般,
华裳于我何益?
……

第七讲

闭修时代之佛祖在上

尊者米拉热巴（992—1075年）在后藏的山野岩洞中苦修的时候，摒弃了人间的华饰，只穿一袭未经染色的白氆氇（他的传记中则说是赤身露体的修行者形象）；摒弃了人间的美味，只吃草本植物荨麻叶，所以身形日渐消瘦：他伸出手来，从前胸可以触摸到后背，从后背，又可以触摸到肋骨。这从他的塑像上可以看得出来，很嶙峋的样子。由于长期食用荨麻，相传他的皮肤泛着青绿的光。米拉热巴可谓一无所有，入灭时留下的遗物唯有小布一片，小刀一把，块糖一包，还是遗泽众生的——遗嘱说：此物已经诸佛加持，以刀割糖布，可无限分割，广布众生，并可七世受益。

说苦修者米拉热巴一无所有，还有一个广为传布的故事。他在山洞修行的时候，某个夜晚有小偷光顾。那人蹑手蹑脚摸进洞来，借着幽暗夜色翻找，心怀发现金银财宝的渴望。冷不防山洞深处有笑声传来，随着笑声而来的还有一句著名的话：我白天找不到的东西，你晚上能找得到吗？

寻声望去，山洞深处一团绿色荧光中有一个跌坐人形。那小偷一惊之后，不由自主也跟着笑了起来。

苦其心志，饿其体肤，没有谁比这个人所经历的更曲折的了，没有谁比这个人的修行之路更苦难的了，米拉热巴经由刻苦自虐的方式，最终成为大成就者，成为噶举派三大祖师之一，事出有因。他的祖籍在藏东琼保即丁青县一带，从曾祖父开始来到下阿里的贡塘谋生，祖父、父亲两代人以经商为业，积聚了财富，置办了田产。可叹时运不济，米拉热巴七岁时父亲病故，心怀不善的伯父和姑母霸占了家产，并让他和母亲、妹妹沦为家奴。生性刚烈的母亲快意恩仇，敦促儿子寻访咒师、习练巫术，致使年轻的米拉热巴由此造下黑业：咒杀了同村三十五人，还召唤过冰雹，尽毁全村一年的收成。

虽然遂了母亲的心愿，但米拉热巴却日益恐惧地狱的报应，于是投奔了上师玛尔巴。为涤除恶业，这位师父独出心裁支了一招，让米拉热巴独自一人建碉楼，每修到一半即令拆毁，把土石等建材背回原处，然后再修再拆，循环往复，折腾了好些年，就像希腊神话中的西西弗斯那样。后来他离开师父，又坚持了长年乃至终生

风化成典
西藏文史故事十五讲

日琼巴是米拉热巴最心爱的弟子，相传米拉热巴入寂时，他不在身边，众徒将师父遗体火葬时，点火不燃，直到日琼巴赶来，无火自燃。这个谚语典故是说某一天，日琼巴乘船过江却无钱，船夫索要甚急，日琼巴指着狗头说，此为羊头。船夫说，羊子哪有上牙？日琼巴回答：羊子被逼急了，也会长出上牙来，云云。

　　的苦行，直到黑业除尽，皆为白业。当黑白二业尽皆出离，终于修成了尊者大成就者。据说他的密宗功夫好生了得，他创作的劝人向善的道歌名著当时和后世。

　　米拉热巴的一生具有广泛而深远的意义。他的苦修事迹是感动人的，说明至诚净信可以获取功德资粮；他的转变是鼓舞人的，树起一个即使大罪之人也可立地成佛的榜样，甚至感化了施害于他的姑母和其他人，那些人最终都皈依佛门，成为瑜伽行者；他所体现的奇迹更是引人入胜，热爱并渴望奇迹本是人类天性，像米拉热巴这样的奇迹在那个时代还多乎其多，尽管后来的佛学大师们不屑于神通之"术"的方面，但是普通信众，却是心神俱往地仰视着，乐此不疲地传播着。包括米拉热巴和苯教大师在阿里冈底斯神山主峰上斗法的故事：他乘着初升朝阳的第一缕光线，以光速到达山顶从而获胜；他的座前大弟子日琼巴的故事也自成体系，藏族谚语"羊子被逼急了也会长出上牙来"就是出自其人典故。推而广之，还有二十五成道者的故事。总之在那个修行者的时代里，大半传奇：得道高僧们或骑鼓翱翔于天地，或跏趺端坐于水面，或以岩石粉为食物，诸如此类，不一而足。

　　尊者米拉热巴功德圆满了，当他以八十四岁年纪融入光明时，天降花雨，大地银白，呈现出自然的供奉。传记的终场，套用了释迦牟尼临终故事：举火不燃，只待心爱大弟子的到来。他的遗产，糖和布被一把小刀无限分割了，藏传佛教的形式在后弘期锻造成型，哲学的层面和甚深的教义未必深入每一个心灵，但就如汉传佛教一样，善恶报应的因果观和生死流转的轮回观是深入了人心的。因果观是对社会公平正义的向往和追求，善恶终有报；轮回观则是令人满意地圆了一个梦：人类与生俱来的灵魂永生不死观念的梦想，缓解了对于死亡的恐惧。同时，向善和为善也是乱世中的秩序和道德约束。为信仰而献身的精神品格，理所当然地获得了后世的称颂感佩，并且作为精神遗产被传承下来。但是也有米拉热巴们不情愿看到的情景在此时初见端倪：新生的寺院正在逐渐积聚财力和权力，准备成为统治阶层；在他

第七讲

闭修时代之佛祖在上

辞世的前后，卫地各部派正在跑马圈地，正为寺庙庄园的所有权展开旷日持久的争夺战。桑耶寺和大昭寺这样有名望的古寺因而又一次招致毁坏。从今而后的近千年间，教派之争时骤时缓地进行着——更多的并非教理教法之争，那些只是方法论的区别；事端多发于对于世俗权势的争夺——想必是苦修者米拉热巴，包括后弘期的创建者所未曾料到也未必乐见的。但就总体而言，在藏传佛教的旗帜下，尚武好战的冲动渐渐平复，人们把以武力称王的英雄时代，变形记忆在《格萨尔王》的传奇里了。虽然往后还有一些局部的战乱，但平和的心态已成一个民族的主旋律，至少对于外部世界、对于其他民族是亲善友好的。用不了很久，这样的心态还会去感染另一个马背上的尚武民族。

米拉热巴道歌·耕作歌（意译）

因为富有才如此骄傲吗，
尊贵施主可否听我言说？
正当春季农忙时节，
行者我也在致力于耕作：
面向充满烦恼之因的土地，
首先施以前行净信之肥，
再浇灌以五种甘露之水，
然后播下断除迷惑之种。
借请不二法门权作耕牛，
誓言为绳，善巧方便为轭，
驾驭智慧之犁，以精进为鞭策。
当菩提嫩芽破土而出的时候，
善果成熟季还会遥远吗？
世间春种秋收的人们啊，
与我等耕耘一生者相比，
哪个最有收获？
今天我用农家之事打个比方，
期待傲慢客听到这首耕作之歌，
以此积攒资粮自利利他，
破除烦恼多些快乐！

米拉热巴，汉译亦作米拉日巴、密勒日巴。这位尊者的事迹不仅在古代藏区广为流传，借助现代出版和网络之便，其传记故事和道歌已在国际被译成多种文字，被吟诵歌唱。2008年，其道歌被列入西藏自治区非物质文化遗产名录。互联网上，每每见诸文字、音频和视频。随机摘录汉译本的传记故事一则，可见其教化民众一场景：

尊者米拉热巴在某处修行时，一位密乘行者前来求教，"这样的修行实在是奇妙稀有难得，但是像我们这些世俗之人，如果要修持六波罗蜜多，应该怎样去做呢？"

尊者以歌作答："财富犹如草头露，故应离贪行布施；已获暇满人身时，如护双目持净戒；恶趣主因为嗔心，舍命亦应修忍辱；懒懒难成自他利，故应精勤修善业；散乱难解大乘义，故应专注修禅定；佛位非由寻觅得，故应深观自性体；信心犹如秋季雾，易散难持应精进。"

来客听了此歌后，叹为稀有，对尊者生起极大的信心之后离去。过了几天，这位密乘行人带了许多徒弟前来朝礼尊者……

手写本《格萨尔王传》

嘎玛嘎孜艺术风格的格萨尔王像

说唱艺术《格萨尔王传》，是一部卷帙浩繁的超长史诗。史诗描述了英勇善战的格萨尔大王从神子下凡、赛马称王，到南征北战、征服一系列敌国的故事。对于格萨尔其人的原型众说不一，或说是藏王赤松德赞，或说是青唐政权的唃厮啰，或说是康区德格一小王，不过即使有所本，也显然是一个被高度提炼、借题发挥的艺术形象。史诗的产生年代，一般倾向于吐蕃时期，或之后的11~12世纪；至于作者，倾向于集体创作，尤其是经代复一代说唱艺人增补情节，修辞润色，不排除后世僧侣文人的进一步加工。最初的源头似已迷失，也许在雅隆部落兼并高原诸雄时就有了情节人物片断，后续故事不断扩充，就像一条条溪流的汇入，终成江河。通过对尚武英雄的世代传唱，可见对于古代战争的记忆，逝去的时代已成绝响。

第八讲

在大元帝国治下
别开生面

元代创设总制院，后改称宣政院，所管辖的吐蕃故地即藏族地区，为三个宣慰使司都元帅府，大致按照黄河、长江上游和雅鲁藏布三大水系的自然、人文地理分野。经明、清两代至现当代，这三大区划基本格局未变。西藏人早先的地理划分为阿里三围、卫藏四茹和朵康六岗，入元以后，按照三个宣慰司之分，为三区或三路（却喀），即卫藏法区、朵甘斯人区、朵思麻马区（俗语：康巴的人，安多的马，卫藏的宗教），足见元朝行政区划深刻影响了藏民族传统地理概念。

第八讲

在大元帝国治下别开生面

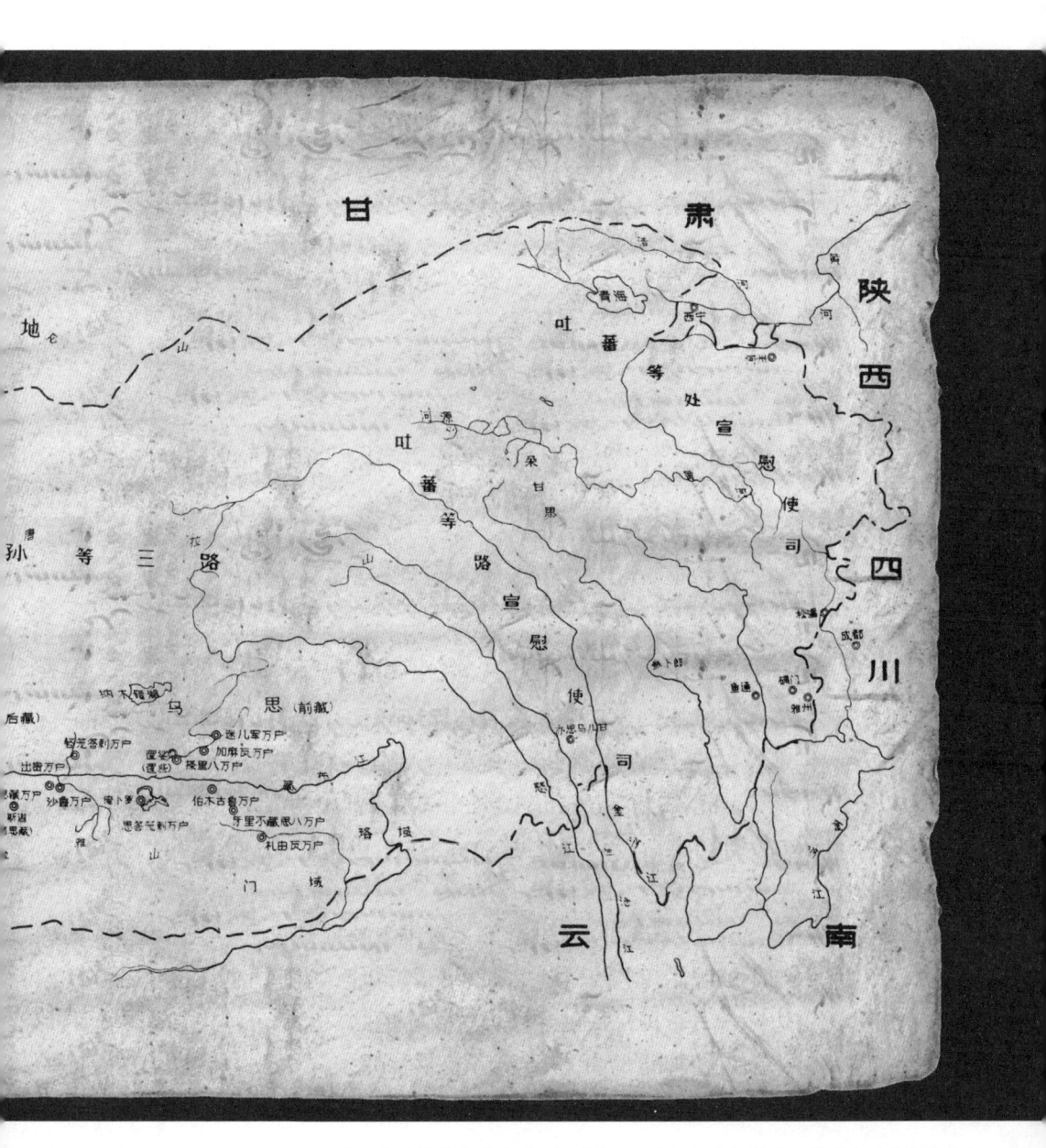

元代西藏及其他藏区略图　据《中国历史地图集》简绘，转引自《藏族简史》

《看不见的城市》

　　元朝是一个异情异色异于狭义中国传统的大帝国。地跨欧亚的国土之辽阔,号称三千万平方公里。当我们把目光从偌大版图上聚焦到一点,落在帝国核心,大都(北京)的皇城内,可以见到富有象征意义的一个场景:一个人在滔滔讲说,一个人在凝神静听,讲说者是隆鼻深目的威尼斯商人马可·波罗,倾听者是坐于龙椅的中国天子忽必烈。只有借助这个外国人的眼睛和耳朵,帝国才能向这个伟大君主显示存在。但是,那些土地历史和生活习俗全不相干,那些陌生的风景和人群意义何在呢?被帝国新近征服的领地,征服者却无缘一见:白银的圆屋顶,螺旋的楼梯,诸神的青铜雕像,碎石铺成的路径,避雷的天线,水晶剧场,塔楼顶端的金鸡报晓,以及望远镜和小提琴,菜园子和垃圾堆,花园水池中的浴女,竖琴的和弦……那五十五个以西方女性名字命名的城市:达迪奥米拉,伊西朵拉,朵罗泰西,扎伊拉,左拉或古尔玛、阿尔米拉……

　　这样的描述可随兴之所至无限地进行下去,作为倾听者明白不明白呢,作何感想呢,帝国主人细小的眼睛里闪烁光亮,时有陶醉,时有迷惘,偶尔的插话让我们听来也有些不着边际——帝国是由沙粒一样短暂易逝的、能够互换的数据构成的荒漠吗?或许只是头脑里精神幻觉中的一幅黄道十二宫图吧!支撑桥梁的石头是哪一块呢?国库里的珍宝不过是虚幻表象,最终的胜利不过是一方刨平了的木头,一无

第八讲
在大元帝国治下别开生面

所获。

这个提供了成人童话的场景富有象征意义，来自欧洲的记忆，是意大利作家卡尔维诺根据确有可能的史实虚构的。说比真实还要真实，是指寓意层面，和现代人对于那一段历史的质疑：对于此前完全隔绝、十分陌生的异邦土地的武力征服，对于既无血缘关系又无文化认同的臣民的铁血统治，意义何在？对于终生无缘一见的远方城市，一无所知的异质文明，草原民族表面上的占领是不是荒诞。这可能就是卡尔维诺的本意所在，所以书名就叫《看不见的城市》。一如现今的网络游戏，虚拟的城邦与财产。

继承了成吉思汗和蒙哥绝对权威的，唯有"众汗之汗"忽必烈一人而已。从理论上说来，忽必烈时代的元朝，应当是其他蒙古汗国的唯一宗主，因而名义上的疆土远至多瑙河、幼发拉底河与底格里斯河，大都北京一度成为名义上的世界之都，忽必烈成为世界历史上曾经统治人民最多、土地最辽阔，以及世界首富的君主，当然也是名义上的。然而实际上，另外的汗国，可以来了看见了征服了，一变而为统治西亚南亚的君主，但与中国与元朝何干，与其族属及信仰何干，越到后来越没了关系，连其所创造的历史也归入当地，血缘也因稀释而融入被征服民族。倒不如留守故乡本土者，延续了族属特征，迄今仍以先祖的骄傲为骄傲。

13世纪初，当成吉思汗（1167—1227年）经过相当惨烈的兼并战争，他的九尾白旄纛成为蒙古大草原上唯一飘扬的军旗后，就以凌厉的攻势开始了扩张的步伐，向南攻打西夏和金、宋，直到南亚的越南缅甸柬埔寨，东占高丽；向西走得更远，他和他的子孙们陆续征服了中亚的喀喇契丹国、花剌子模、波斯伊朗、阿富汗，里海—多瑙河—伏尔加河，阿塞拜疆、格鲁吉亚、保加利亚、波兰、匈牙利……风驰电掣横扫千里，狂飙飓风席卷一切，对他们完全不能了解所以不知珍惜的老欧洲重复上演着屠杀、洗劫的惨剧，这些情景被法国历史学家勒内·格鲁塞在《草原帝国》中复述：所到之处，凡遇抵抗的，来不及投降的，甚至连投降的、被俘虏的，全都格杀勿论。砍下的头颅堆砌成一座座金字塔，余下的尸身填满了护城河；时不时来一个"回马枪",把先前躲避及时的幸存者杀他一个措手不及。初期只知蹂躏,后来学习统治。恢复重建的工作进行了很久,有些则不必进行了:被毁的城邦从此废弃。

西夏就是这样消失的,包括一心想要超越汉地,连文字也刻意造得笔画繁多无比的王廷,包括城郭、人民连同典籍,彻底消失。成吉思汗正是在攻灭西夏的前夜离世,临终前不久,曾有人提议,尽灭中土,变良田为牧场,废农耕而牧猎——那一千万汉人留他何用!这位大汗本已赞同,却被他所收服重用的契丹王子耶律楚材劝阻了。说服方法很简单,只是晓之以利的一组数字:每年可收入五十万两银子、八万匹帛和四十余万石粟米——如果不杀掉汉人的话,每年可持续提供这些物品的税收,这样的一笔账令人动心。正是在这位智者高人的劝导下,忽必烈攻陷金朝都城,开封竟然得以保全,避免了屠城之厄。

所以凡事不能一概而论。就历史环境而言,成吉思汗及其几位后继者是成功的征服者和统治者,成吉思汗在创业初期就注重广纳人才,在征服回鹘塔塔尔部落的时候,将降臣塔塔统阿收为己用,用畏兀儿拼音初创了蒙古文——在此之前,据说没有文字的蒙古人,用歌唱的形式下达各种命令;而辽国的契丹王子耶律楚材的效命,更是意味着统治朝向文明接近。除此,几乎所有的屠戮都有例外:凡能工巧匠多可免死,有时也包括文化人和宗教首脑,然后随军征战为我所用。

这就接近主题了。能征惯战所向无敌并非来自无知者无畏,其实心存大敬畏。蒙古民族信仰原生态的萨满教,崇拜长生天,但在征服世界的过程中,视野骤然扩大,先前闻所未闻的奇异神秘扑面而来,加之迅速扩张的帝国确实需要新的精神资源和思想武器,以至于从成吉思汗开始,决策者的身边就聚集了其时中国所有可能接触到的宗教人士:故乡本土的萨满巫师,外来的佛教、道教、伊斯兰教、基督教分支的景教等等,诸如此类的代表人物。以格外的宽容保持了各种宗教共存的局面,兼收并蓄、广为利用,最终是统治了中国本土的元世祖忽必烈,历史性地选择了佛教主要是藏传佛教,如果不是作为国教,至少是皇室力推的首席宗教,并仿效西夏王廷,以吐蕃僧人为国师、帝师。而从此我们将会看到,佛教本质教义中慈悲为怀、劝人

第八讲 在大元帝国治下别开生面

向善的教诲，是怎样渐渐濡化、涵化了另一民族的；还将看到，佛教作为精神纽带，怎样经由认同，深层系结藏、汉、蒙古等各民族的，套用心理学名词，叫做"共鸣愉悦"。

忽必烈像

虽然元、明、清三朝均对藏、汉文大藏经的翻译、刊刻作出过极大努力，但中国历史上对汉、藏文佛经作过认真对勘的，唯有元朝。元世祖忽必烈汗时期，汉、藏、畏兀儿、蒙古乃至印度等各民族佛教大德和学者，曾在元廷支持下通力合作，对汉、藏文佛经进行仔细比对、勘同，确认汉译佛经中哪些有相应的藏译，哪些没有，哪些只是部分相同，并于元至元二十四年（1287年）编成迄今唯一一部汉、藏佛典目录《至元法宝勘同总录》。这一业绩在后世被誉为"史无前例的学术探讨，是藏汉佛教文化的一次大规模总结，也是藏汉两大民族团结合作的一座里程丰碑"。

元代对西藏行使了有效管辖，在西藏设立行政机构，名为"乌思藏纳里速古鲁孙等三路宣慰使司都元帅府"，所辖地区与今西藏自治区大致相等。下设十三万户，任命万户长。被西藏人称为薛禅皇帝的忽必烈，在西藏调查户口，确定贡赋，建立驿站，推行乌拉制度，屯驻军队，设立各级官府，以及赈济贫户，实施蒙古刑律等，西藏各地僧俗首领对土地及属民的封建占有制度也已经出现。

光荣的萨班伯侄

当年逾花甲的萨迦班智达贡噶坚赞伯侄三人启程时,已是1245年春夏之交。此行何往?从萨迦到凉州。此行何为?在这个冬季里,他收到了蒙古王子阔端的信函,说是邀请,实含威逼:假如托言年事已高拒绝前来的话,势必兵戈相向,生灵涂炭。

此行吉凶难卜,萨班做了极端的准备:把后藏萨迦一派政教事务逐项托付,之所以带上萨迦款氏政与教的传人——十岁的八思巴和六岁的恰那多吉两位侄子,意在可以长期质押——大有一去不回的架势。此时的卫藏之地正处在紧张的等待中,或者风暴来袭或者雨过天晴:阔端身为成吉思汗之孙、已故窝阔台汗之子,受封于此前被剿灭的西夏故地,驻帐于凉州,青藏高原正是最切近的一个征服目标。他派遣大将多尔达赤(藏人称其为蒙古将军多达那波,即黑多达)统率大军沿唐蕃古道,迅如雷电,捷如鹰鹘,从青海安多横扫川边康区,前锋直抵拉萨附近的澎波。一路上,凡遇抵抗者尽行诛灭,降顺者就地安抚,位于澎波的噶当派重镇热振寺武力抗拒的五百多名僧人被满门抄斩;相邻的噶举派重镇止贡提寺正待组织反抗,尚未出师,牵头的高僧就被俘获。如此一来,蒙古大军的威名令人闻风丧胆,各地世俗和僧伽首领被迫表态,表示归顺,多尔达赤暂且率兵撤离。

生死存亡,只待萨班大师凉州之行的结果。

萨班一行途经拉萨,当时前藏一带最有势力的噶举派的止贡、蔡巴等支派的首

第八讲

在大元帝国治下别开生面

领人物闻讯，摒弃了门派之见，在共同的危机面前走到了一起，共议大计：蒙古大军下一步动向如何，此一去是祸是福，藏地的教法和众生何去何从？也有人心情复杂，探问萨班此去是否为本教派的利益，据说当时大师回应道：为了有情众生的利益，即使抛弃了身家性命也在所不惜；我要以闻思修的如意之宝，去达成雪域具信者的心愿。

此前蒙藏之间少有接触，阔端是从西夏盛行的藏传佛教中得知，其源头在西藏。他派出多尔达赤的大军，既有示以强权、武力震慑的因素，也有侦察藏情、物色高僧的意思。多尔达赤报告说，某派实力最雄，某派声望最隆，某派法力最大，说到最有学识者，要数萨迦派的班智达。对此阔端笑答：若论当今势力和名望，有谁能比得过成吉思汗呢！还是迎请最有学问的萨班大师吧！

萨迦寺

萨班伯侄走过迢迢数千里行程，1246年夏季到达凉州，阔端正好前往蒙古草原参加其兄长贵由汗的登基大典去了。而当阔端于次年正月返回时，所做第一件事情，就是请学富五明包括精通医方明的萨班大师医治他的病痛（藏史称为一种癞病）。当顽疾被治愈，不由不心生敬仰，再听大师讲经说法时，更是如沐甘霖。令他加倍敬仰的，还有萨班在文化领域的造诣，藏文及其语言学尤其令这位草莽出身的王子惊叹。没用多久，萨班就达成了心愿：你给我保护，我传你佛法，你使我的民众免遭兵灾，我保证僧俗遵行你的法度。

风化成典 西藏文史故事十五讲

萨迦班智达像

萨迦寺措钦大殿

萨班以政治家的头脑，佛学家的手笔，长者的语气，以所见所闻所想，写下了一封情辞恳切、循循善诱的信函《致蕃人书》，晓谕西藏地方僧俗诸部，大势所趋，不要心存侥幸，归顺是要诚心的归顺，结束几百年的混乱纷争，从今有所听命。信中一一交代当下归顺所要准备的各部户籍清册及向当政者奉献的得体礼品等等。

攸关存亡，一函定乾坤：确定了归属，安定了人心，改变了历史进程，使西藏正式纳入中央王权之下。此后百年间，元朝在西藏做了几件大事，其一是先后三次清查户口，设立十三万户；其二是首次设立二十七个驿站，方便了交通；其三，也是最重要的，是扶持了萨迦，带来了秩序，给予西藏经济文化发展以必要的和平环境和条件。百年中西藏对外无征战，虽然有过几次大军压境的情形，那是由于内部纷争激化所致。

凉州之行获得了始料不及的回报，虽然萨班大师于五年后的

第八讲

在大元帝国治下别开生面

甘肃武威萨班白塔寺遗址

当代重修的白塔寺

萨迦格言

萨班全称为萨迦班智达贡噶坚赞贝桑布(1182—1251年)，是位大学者。他被藏民族奉为雪域藏区所有精通大小五明之贤哲的顶饰，是说他在宗教学、逻辑学、音韵学、工艺学及文学艺术等多领域的造诣无人能比。但对于汉文读者说来，距离远了些，倒是他的智慧结晶格言部分，译成汉语真的是字字珠玑，堪为座右铭。

知识浮浅者总是骄傲，
学问渊博者反而谦虚；
山间的小溪总是吵闹，
浩瀚的大海从不喧嚣。

贤者虽将学问隐藏，
名声仍在世上传扬；
把兰花装在净瓶里，
香气依然飘往十方。

正直的人即使贫困，
品德也会显得高尚；
尽管火把朝下低垂，
火舌仍然向上燃烧。

两个智者共同商量讨论，
会产生更高的智慧学问；
姜黄和硼砂二者调和，
就会产生另一种颜色。

水流不满广阔的海洋，
宝装不满国王的库房，
妙欲难满人们的享受，
格言难满智者的渴求。

风化成典 西藏文史故事十五讲

1251年圆寂于凉州,但他身后的西藏,结束了为时三四百年的分治割据局面,萨迦的主导地位确立,在元代中央政府的管辖下,与中原归于一统。后人议论萨迦派,"居山村而列钟鼎,入仕途又兼修行",政教合一制度模式由此时此地显现雏形。

萨班的两位幼侄成长起来。八思巴的弟弟恰那多吉,六岁至内地,十八年后衣锦还乡,荣归故里:身为驸马,受封白兰王。不过富贵尊荣就如水中月镜中花,恰那多吉二十九岁谢世,留下遗腹子达玛巴拉承袭王位法座,也只活到二十岁。

八思巴传承了萨班的学识,幸运地在忽必烈登上大位前即被召请,做了元朝的国师、帝师,总领天下释教。八思巴还奉命创制了以藏文字母为基础的蒙古新字,即后世所称"八思巴字",并在一定程度上参与了国事政务。作为帝师,他为忽必烈三行密宗喜金刚灌顶。行善止杀、施行仁政的佛法教诫,释迦牟尼和阿育王的故事,像当年打动过藏王赤松德赞那样,触动了忽必烈的内心。至于从多大程度上改变了这位帝王的心态,不便妄猜,但载入藏文史册的是,在第三次接受灌顶时,忽必烈以从此不再将反抗的汉人驱赶到河里淹死的承诺,给予上师以最好的奉献——是不是能够说明作用和影响。

《汉藏史集》对此所作记载为:作为最后一次灌顶的供养,(忽必烈)按照上师的吩咐,废除了在汉地以人填河渠的做法,拯救了汉地许多万人的生命。此时上师八思巴做回向祈愿,其祈词说:
广阔天空竟然染成血色,
外洋大海竟然漂满尸体,
唯愿制止此种惨状之功德,
得到大智慧自在菩萨垂顾,
利乐教法广为弘扬,
人主圣寿格外坚固!

八思巴三十六岁那一年,1270年,受封为"皇天之下、大地之上、西天佛子、创制文字、化身佛陀、辅治国政、诗章之源、五明班智达八思巴帝师"。

其中辅治国政,有一个突出例证:八思巴举荐的伯颜和桑哥,后来都官至丞相。前者伯颜,为忽必烈爱将,南下大败宋军,俘虏了听政的皇太后和末代小皇帝赵㬎;北上,则敉平了蒙古内部的反叛力量。后者桑哥,其实是八思巴政教事务的延伸,曾长期深得忽必烈宠信重用,虽然最终结局不佳。

元代值得纪念的还有一个人物,尼泊尔人阿尼哥,是八思巴引进的人才。阿尼哥是位出色的工匠,应请进藏时

第八讲
在大元帝国治下别开生面

年仅十七岁。与他同批进藏的据说有八十位尼泊尔能工巧匠。他们参与修建萨迦寺和夏鲁寺，然后应忽必烈召请，先后在上都、大都和五台山等地修建寺庙。忽必烈并任命阿尼哥为工匠总管，设计、建造了妙应寺的白塔。这座藏式（实为尼泊尔式）覆钵式佛塔，如今已成北京地标之一。阿尼哥一生建造了数量可观的寺院佛塔和佛像，最后终老北京。他的儿子阿僧哥，子承父业，延续了"御用"工匠首领的生涯。阿尼哥的事迹在中尼两国广为传颂，成为中尼友好的象征。尼泊尔 1981 年成立的专事中尼友好事业的民间团体，就以阿尼哥命名。2002 年，阿尼哥协会恭送一尊阿尼哥铜像来京，安放在这座白塔旁。

北京妙应寺白塔　　　　　　　　　　　尼泊尔艺术家阿尼哥铜像

藏传佛教在西藏内外

自从1240年蒙古将军多尔达赤以武力震慑，中经萨迦班智达以文辞劝降，到1260年，新朝皇帝派遣第一位金字使者答失蛮前来萨迦，宣布吐蕃故地皆归大元治下，其间经历了二十年，西藏各地各派宗教势力已与蒙古诸王势力两两相对地确立了供施关系。除阔端与萨迦结缘外，蒙哥、忽必烈、旭烈兀、阿里不哥诸王子分别对应的均为噶举派诸支系的止贡巴、蔡巴、帕竹巴、达隆巴和噶玛巴。是福田与施主关系，实际也是诸王份地。忽必烈在登基过程中清除了政敌，各王势力范围有所调整，当年各自所派军队也同时撤离。从以上情形看来，经过藏传佛教后弘期几百年的发展，噶举派的势力和影响相当强大，而萨迦派则显得弱小，这就带来了一个问题：不服气。

不服气的想法是普遍的，其中公然出头以激烈方式表达不满的，首推止贡噶举一派。这一派与萨迦派的龃龉嫌隙由来已久，尤其是先已在蒙哥汗那里得到了万户长的封授，领有从拉萨以东直到工布江达一带的大片领地，且早已扬言藏地"木门人家"（汉地为"铁门人家"，均为古时喻称）全归本派所辖；现在朝廷扶持萨迦做了卫藏十三万户的首领，一切均需听命于萨迦本钦，这是难以忍受的，于是抗命不遵的情况时有发生。

本钦意为大官，总管，元代的萨迦本钦是萨迦法座之下负责管理乌思藏十三万

第八讲 在大元帝国治下别开生面

萨迦班智达与八思巴（萨迦寺壁画）

户事务的官员，由萨迦法王或帝师提名，元朝皇帝颁诏任命，实际职位是乌思藏宣慰使，次二品官员。萨迦政权的第一任本钦名叫释迦桑布，即由八思巴提名。面对止贡派的挑衅与无解的纠葛，这位本钦做出决定：前往大都御前申诉。为了表达忠心、决心和诚心，他采取了非常方式：一路披戴木枷。诉讼的结果，显然萨迦派占了上风，忽必烈颁给帝师八思巴"珍珠诏书"，委托他返藏，坐镇萨迦，主持建立相关机构及职官，确立行政权威。当然，新皇帝对止贡派也予以安抚，正式封为止贡万户长。

　　二十年后烽烟再起，就在1285年，八思巴圆寂后未几年，止贡派武力进攻萨迦派，烧了恰域的寺庙，杀了堪布和僧人。这一次止贡派走得太远了，有病乱投医，竟向西蒙古求援，或说引来阿拉伯大军九万，意在推翻元朝廷扶持的萨迦。

风化成典
西藏文史故事十五讲

这一段历史诸说不一。西蒙古泛指新疆及其以西的蒙古人占领地。藏籍说止贡派从"西蒙古"搬救兵,有人认为是指止贡派旧施主旭烈兀。此人自13世纪中叶起,摧毁阿拉伯帝国,攻占巴格达,坐拥伊朗,建立波斯汗国。此时虽已去世,其子为波斯君主,但旭烈兀父子均拥戴忽必烈,不可能支持止贡派,所以有人分析西蒙古所指为窝阔台之孙海都汗盘踞的新疆。海都汗是忽必烈的主要政治对手,势不两立,止贡派与其结盟不无可能。也有藏史说,阿拉伯的大军实际并未到达藏地,行至阿里西北地区时,突遇大雪被阻,止贡一派实际上是孤军作战的。

这一次止贡派的胡乱求援,超出了元世祖忽必烈的底线,零容忍。于是出手收拾他们,1290年蒙古大军——不,现在叫元军了,王子铁木儿不花率领以蒙古铁骑为骨干的、包括藏区三个却喀(宣慰司)中的另外两个——川康的朵甘思和甘青的脱思麻的武装,会合萨迦的军队,多民族大军浩浩荡荡,势同围剿,击溃了进犯者西蒙古的军队。这一次止贡派惨了,主寺被焚毁,僧兵上万人被杀,寺主逃亡工布。过了几年的逃亡生活,才派人进京申诉。当时萨迦派的帝师扎巴俄色在京,出面调解。世祖忽必烈很大度,不仅给予修复止贡提寺的补贴,还恢复了原有领地,再任万户长。

止贡提寺

止贡提寺是止贡噶举派主寺,位于墨竹工卡县拉萨河上游支流学绒河畔,1179年由该派宗师止贡巴·仁钦贝始建。据说寺址原在山下大平坝上,1290年战乱中火焚殆尽,重建时改在山顶。

第八讲 在大元帝国治下别开生面

好勇斗狠的止贡派默默疗伤去了,卫藏地区消停了好些年,直到又一场旷日持久的争斗开始。这一次的对立面是帕木竹巴一派,吐蕃之后罕见的强者——万户长绛曲坚赞,萨迦政权遭遇到真正的危机,不过那是后话了。

可见元代西藏如有动乱,大抵表现在教派之间,纷争内容却是世俗的,即对于权与利的争夺。但在西藏之外,在内地,藏传佛教却呈现出空前传播的态势。从八思巴开始,终元一代共有十多位萨迦派高僧相继担当帝师,西藏僧人大批进入内地,京城及各地广造寺院佛塔。元大都的北京城,即建有皇家大喇嘛庙大圣寿万安寺即白塔寺、大护国仁王寺,后者现已不存。建于元代而后来毁于天灾人祸的寺庙还有相当一批,现在保存完好又比较著名的元代藏传佛教建筑,有妙应寺白塔、居庸关过街塔、潭柘寺塔和碧云寺等等,明、清以后的建筑就更多了。

始建于元至顺二年(1331)的北京香山碧云寺

建于元代至正二年(1342)的北京居庸关过街塔是原居庸关城过街塔云台的基座

风化成典 西藏文史故事十五讲

　　藏传佛教及其造像艺术在内地较有规模的传播，始于西夏王朝，元代扩而广之，向南直达广东潮州。而位于浙江杭州灵隐寺的飞来峰，一似藏传佛教飞地，至今完好保存的元代石刻造像群，计有六十八龛上百尊，构成飞来峰造像的主体与精华。其中近半为藏传风格，另一半汉传样式中，也杂糅了藏式，或说是互有影响，被认为是汉藏艺术合璧的结晶，为江南带来一抹异色的风采。这一景观的倡建者是谁？西夏僧人杨琏真伽。此人深得忽必烈宠信，担任了江南诸路释教都总统一职达十五年之久。就凭这份文化遗产，此人似应青史留名，遗憾的是，他其实是个坏人，也许是有权有钱以后变坏的，总之此人发陵劫财，坏事做尽——所发之陵不是别的，是南宋诸帝之墓，特招江南士人愤恨。但盗墓归盗墓，杨琏真伽并非因此倒台，是因巨贪——到失宠遭查抄时，这个所谓的僧人已成巨富，除了数不尽的金银珠宝，还占有良田两万三千亩，佃户足有五十万户。不过此人遭谴是后话，当然更是题外话了。

杭州飞来峰绿度母（元代）　　杭州飞来峰顶髻尊胜佛母九尊大窝龛（元代）

186

第八讲

在大元帝国治下别开生面

僧装英雄绛曲坚赞

　　萨迦的权威存在了不足百年，先于它的扶持者元朝皇室落幕。取代者是谁？萨迦培养的绛曲坚赞（意为"菩提幢"）。那时卫藏地区的政治宗教文化中心在萨迦，面向各地培训政、教人才，俨如最高学府政治干校。作为晋身之阶，前往求学的各地豪强子弟纷至沓来，以便未来在各地任职或经由萨迦举荐京师。1302年出生于前藏朗氏家族的绛曲坚赞，九岁出家，十四岁来萨迦，依止的上师正是当时卫藏最高法座、流放于内地江南十几年后归来的达尼钦波桑波贝，其人之传奇，后文就将讲到。萨迦法王十分赏识少年绛曲坚赞的聪明和坚毅，悉心授予佛学知识的同时，还让他担任了自己的掌印侍从官。这样在萨迦的几年里，这位未来的雄强不仅苦读经书，还处处留心学习行政经验。但是据说这期间他与萨迦本钦发生过冲突，也许学成归来时，就心怀了取而代之的愿望。

　　帕竹万户是当时乌思藏十三万户之一，治所在今山南地区的乃东县城，府邸名为多喀恩波，"青石房"；青石房的主人，从绛曲坚赞开始俗称"乃东王"。由于此前几任万户长耽于酒色，为政方面不仅无所作为，反把府库家底败光，治下不少庄园领地落入他人之手，万户府徒有虚名。在达尼钦波的支持下，二十岁的绛曲坚赞以朗氏正统身份，驱走非本家族的万户长，担任了丹萨替寺座主兼万户长，足足用了十年时间整饬内务，方才收回治下部分管理权，充实了府库。建设性的工作包括

风化成典

西藏文史故事十五讲

元朝封授的"万户长"是实职，为正三品；大司徒则是加赠给万户长的虚名，并无实际职权。鉴于西藏上下格外看重，明朝虽无此职名，仍因俗而设，对前朝所封者再度颁旨认可。绛曲坚赞作为一代雄强，其权威体现在实力和影响力，并无图谋"藏王"之意。他在临终前嘱其子孙要尊敬东方的大皇帝和萨迦的法王即是明证。以往习用"帕竹政权"取代"萨迦政权"之说，当代有学者指出这是不对的，朝廷所倚重者只是地方事务的管理者，是"替天行道"；既无政权，何来取代。

减免税收、修路架桥、植树造林、扩大官寨建筑等等，使帕竹万户实力迅速壮大，在十三万户中崭露头角。最能体现其政治家本色的，是在这期间派专人赴京，争取朝廷支持，请来万户长诏书和圆形虎头印章。此后在与萨迦的长期斗争中，绛曲坚赞都十分重视与朝廷及其来藏官员的沟通，既胜之有理又合乎法度，所以他于1258年获得朝廷的"大司徒"封号，以及对其势力凭陵于萨迦的默许，最终以"大司徒绛曲坚赞"之名留驻史册。

与萨迦的斗争，具体表现在维护帕竹万户的权益方面。由于前几任万户长的不作为，原属下千户雅桑巴自行分离，在萨迦本钦的支持下升格为万户，同时侵占了相邻的帕竹领地。绛曲坚赞起初据理力争，不成，反遭囚禁，饱受了酷刑折磨。争端升级为武力相向，帕竹的盟友仅有羊卓万户一家，而雅桑方面，则联合了蔡巴、塘巴且，以及萨迦本钦率领的其他万户的军队，甚至在宗教传统中与帕竹同气连枝的止贡派，也加入雅桑巴阵营，意在灭了帕竹万户。联军一度兵临城下，幸有帕竹军队坚守死抗，方才保住。

与雅桑巴的多次对决中，绛曲坚赞先败后胜，付出了高昂代价后，最终向雅桑的寺院和庄园课取赋税，成为雅桑的主人。

帕竹与萨迦的直接冲突，同样来自于领地纠纷。原属帕竹管辖、并经蒙哥汗诏书认定的阿里地方，萨迦却以不法手段强夺了去。此事发生在绛曲坚赞出生之前，贡噶桑波担任萨迦本钦，此人收买了帕竹在阿里的某个属民，下毒害死了管理此地的帕竹官员，另换了萨迦的官员掌管。多年后因此事再起争执，此案由朝廷官员在山南开庭审理，判决绛曲坚赞胜诉。这一结果令萨迦深感危机，于是由帝师贡噶坚赞提议，撤销绛曲坚赞万户长一职，改由萨迦挑选的代理人担任。为此摆下"鸿门宴"，突然袭击，再次囚禁了绛曲坚赞，再次动用酷刑，逼他交出朝廷颁发的帕木竹巴万

第八讲 在大元帝国治下别开生面

户长委任敕状,以便造成既成事实。

此时萨迦上层已经分裂,自从法王达尼钦波桑波贝 1324 年圆寂后,其后代分为四个拉章多个本钦,为争权夺利内讧不止。绛曲坚赞两次被囚,均为其中一个拉章的本钦甲哇桑布私下释放。这一次无异于放虎归山,且是被激怒了的老虎——这位高僧一回到乃东,就与手下僧俗官民盟誓,动员部署:在正义未得到伸张之前,无论何人都不得再侈谈什么专心修习佛法,那是迂腐的;做什么?拿起武器上战场,武装斗争,武力兼并!

为了激励斗志,绛曲坚赞规定战场上所获战利品均归兵士所有,所以帕竹的军队斗志昂扬,所向披靡。从贡嘎开始,步步为营地占领了萨迦属下多处地方。军事胜利的同时,绛曲坚赞充分利用敌方阵营内部矛盾,分化瓦解,各个击破。1354 年,萨迦内部矛盾激化,本钦甲哇桑布在派系斗争中败北,被关押起来,他的两个儿子向帕竹求援。绛曲坚赞以维护朝廷法度名义出师,营救出朝廷命官甲哇桑布。正是这一次,帕竹占领了萨迦寺大殿,象征卫藏中心转换——藏史将帕木竹巴地方政权的建立,从这一年起算。直到六十年后,在明朝永乐皇帝的调停下,萨迦寺大殿方才归还原主。

四年后的 1358 年,后藏再起纠纷,萨迦支持的拉堆洛地方与拉堆降地方开打,后者向乃东求援。由地方纠纷而起的战争成为帕竹崛起的最后一战,由此彻底清除了敌对势力,除战斗中有死有伤,另外又处死了一批,并有四百六十四人遭到挖眼的刑罚。这些数据在绛曲坚赞本人所著《朗氏家族史》中有明文记载,新政权诞生往往伴有一个血色黎明。

正是在这一年,元朝皇帝派来金字使者,颁给绛曲坚赞"大司徒"名号并印信等。换言之,气运衰微的元朝政府,已无当初的气魄干预西藏地方事务,而是任凭风云变幻,强者恒强。乃东的青石房一变而为卫藏地区的核心所在。

以上事迹见诸当事人所撰家谱自传《朗氏家族史》,恰白先生在《西藏通史·松石宝串》中以此为据,我们所讲的故事亦步亦趋,由此可见自述史的效用。虽然利

前后藏以岗巴拉山分界，山那边有美丽的羊卓雍湖　　山南的丹萨替寺

益相关方或有另外说辞，但历史就此定论，绛曲坚赞是胜利者，僧装与英雄画上了等号。

"大司徒绛曲坚赞"就这样走进西藏历史，被后来人称为伟大的政治家。综合看来，政治方面的建树有：设置宗（县）行政建制，对西藏十三大宗的宗本实行任命制，以及三年轮换制，等同内地流官，以防止世袭割据势力出现；结合西藏实际，参照吐蕃时代诸法，变通执行元代法度，改定十五法典；轻徭薄赋以休养生息，并为子孙后代计，把植树造林作为一件大事予以倡导，等等。作为个人风格，虽然身居高位，但持戒严谨，过午不食，不近女色；没有风花雪月，就不存在浪漫的故事可讲。更多的是军事行动，目标也限于世俗利益层面。相对宽容的是，他从未强制被统治地区的教派改宗。做了卫藏共主，也并未自封为王，而是用了"第悉"称谓即首领，但民间俗称为"乃东王"。综上所述，所以能够经过二三十年经营，以宗教、行政和军事相结合的雄厚实力，包括使用武力，开创一个新局面。他的继任者们，在相当一个时期里继承和发展了他所开创的事业，为前后藏地区维持了数十年的和平。

第九讲

命运种种:
生活在远年
的时空
（之二）

靠长生天的气力，托大福荫的护助，皇帝圣旨。

向军官们、士兵们、城子达鲁花赤们、官员们、来往的使臣们、百姓们宣谕：

成吉思汗、哈罕（窝阔台）皇帝圣旨里说道："和尚们、也里可温们、先生们不承担任何差发，祷告上天保佑。"兹按以前的圣旨，不承担任何差发，祷告上天保佑，向绒地的拉洁·僧格贝颁发了所持的圣旨，在他的寺院、房舍里，使臣不准下榻；不得向他们索取铺马、祗应，不得征收地税、商税；不得抢夺寺院所属土地、河流、园林、碾磨等。他也不得因持有圣旨而做无理的事。如做，他岂不怕？

圣旨，牛年（公元1277年或1289年）正月三十写于大都。

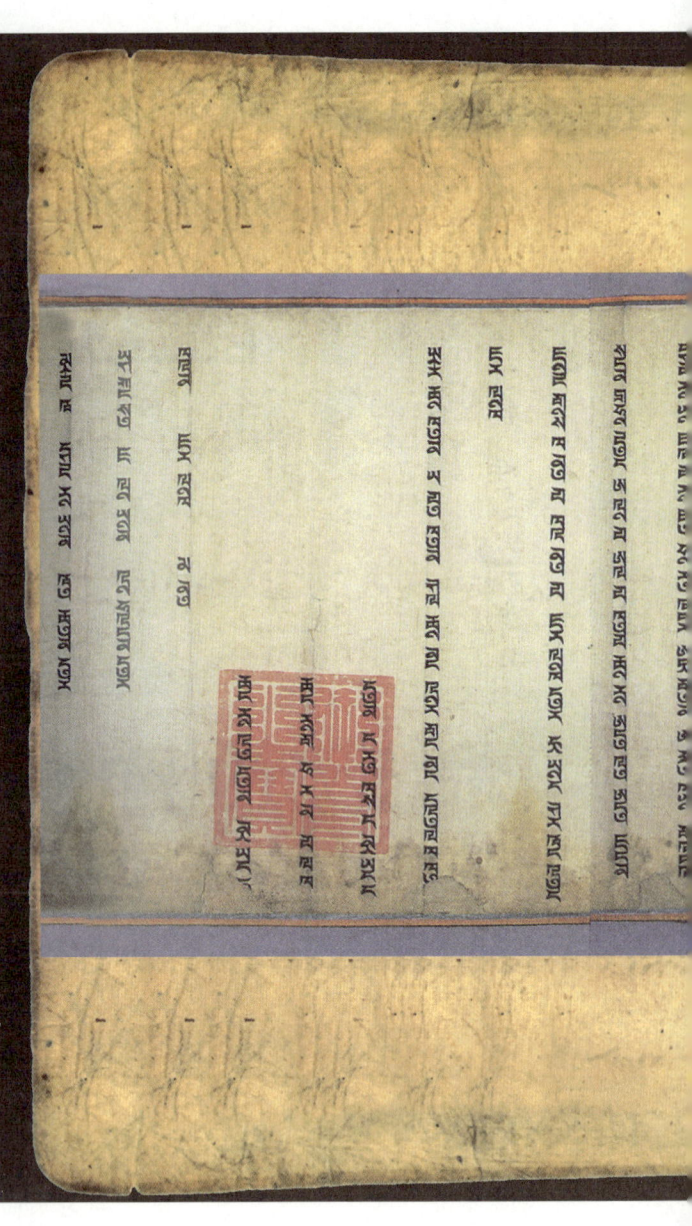

第九讲

命运种种：生活在远年的时空（之二）

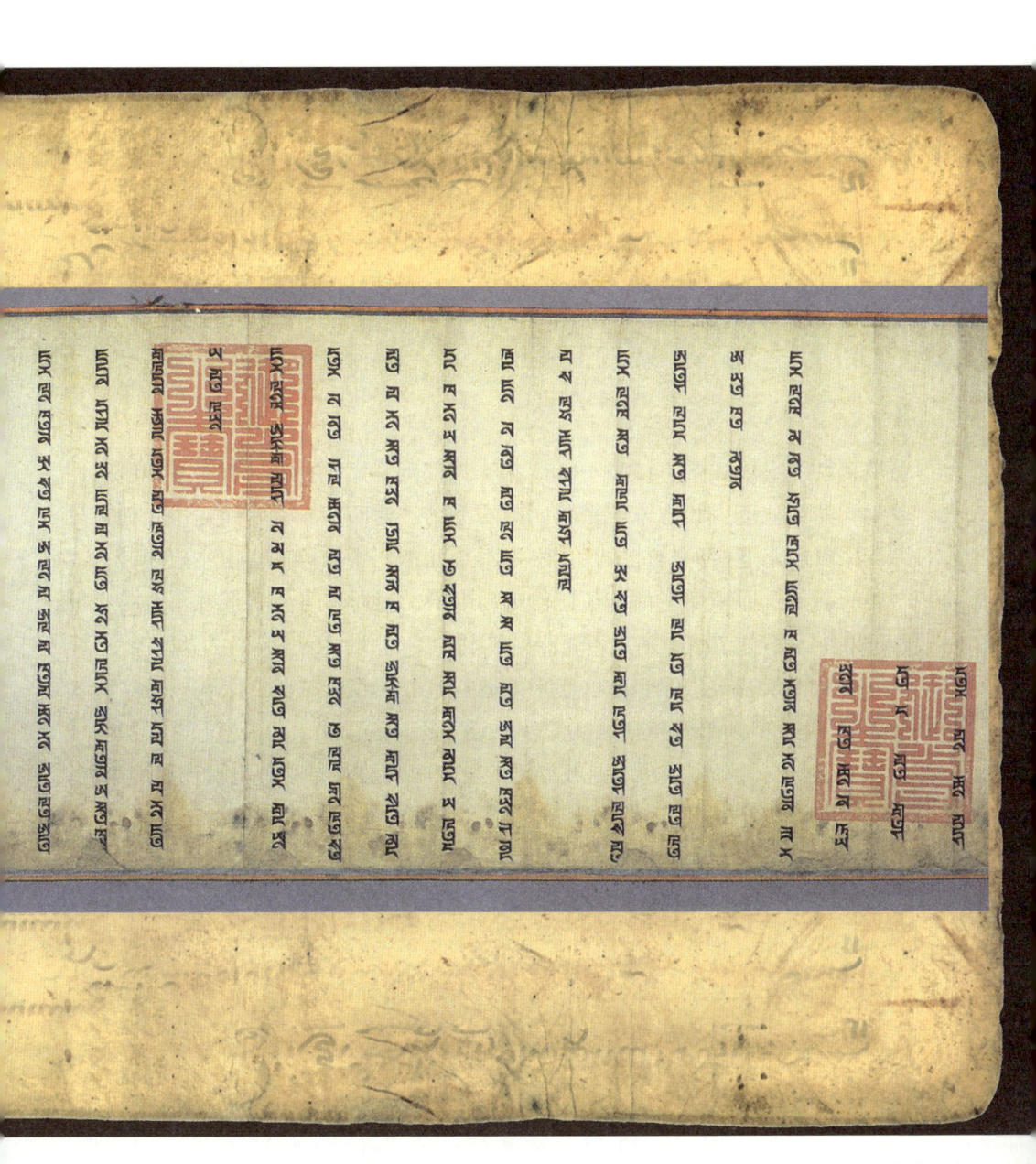

忽必烈颁给拉洁·僧格贝的圣旨，八思巴字蒙古文

失意的噶玛拔希

噶举派大师噶玛拔希（1206—1283年）很郁闷，风尘仆仆在汉、蒙地区巡回讲法十多年，如今只落得壮志未酬黯然回归的下场。返回楚布寺的路途中，他听见身边的侍从斥责前来迎接的信徒的话：阿里不哥死都死了，以后再也不要说什么"必胜"之类的话了！原来那个信徒还记得噶玛噶举的过时口号并且还在不合时宜地祈诵：噶玛巴待人不分亲疏，阿里不哥必定胜利！

噶玛拔希不禁苦笑，回想这些年来的遭遇，心中百味杂陈。噶玛拔希本称却吉喇嘛，所谓"拔希"，源出突厥语，意为"博学者""法师"；从内地归来，拔希成为正名，却吉反倒无人再提，这也算是改变之一吧。噶玛拔希是一位身材伟岸的康巴人，与众不同的身份还有，从他开始，活佛开始转世。换言之，藏传佛教的活佛转世传统，正是从他这里发端，一般认为其后身朗迥多吉系西藏历史上第一位转世而来的活佛，三世噶玛巴；依次追认，噶玛拔希为第二世，噶玛噶举派的创建者堆松钦巴（1110—1193年）为第一世。堆松钦巴于1147年和1187年先后建造了位于昌都山丛中的噶玛寺、位于拉萨堆龙河谷的楚布寺，噶玛拔希就时常奔走在这相隔千里的两地之间，人到中年从未想过会走得更远。

自从蒙古军队飓风一般来去，一切都跟先前不一样了。一向潜心于闻思修习，并获得大成就者名声的噶玛拔希，开始重新打量这个世界：那些同门异支的止贡、

第九讲 命运种种：生活在远年的时空（之二）

帕竹、达隆等等纷纷找到各自的施主靠山，而蒙古一众王子则欣欣然以分封的西藏土地供养各自的福田，就连德高望重的萨班大师也写来晓谕归附的信函，看来是大势所趋了。那么，噶玛噶举何去何从？

举棋不定间，1253年，正在南征大理途中的忽必烈，听闻到大成就者噶玛拔希的声望，派人前来召请。这显然是一种荣幸，噶玛拔希也听说了这位蒙古王子好生厉害的大名，遂疾疾如风般赶了去。尽管噶玛拔希显示了博学和神通，深得那位未来帝王的赏识，但是，噶玛拔希很快就意识到，来晚了——年轻的八思巴捷足先登，稳坐于忽必烈帐中的上师之位，且自小生活在凉州蒙古人中间，谙熟异族语言、习俗和心理，深受忽必烈夫妇敬仰喜爱。噶玛拔希主动退出，另寻他途。去哪里？成吉思汗子孙众多，一众王子力量消长和未来前程不明，最可靠的，还是投奔新任大汗蒙哥汗吧！

成吉思汗传位于三子窝阔台，窝阔台之后由其子贵由即位，两年后的1248年薨逝。成吉思汗最小的儿子拖雷此时虽已亡故，但家族势力仍在，遂颠覆正统，排挤窝阔台家族，力助蒙哥夺得汗位。阔端本是窝阔台的儿子，因自幼由拖雷的王妃抚养，与蒙哥和忽必烈感情深厚，故而株连较少，他的子孙保住了西夏故土的封地，但是对于西藏的管理权被蒙哥收回，转而分封给同母弟忽必烈、旭烈兀和阿里不哥。

据说噶玛拔希成功地让蒙哥汗改变了信仰，由对景教的宗教情感转向对佛教的崇信，并且当众伸出手来，把佛教喻为掌而其余的宗教喻为指。为了表明对于佛法的皈依，蒙哥汗也做出了减少屠戮杀生，不再以人填河的承诺。所以说，佛教在元初统治阶层中的传输功不可没，无论哪一派别的高僧都对马上打天下的草原民族施加了类似的影响，从而在一定程度上减轻了被征服地区人民的苦难。

元宪宗蒙哥汗封噶玛拔希为大国师，并赐金边黑帽一顶，金印一颗。随后几年里，噶玛拔希头戴那顶据说由"空行母丝绣"织就的金边黑帽，走过川甘宁蒙等地，弘法利生。遗憾的是蒙哥汗短命，1259年在御驾亲征南宋的过程中亡故。大汗之位的争夺战立即在蒙哥的两位亲兄弟忽必烈和阿里不哥间进行，终于在次年，两人一南一北分别自立为大汗。

噶玛拔希所拥有的经验不足以看清俗世权力的争夺，他别无选择地站在了阿里不哥一边，从蒙古到西藏他的弟子和信徒们都高声祈祷"阿里不哥必定胜利"。但

楚布寺

噶玛寺

地处横断山脉昌都县的噶玛寺，由噶玛噶举派开山祖师堆松钦巴于1147年开建。参与建造者为汉、藏、纳西等多民族工匠，将各自民族图腾象征的龙须、狮爪、象鼻体现于大殿飞檐的装饰造型，为该寺"三绝"之一。其余的二绝为：无墙之一世噶玛巴堆松钦巴的灵塔（三塔一顶相连，有柱无墙），无柱之噶玛拔希塔殿（室内无柱，穹顶用木料以几何图形架构）。噶玛寺所在地海拔四千米以上，但寺内外生长有高大杨树，当地人称为"汉柳"，据说是当年噶玛拔希从汉地带回的树苗。

正如历史所展现的那样，王位之争的惨烈战斗持续到第五年，阿里不哥战败投降，死于囚室。忽必烈处死或严惩了阿里不哥的一帮亲信，噶玛拔希虽然保住了性命，但活罪难免：遭囚禁、受刑罚，备受磨难。相传酷刑计有水火煎煮，有头上钉钉，有喂毒和七天不进食等等，但因大师法力护身，得以安然度过。结局是，被流放到东南沿海的广东潮州。1264年，望洋兴叹三年后，才被遣返回乡。

虽然后来元世祖忽必烈对噶玛巴进行了安抚，包括把澜沧江上游扎曲河、昂曲河上下十八处地方封赐给噶玛寺做了寺属庄园，但终元一代，西藏地区的政治舞台上很少再见到噶玛噶举的身影，也就是说，当止贡派、帕竹

第九讲

命运种种：生活在远年的时空（之二）

派和其他各派参与的针对萨迦派的战争中，噶玛噶举均不在场。这样也好，历代噶玛巴可以潜心于佛学修行，方便道，大手印，这一派大成就者辈出，百年后东山再起——改朝换代后的明朝，自从五世噶玛巴得银协巴受封为西藏三大法王之首的"大宝法王"，世世承袭，扬眉吐气。

这个时代是师承自玛尔巴、米拉热巴的噶举派最为活跃的时代，同气连枝又开枝散叶，竞相生长在雪域大地——噶举派分为香巴噶举、达布噶举两支，其中达布噶举又分流为四大、八小。四大为噶玛噶举、蔡巴噶举、拔绒噶举、帕竹噶举。八小是帕竹噶举的八小：止贡巴、达隆巴、主巴、雅桑巴、绰浦巴、修赛巴、叶巴、玛仓巴等，其中后五支先后消亡。噶玛噶举则分为黑帽系和红帽系。噶举派俗称白教。当时与噶举派并列的几大教派有萨迦派，俗称花教；奉莲花生为祖师的宁玛派，俗称红教；还有噶当派，后经宗喀巴改革，演变为格鲁派，俗称黄教。

一世噶玛巴·都松钦巴像（1110—1193年）　　二世噶玛巴·噶玛拔希像（1206—1283年）

萨迦家事秘闻

帝师八思巴自十岁赴内地，共有两次返藏。1264年，他领受了皇上颁发的"珍珠诏书"，以帝师身份领总制院事，掌管藏区三个"却喀"，按形象说法就是：乌思藏，即卫藏和阿里，教法之地；朵甘思，即川西和藏东黑头之人；朵思麻，即甘青安多，俯行之马。次年返回萨迦，兼任萨迦法王期间，设置了行政建制及十三种职官，同时修寺建塔、写经讲法，奉命创制新蒙古文字。两年后的1267年，忽必烈派金字使者来请。返京时，献上新制拼音文字和音韵学著作。

间隔不到十年，第二次也是最后一次再返萨迦，是在1276年。住到第四年，以四十六岁年纪突然亡故。此为藏史上的一桩疑案，因为火化时骨头发黑，显见是中毒征象。时人一度怀疑，系上师身边大侍从某人所为，该侍从与时任萨迦本钦的贡噶桑波争权，一边在八思巴面前拨弄是非，一边又假借八思巴名义向皇帝告了御状。闻听皇帝已派桑哥率执法大军前来，生恐阴谋败露，惊慌中下毒谋害了上师，自己也服毒自杀。

说归说，始终扑朔迷离，此案就这样一直悬疑，今人也不便妄评。这里要讲的，是与政治无关的另外一个故事，正是两次回萨迦期间发生的。故事的意义在于，八思巴身为国师，无论在汉文、在藏文史籍中，都像是一个符号，正襟危坐、不苟言笑的形象，连野史中也不闻风言风语。但在这个故事里，分明同一个八思巴，又像

第九讲 命运种种：生活在远年的时空（之二）

是另外一个人，生动活泼——也只有地方性的藏文史籍里，才把这样一个权位极高的大帝师描述成一个格外人情化了的好兄长、好舅舅。

这个故事说来话长，在此从简：从前唐书里所说的大小羊同，所对应的正是藏史所称的上下阿里。上阿里包括象雄—古格本部，下阿里在南部喜马拉雅沿线吉隆、宗喀一带，古称芒域，贡塘。吐蕃王子沃松后裔一支开创古格、拉达克的同时，另一支在芒域建立了贡塘小王朝，到故事发生时，几百年间传承了十多代。贡塘世系与萨迦款氏素有通婚传统，上一代的贡塘王之妹，嫁给八思巴的父亲，是其五位妻室之一，生下两个女儿。这个故事的主人公就是其中一位，名叫尼玛崩，是八思巴同父异母的妹妹。

八思巴做了帝师第一次返乡，妹妹尼玛崩已嫁往曲米地方，做了首领之妻并生下一女。但尼玛崩心中不喜，因为另有心仪之人：某地有名望的释迦僧格。于是她托言要去某地朝拜，请求兄长准许。八思巴十分喜爱这位妹妹勇敢泼辣的个性，此时看穿了她的心事，于是嘱咐她沿途小心："河流一带的马夏人最能编造谎言；南部拉堆地方有强盗出没很危险；吉隆地方饮食虽足但很酷热。"

尼玛崩兴冲冲如愿前往，如愿见到心上人，这才发现实属一厢情愿：那位心上人心上没有她，一场空欢喜。尼玛崩沮丧，无意返回曲米或萨迦，而是改道去了贡塘，打算看看姨母散散心。当然，根据故事情节发展来看，贡塘之行更可能是存了心，有意为之——不用到达王城，只在半道上，就与正在洗浴温泉的贡塘小王赤尊巴德相遇。接下来，表姐弟一见倾心，一场"温泉恋"修成了正果。

八思巴惦记妹妹，派人一路寻来。尼玛崩带回一封书信，用隐语写道："正如你以前所讲的那样，吉隆之地非常炎热，我因口渴而痛饮了泉水，结果一条小鱼进入腹中，所以不能很快回去……"

八思巴仁慈一笑，回信说："对泉水宜谨慎观察，爱抚小鱼，可暂住彼处。"

尼玛崩生下了王位继承人崩德衮。这孩子十一岁那年，八思巴再次回到萨迦，母子二人携带厚礼前来拜见。崩德衮生性很牛气，一到萨迦，就大闹了集市，第二天见到舅舅也不跪拜,当地人风传"萨迦的外甥就像一头牦牛"。八思巴笑说,果然一头牦牛啊!

尚未成年就做了帝师,终生过着宗教生活,天性中的某些方面无从表露,意在弥补缺憾吧,所以八思巴对这位牦牛外甥格外纵容,不仅不

贡塘王城遗址

吉隆风光

第九讲　命运种种：生活在远年的时空（之二）

予责怪，反而鼓励说："若三年不癫狂，名声无法远扬。就按自己的爱好欲望行动吧！"

后来果然，由崩德衮治理的贡塘王国呈现出前所未有的鼎盛；再后来，他的儿子赤德崩被元廷授予领阿里三围之衔。

这个故事是从《西藏通史·松石宝串》转述而来，溯源而上是《贡塘赞普世系》。萨迦家事中另外一个故事，来自《萨迦世系史》。达尼钦波桑波贝（1262—1324年）是八思巴的侄子，具体说来是八思巴同父异母之弟的儿子。在八思巴第二次返回萨迦时，十五六岁的少年桑波贝曾跟随这位伯父学习教法。其时白兰王的遗腹子达玛巴拉年虽幼冲，但因是八思巴同父同母之弟的儿子，符合正统，早已被八思巴指定为法座继承人。大概这一安排令年轻人感到失落，八思巴圆寂后还在超荐期间，桑波贝竟然擅自赴京，显见是听从了某些人的怂恿，去为自己争取权益。

不请自来，忽必烈十分生气，当即把桑波贝流放到"蛮子地方"的苏州，之后又改在杭州，再之后就把此人忘怀，生死由之了。

流放生涯的最初几年里，桑波贝过得胆战心惊，生怕不知何时罪加一等。等来等去没等到，渐渐放开了胆量。江南"蛮子地方"的美景是令人陶醉的，这期间他还到过普陀山一游；江南"蛮子地方"也盛产美女，如果有浪漫情事发生，那是再自然不过的——桑波贝与一位汉女子同坠爱河，生下过一个儿子，可惜夭亡了。

年复一年，命运似乎已经安排此人终老异乡，桑波贝和故乡之间，也仿佛相忘于江湖，这样一过十五年。但是有一天，陡生变故，转机来临：萨迦法座达玛巴拉二十岁即去世，他的蒙古妻子（阔端的孙女）没能生育，而另一位藏族妻子所生之子早夭，整个萨迦款氏只剩下桑波贝一根独苗。这一来从本钦到帝师都心急如焚，后继无人啊！于是寻找桑波贝成了一等一的大事情。此时的皇帝也换了人，元成宗铁木耳得知此情，同意了帝师扎巴俄色的请求，下令寻找。

流放者转眼间成了皇家座上客。桑波贝拜见了铁木耳皇帝，得到了担任萨迦法座的承诺，得到了许多赏赐之物，还得到了一项特别指令：多娶妻多生子，务使萨迦款氏家族人丁兴旺，香火不绝。这位皇帝同时付诸行动：赐婚其妹门达干公主，所以说，桑波贝还是当朝皇亲。

桑波贝重归故里是在 1298 年。十八岁时离去，十八年后归来，当是感慨万千。他后来担任了萨迦法座，并由元仁宗颁授了国师封号。遵旨繁衍后代的任务也完成得很好，是超额完成：总共娶了六位妻子，生下一大群儿女，除有四子二女夭折以外，长大成人的九个儿子，要么当了皇室汗王的驸马，受封白兰王，要么出家，封为帝师国师。子女众多，对于款氏家族来说是一大幸事，但对萨迦一派来说却又未必：萨迦统一的世系到他这一代中止，桑波贝身后，各妻室携子自成体系，分化为四个拉章（机构），权谋与争斗成为主题；当面对强敌绛曲坚赞的挑战时，多年的内耗已使萨迦垮掉了一半。这或许同样出自命运的安排。

八思巴（1235—1280 年）

全名为八思巴·洛追坚赞贝桑布；八思巴是尊称，意为圣者，现在习译为"帕巴"。他与萨班伯侄二人被后世尊为"萨迦五祖"中的"红衣二祖"，其余为"白衣三祖"。所谓红衣白衣，区别在于是否正式出家并接受比丘戒，白衣是可以成家的。大元帝师八思巴在文化方面的突出贡献是创制了蒙古新字，即八思巴字。是以藏文字母和拼写形式为基础，根据需要增加了七个字母和符号，并改横写为竖写。元朝普遍用于公文印鉴及碑刻纸钞等，是我国首次使用拼音字母书写包括汉文在内的各民族文字的尝试，意义重大。

第九讲 命运种种：生活在远年的时空（之二）

桑哥的末日

　　桑哥在仕途上平步青云，巅峰时刻在至元二十四年（1287年）。这一年他官至尚书右丞相，兼总制院使，领功德使司事，进阶金紫禄光大夫。再进一步，将总制院奏改为宣政院，自任宣政使，秩从一品，用三台银印。作为元世祖忽必烈的宠臣，以其天赋的聪慧和多年的历练，桑哥的权限早已超出管理宗教与西蕃，参与了全国的财政税负改革，以增益国库收入。这一过程中，想必严厉了些，触动了不少上层人士的利益，又缺乏宏观调控手段，导致通货膨胀，纸币贬值，遭到群臣，主要是蒙古官员们的攻讦弹劾，罪名是专权黩货，紊乱政事云云。起初忽必烈不以为意，还嘱桑哥与那些人设法和解。后来言者益众，加之分明有懈可击，桑哥命运急转，一下子就从云端的高处跌下万丈谷底，宰相做了阶下囚。

　　众臣必欲置之死地而后快，一朝天子心情复杂地思前想后，怎样才能说服自己，同时让爱臣桑哥死得无怨。想好了，就召见桑哥，亲审定罪。总共搜集到三宗罪：其一，还记得那棵大树吗？那一年斡耳朵（营帐宫室）迁移途中，我在树底下纳凉坐过的座位，你是不是又去坐了？其二，有一回从大都送来果子，你是不是擅自拆了蜡封，享用了献给我尝新的果子？其三，汉人工匠为我织了两件无缝的衣裳（无缝天衣），你却有三件，居然超过了我——你难道还不知罪吗？

　　这可都是犯上的杀头大罪，桑哥唯唯，心悦诚服——错就错在仰仗皇上宠信，

风化成典

西藏文史故事十五讲

没把自己当外人啊！

忽必烈完成了裁决，感觉轻松多了，忍不住最后一次垂询："桑哥啊，依你看如今能胜任国事的大臣还有几个？"

桑哥最后一次回答："只有一人，别无他人。"

"是谁？"

桑哥不再说话，用手指了指自己的鼻子。

第二天，桑哥伏首就戮。忽必烈派人去现场，监听桑哥临终前说了什么。所派之人回报说，桑哥关照行刑者，刀要锋利，手要麻利。但是刽子手却回答：你所说的我做不到，该怎么办我自己知道。

忽必烈气极，说："他们竟然让我的桑哥临死时心中痛苦，来人！把那些坏蛋各各鞭打一百零七下！"

桑哥出身于青海边缘的吐蕃遗民噶玛洛部落，草根人家。说起噶玛洛之名由来，引出一个典故：吐蕃军队驻防边境，赞普有规定，没有命令不得撤离。噶，命令；玛洛，没走。是说吐蕃崩溃了顾不上了，集结号再也无人吹响：一直未接到撤离命令，没离开，就这样定居下来。在这个多民族往来频繁的地区，聪敏的桑哥在藏语之外，还精通汉语、蒙古语、畏兀儿语，年轻时即投奔了主人，做了上师八思巴的翻译，常被遣往朝廷办事。忽必烈由此得见其人，赏识了就留用了，桑哥从此发迹。他曾率领执法军前往西藏，藏史称其所率大军十万之众，讨伐与八思巴不和的已卸任萨迦本钦贡噶桑波，于1281年攻下朗卓康玛土城，炮轰贡噶桑波所在的白朗宗堡，并将罪人处死。

此时八思巴才刚去世，桑哥在萨迦处理了一系列善后工作，包括修建寺宇，为已故白兰王恰那多吉的幼子安排卫队，对边境守卫重新布防等等。

归途中，桑哥了解到藏北高原诸驿站，原定由南部各万户派人常年驻守，但因不耐艰苦严寒，多有逃亡。桑哥对此作了改革，令驻藏北军队兼管驿站，南部仅提供所需粮肉马匹即可。为此，南部头人百姓欢喜。另外，人们还把朝廷对西藏税负

第九讲

命运种种：生活在远年的时空（之二）

宣政院印，现藏西藏自治区博物馆

　　印为铁质，印文为八思巴文篆体字母拼写汉字"宣政院印"四字。宣政院是元朝设立的掌管全国佛教事务和藏族地区军政事务的中央机构，为元朝中央四大机构之一。初名总制院，院使秩正二品。八思巴和另一位蒙古人担任了第一任院使。至元年间改为宣政院，院使秩从一品。下辖藏族地区各宣慰使司、招讨司、万户府等地方行政机构。

白兰王印

　　的减免，也作为恩德记在桑哥身上。最重要的，是对同族之人能够荣升为朝廷要员而深感骄傲，即使有何劣迹，也乐意为其开脱。尤其对落难之人，一般寄予同情，形象加分。就如上述被桑哥所杀卸任萨迦本钦贡噶桑波，就戮时身穿白衣头戴黑帽，写史的人就说了，这证明此人是蒙冤而死。

　　上述故事，桑哥与忽必烈的对话等等，就来自《汉藏史集·贤者喜乐瞻部洲明鉴》中"桑哥丞相的故事"。书中并叹息说，假如八思巴尚在世，以其仁慈和保护，好歹可免其杀身之祸。总之感情倾向很明确，也算是藏史一家之言吧。事实上，忽必烈对桑哥前宠之后弃之，桑哥的亲友属下多遭株连，所谓"妻党"被铲除，桑哥之弟也畏罪自杀。后来有人把桑哥列入元史的"奸臣传"中，很有些让他万劫不复的意味。

功过是非，忠奸清浊，谁与评说。倒是八百年后，黄仁宇在《中国大历史》中，对当时担任左右丞相的阿合马与桑哥一并涉及，似超越了褒贬，提炼出一个历史经验：

"两人都被控有罪，然则事后真相则是他们两人都企图扩充税收，增广财政范围，所以极不孚人望。因为元政府具有国际色彩，其组织极难控制，因此这两人的部属在都城之外'贪饕邀利'，事当有之。不过根据《元史》里面的记载，文化上的隔阂，才是他们产生悲剧的原因。即使我们今日遇到书中此类事迹，也要将原文反复阅读，才了解传统政体之中，宁失于松懈，不能求效过功。如果领导者放弃了雍容大方的宽恕态度，其下属则无所不用其极。阿合马和桑哥看来都没有掌握到此中情节的微妙之处，他们在企图提高行政效率时，可能脱离了传统忠恕的范畴，他们的对头即可因为他们技术上的错误，扩大而成为道德上的问题，谓之死有应得。"

细究之下，确有道理。联想到古往今来，此类弊端恐怕不限于传统政体吧！

第九讲

命运种种：生活在远年的时空（之二）

萨迦寺里皇家僧

公元 1288 年冬十月，从元上都开平走出一支不寻常的队伍，全副武装的蒙古军士护送一位汉僧远行。从内蒙古出发，过青海，上高原，越走越高，越走越冷。

此刻，在这条经新朝整修过的唐蕃古道的某处驿站，大约在玉树或是昌都某地吧，这队人马被风雪所阻。好在牛粪火把驿站的土屋烘得还算暖和，那汉僧眉宇间隐约透露一丝尊贵之气，此刻正在闭目打坐，无悲无喜，无思无想。一旁有老仆站了好久，拿不定主意说还是不说，终于还是开口了：今日除夕，江南江北都在吃团年饭呢，是不是该……

见打坐者一无反应，老仆近前一步：虽然地处荒僻，好歹还可做一些汉家的面食菜肴……

汉僧应答，更像是自语：出家之人，何谈家国。一切如常吧，或者就任随你意吧。

待老仆离去，年轻的僧人犹自低语：无可无不可。却是再也无法坐静，掀开毡门，朔风侵入，触目一片银白，"并非看破红尘，是红尘抛弃了你啊！——寄语林和靖，梅开几度花？黄金台下客，无复得还家！"

这位汉僧是谁，此行何往？说来话长，此人正是前朝

据王尧先生考证推测，此诗大概为南宋少帝赵㬎少年时代在大都北京辞别友人时所作。诗中林和靖为江南世外高人，终身不娶，以植梅蓄鹤自娱，为"梅妻鹤子"典故由来。以诗寓意，寄托伤怀，据说几十年后被人举报，认为"意在讽动江南人心"，赵㬎因此付出生命代价。

207

风化成典
西藏文史故事十五讲

萨迦寺金顶

末世皇帝赵㬎。正当南宋风雨飘摇而他年岁尚小时登基,不过三年,江山易主。七岁幼主由其母全太后陪同,向忽必烈呈递了降表,受封为瀛国公,领田庄三百六十顷,先住大都北京,再迁上都开平。但新朝皇帝仍不放心,为免后患,钦命剃度出家,并发遣到西藏习修佛法。赵㬎这一年十九岁,古道终点,即是萨迦。

黄仁宇在《中国大历史》中约略提及,是这样写的:"(忽必烈)命令南宋在杭州降元的小皇帝和他的母亲同去西藏进修喇嘛教,虽说以后下落如何不见于经传,历史家却因这段记载推动了好奇心:要是这年幼的先朝旧主,虽退位仍有亡宋遗臣的爱戴,从此成了宗教领袖,回头又向异族入主之天子保佑祈福,这是何等高妙的如意算盘!可是我们也无法知悉这故事的下文了。"

其实,"下文"是存在的。早在1960年代,藏学家王尧先生读到这一段历史,就曾花费心思在藏文史籍中打捞,大致了解到其人行踪——

南宋少帝赵㬎(1271—1323年)在萨迦寺一住多年,精通了藏语文和梵文,成为当时著名的译师。由于出身的高贵,他的法名尊称为"合尊"——合尊法宝,合尊大师。藏语本义中,即是天神家族的出家人,是皇家僧。藏文史籍并说他做到了萨迦寺总持的位置。经王尧先生检示,谈及这位大译师的藏文史籍计有《红史》《青

第九讲 命运种种：生活在远年的时空（之二）

史》《新红史》《贤者喜宴》《如意宝树史》等等，其中后两书将合尊列入藏传佛教后弘期智者、大译师名录。已知出自合尊译笔的至少有两部，《百法明门论》和《因明入正理论》，后者尤其是深奥的因明学即逻辑学专著。在纳塘版的扉页上，他留下了显见的痕迹：用藏文字母拼写出书名"因明入正理论"的汉字读音。而在末页，他用藏文撰一短跋：大汉王者出家僧人合尊法宝，在具吉祥萨斯迦大寺，取汉文本与蕃字本二者善为对勘，修订并正确翻译之。汉文本名为"入正理"，而晚近蕃地诸人名之为"正理门论"云。

萨迦寺坛城壁画

至于这位合尊大师的结局，怎么说呢？一个字：惨。《元史》中不见何时、因何将之处死，只见元顺宗时，将已故瀛国公赵显的田庄充为大龙翔集庆寺永业的记载。倒是《佛祖历代通载》中记下了死亡时间和地点：英宗至治三年（1323年），赐瀛国公合尊死于河西。据说之前赵显已被召至河西即今甘肃武威，住了几年，到现在武威还有关于他的传说。

关于赵显即合尊大师死因，直到元末，才有文章说起赵显之死为诗文贾祸，有人告发，亦即因旧诗"寄语林和靖"而获罪。成书于1434年前后的藏文史书《汉藏史集》谈到了原因：英宗皇帝听信了卜算师的说法"将有西方僧人反叛，夺取皇位"，急忙派人巡查，果见从者如云，簇拥着这位合尊大师。皇帝命将其斩首，以绝后患。书中寄予大同情，说合尊大师被杀时，"出白血"，或译言"流血成乳"。藏人传说，凡蒙奇冤而死者，鲜血才是白色的，汉地也有类似说法。

书中还写道，合尊大师临刑时发愿说："我并未想反叛，竟然被杀，愿我下一世夺此蒙古皇位！"由此愿力，他转生为汉人大明皇帝，果然夺得皇位。

后人分析，是因元英宗硕德八剌（藏语称其为格坚皇帝）的胸襟眼光不及先辈忽必烈，容不下一个失国之君，依然视其存在为威胁，必欲除之而后快。当然更有可能的是，与政治考量无关，只是随心所欲——你想啊，这位英宗皇帝硕德八剌在位仅三年，被手下群臣所弑时年方二十一岁，如此年轻难说老谋深算，极易受人撺掇而莽撞行事，即使对贬谪忠宣王这样的王者、诛杀合尊这样的老僧，也不过就凭一时性起。

在此插入一段故事，说明无独有偶：元代发配到萨迦的皇家僧另有一人，高丽国的忠宣王，其名王璋。有元以来皇室与臣属的高丽王室世代通婚，从王太后到王后到世子妃，无一不是元公主。所以这位高丽国第二十六代君主还是忽必烈的外孙，

萨迦寺经书墙

萨迦寺正殿圆柱上的铜皮雕

第九讲 命运种种：生活在远年的时空（之二）

同时身兼前朝驸马。不过此人生性儒雅，无意王权，没过几年就传位于子，把后来所封的沈（阳）王也让于其侄，他自己则留居大都，在北京建起一座"万卷堂"，以儒生自居，以书史自娱，以高丽文士为侍从，往来者非文臣、鸿儒即高僧，风雅潇洒。这样一位世间高人，因何被英宗格坚皇帝流贬萨迦了呢？后世的专家众说纷纭，倾向于政治原因，是英宗排除异己，清算前朝旧臣。另一说为，是以其对前任国师八思巴不敬：此前有位河西僧沙罗巴，上书仁宗皇帝，称先师八思巴创制蒙古新字，功莫大焉，请求皇上令天下郡国皆为之立庙，一如孔子。仁宗曾命大臣诸老讨论过此事，这位忠宣王虽然崇佛但更尊儒，发表意见说，孔子为百王之师，得享通祀，是以德而非以功；仅仅以制字之功就立庙享祭，后世恐有异论吧！

萨迦寺珍藏的贝叶经

大概就为言论贾祸，史书上只记载了这位年过半百的王者僧沿途的"辛苦万状"，对他在萨迦寺的生活只字未提。但他显然比赵显幸运，待元廷换了新主，泰定帝即位时，依从其亲属的申诉，当即召还。

总之赵显死得冤，《佛祖历代通载》也说到赵显一死，英宗就后悔了，拿出内库黄金，延请儒僧抄写经书云云，当然不久后连他自己也一命归西。随之便有流言传播，称元顺宗妥懽帖睦尔本为赵显之子，与藏史所言之转世为朱元璋有异曲同工之妙。从元末开始流言之脉不绝，经后世诗文添枝加叶，说得煞有介事，以至于成为一段公案，明清以来有许多文豪像钱谦益、王国维等等也都加入了议论，最终归结为纯属中原遗老伤故国、思少帝的野史杜撰，聊以自慰罢了，一如清代称乾隆为汉人后裔的说法，同出一个情结。

可惜了藏文古籍中对于其人其事叙述过简，这位由亡国之君脱胎而来的佛学高僧，在萨迦数十年岁月终是模糊，他留下了多少译著，除此而外还有没有其他遗物遗作？另外还有一个悬念，那位后来做了萨迦法座的达尼钦波桑波贝，晚于赵显十年返回萨迦，而这两人的故乡与流放地正好错位，同在萨迦一地生活共事多年，不知交往如何？令人浮想联翩。萨迦寺素有"第二敦煌"之称，是由上师八思巴当年调动全藏之力搜集和翻译而来，成千上万的经卷尘封数百年，至今未经编目整理，我们期待着有朝一日能从中发现他的蛛丝马迹，而现今只存一个悬念。

这一悬念无关江山历史，只关乎一个人的人生际遇。

萨迦寺"羌姆"金刚舞

第十讲

遍地是法王：
多封众建
在明朝

这幅明代的西藏和藏区地图看起来与元代图示相仿，是由于明朝中央政府因袭了元代王朝对边疆各民族地区因俗而治的基本策略。与此同时，明朝又并非独尊一派，而是多封众建、分而治之，辅之以贡市羁縻政策。

第十讲

遍地是法王：
多封众建在明朝

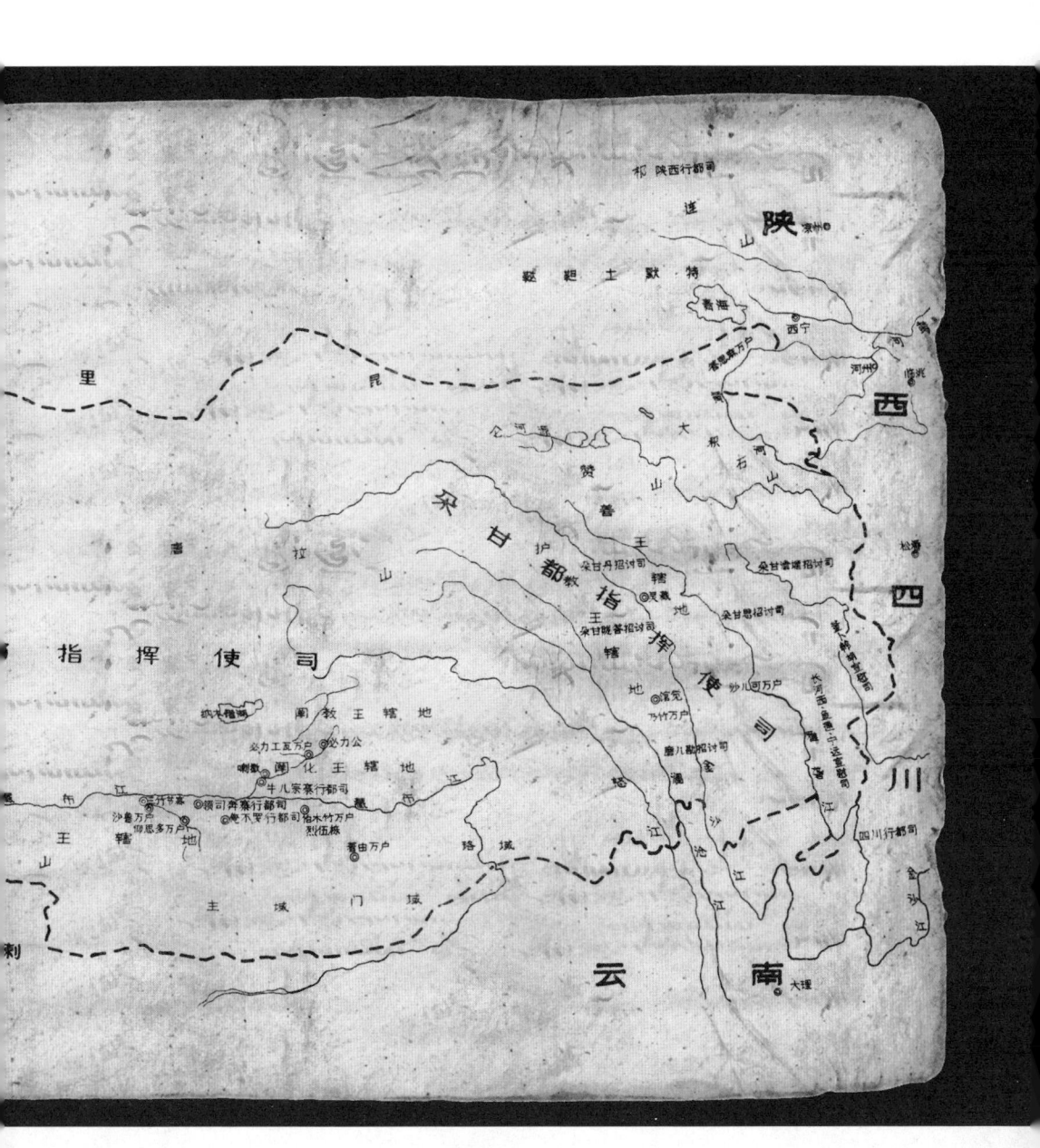

明代西藏及其他藏区略图　据《中国历史地图集》简绘，转引自《藏族简史》

风化成典　西藏文史故事十五讲

元朝谢幕，中原易主。1368年，明太祖朱元璋在南京登基，立即着手整理河山，陆续派出若干特使团队，前往西陲藏族地区宣示招抚，其中包括至少两个由汉传佛教高僧所率团队，最远的，穿过西藏到达尼泊尔。另有陕西员外郎许允德一队人马，跋涉于甘青和西藏，联络各地僧俗首领，自1369年始，历时五年之久。汇总各方情报和举荐，朱元璋完成了西藏及藏区行政设置：沿袭前朝旧制三区分治，对前朝旧官及封号，予以认可再封一遍，元代西藏十三万户可说是几乎全部保留下来。明朝治藏方略可以概括为：因袭故元，多封众建，尚用僧徒，分而治之。

治藏方略到明成祖永乐年间得以完善。朱元璋年轻时曾入寺为僧，不以宗教为神秘，事实上，他对汉传佛教反而多所限制。之所以优礼藏传佛教，多多封以"国师""灌顶大国师"等名号，出自因俗而治的统治需要。他的儿子永乐皇帝就不同了，除去政治考量，还附加了个人情感，做了皇帝以后大举分封：三大法王——大宝法王（噶玛噶举）、大乘法王（萨迦）、大慈法王（格鲁，永乐朝封为西天佛子大国师，宣德朝加封为大慈法王），兼顾了几大教派；五个王——阐化王（帕竹）、阐教王（止贡）、辅教王（萨迦）、护教王（藏东贡觉）、赞善王（邓柯一带），兼顾了各地平衡。于是西藏地区掀起又一轮晋京热潮，且终明一代，经久不息。

第十讲

遍地是法王：多封众建在明朝

大宝法王与超度宝卷

此画名为《如来大宝法王超度明太祖宝卷》，为当朝画匠工笔所绘，并附多种文字说明。这幅宝卷现存西藏自治区文物管理部门，1992年第十七世噶玛巴坐床典礼时，还曾张挂在楚布寺大殿供人观瞻。

永乐元年（1403年），明成祖朱棣遣使赴藏迎请五世噶玛巴（哈立麻），永乐四年年末（1407年初），噶玛巴一行抵达南京。这幅长卷画面为噶玛巴在灵谷寺为明太祖朱元璋及其皇后设斋荐福的过程中，出现的种种祥云毫光和吉祥景象。从永乐五年二月初五至十八日逐日记述和绘画，又从三月初三到三月十八日择日记述和绘画，总计49幅。画面多彩云祥光，间有罗汉和仙人登临。每幅均有如来大宝法王所住宝楼和诵经荐福的坛场、塔楼，并有汉文、波斯文、云南傣文、藏文、回鹘式蒙古文等五种文字的说明。

《如来大宝法王超度明太祖宝卷》长卷，长4968厘米，宽66厘米（局部）

风化成典　西藏文史故事十五讲

大宝法王印（白玉印　龙纽　罗布林卡藏）　　大宝法王得银协巴

噶玛噶举黑帽系第五世活佛噶玛巴得银协巴（1384—1415年）一行，取道四川远赴明朝都城南京，差不多横穿了整个中国，渡过的大江河就有许多条：怒江、澜沧江、金沙江、大渡河，小河流不计其数；至于翻过的山，从西藏腹地到川鄂一路，更是重复着"一山放过一山拦"的景象。参加这次"长征"的，除去大师的僧徒，还有奉旨迎请的使者，朝中司礼少监侯显率领的一干人众。按说这位宦官委实不易，自永乐元年初夏从京城动身，一个往返，再回到京城已是永乐四年（1406年）岁杪，整整三年半时间大都在高寒之地奔波。好在虽辛苦有回报，因其迎请大师有功，明成祖将甘

第十讲 遍地是法王：多封众建在明朝

肃南部的圆城寺赏赐给他的侯氏家族，这座藏传佛教寺院后来被习称为侯家寺。

虽然途程遥远，鞍马劳顿，但得银协巴大师心中满是欣慰，不觉其苦——当然这只是我们凡俗后人的揣测，从理论上说来，得道高僧应当是无悲无喜的超越者，之所以揣测当事人兴冲冲的样子，一来因为这位大师很年轻，只有二十二三岁，二来是不经意间作了一个比较：一百五十年前的前朝旧事，第二世噶玛巴噶玛拔希也走过这条路的大半，意在投奔明主，结果遭遇坎坷，怀才不遇。不过这样的比较似乎也有问题，正是因为噶玛拔希壮志未酬，才使得噶玛噶举这一派避开了权力争斗的漩涡，专心于佛法的研究和弘扬，高僧辈出，连远在内地的皇子，做燕王时的朱棣，也久闻其名久仰其貌，甫一登基就急不可待地派人召请——这样说来，我们揣测大师此刻是满怀了欣慰的心情，也许没错。

接近京畿之地，侯显遣人先行通报，皇上委派驸马都尉沐昕迎出好远；都城内和灵谷寺也建好了营盘式驻地，以备远来贵宾居住。永乐帝朱棣则在奉天殿予以召见，次日又亲在华盖殿设宴洗尘，并赐金百两、银千两、钞两万贯，以及綵缎、茶、米和法器等实物。噶玛巴在永乐五年的冬春之交完成了重托：在南京灵谷寺的皇家寺院，为太祖朱元璋和孝慈高皇后举行曼陀罗供养，为时七七四十九天的普度大斋。

这一盛况空前的法事轰动了京城。据说四十九天里，由于大师作法加持，每天都有奇异天象显现：朝晖晚霞，五彩纷呈，幻化出诸如卿云、甘露、青狮白象、青鸟白鹤等等多姿多彩的吉祥图案，人称"南京奇迹"。虽说《明史》《明实录》等正史中并无涉及，但这些瑞相被生动描绘渲染，定格在一幅长约十五丈、宽约二尺的连环画卷上了，从而佳画佳话流传，古往今来皆知，充分体现了艺术的力量。

为此，噶玛巴被封授以"大宝法王"名号，一次再次获得金银财宝的重赏，就连随行的三位弟子，也受封为"灌顶大国师"。同年夏季，噶玛巴一行前往五台山朝圣期间，适逢当朝皇后徐氏新故，奉命就地举办资荐大斋。在京期间，他将蔡巴《甘珠尔》手抄本推荐给明成祖，明成祖即命其任永乐版《甘珠尔》刻本的总纂，刊样印施。后来据说印行一万套，由皇室广发藏区寺院，从而也带动了藏地印经事业的起步，布达拉印经院就是那时建起来的。

噶玛巴实际上还担任了永乐帝的上师，不过在为之灌顶时遇到难题：皇上贵为天子，以九五之尊不便被人居高临下，于是予以变通：噶玛巴向镜子中的皇帝头顶洒圣水——这个故事不见经传，是作者我在从前噶玛寺的属地、现在的西藏昌都县嘎玛乡采集到的。这故事存在于口碑中，流传至今。嘎玛村当代最棒的老画师嘎玛德来据此题材创作了一幅唐卡。

再一年，1408年永乐六年四月间，大师辞归。在得银协巴之后，至少有五位噶玛巴活佛承袭了大宝法王名号，并且大都去过京城。

大宝法王的全称为"万行具足十方最胜圆觉妙智慧善普应佑国演教如来大宝法王总领天下释教"。在对藏地僧俗首领的封授中，三大法王高于阐化王等五个王，而明史作"哈立麻"的大宝法王噶玛巴，又为西藏三大法王之首。这一称谓是以当年忽必烈敕封八思巴的名号为范本，所谓总领天下释教云云，虽然今非昔比，只是一个虚衔，但朝廷对噶玛噶举的格外高看是显见的。何以至此？汉文史料并无说明，倒是藏文史籍《智者喜宴》中记录了永乐帝与五世噶玛巴的一段谈话，证实了这位皇帝确有仿照前朝旧例，独尊噶玛噶举一派，使之一统西藏地区，就像萨迦派僧人之于元朝政府那样。

这位噶玛巴不仅以学识高深、道行卓异而享有盛誉，这次谈话还充分显示年轻的上师在政治见解方面的非比寻常。噶玛巴向永乐帝介绍了西藏的政教格局：后藏有萨迦势力，中部前有帕竹，近有格鲁派这一新兴势力的崛起，噶玛噶举在前后藏虽有普遍影响，但主要基地是在东部康地。几大教派各有数百年经营，加之元代的整固，已成政治经济实体，谁想统谁都不太可能；朝廷大军是不便进藏的，保持现状，仍按各宗派传统方式行事，为最胜之举。

看来皇帝采纳了噶玛巴的意见，打消了独尊一宗的念头，乐得维持现状。遂将帕竹第悉封为阐化王，为五王之首，

> 得银协巴此议之所以明智，在于量力而行。噶玛噶举在前后藏虽有影响，但从未获得像萨迦、帕竹、止贡各派所拥有的基地实力，尤其背后不存在一个拥有世俗力量的家族支撑并世袭。所以终明一代，这一派先后与仁帕巴和辛厦巴等新兴势力结盟，终在清初与格鲁派的抗衡中招致重创。

第十讲 遍地是法王：多封众建在明朝

以便统筹协调；既未派流官也未驻兵卒，任由各地自行管理保持平衡；也有赋税差发，但那是不同于田赋的另一种方式：规定交纳马匹，折价补偿以茶叶实物或钱币；尤其强化贸易，使经济一脉相连，统称为茶马互易，以"招徕远人"，凡此等等。这样的国策取得了显著成效，终明一代，西顾无忧。

永乐帝显然满意这一治藏政策，相比北方蒙古势力对于统治的威胁，需要劳烦御驾亲征，多封众建、优赏厚待，其实成本最低而事半功倍——只要西藏各地各派竞相倾心内向，何乐不为！

五世噶玛巴得银协巴十八岁的时候，就因调解藏东贡觉县的一场纠纷，避免了一场干戈而著名于当时和后世，这一次的御前"顾问"尤其显示了他的政治才干。遗憾的是，他没能再继续发挥：三十二岁那年，这位大宝法王因出痘（天花）而英年早逝。

噶玛嘎孜艺术风格的格萨尔王唐卡

五世噶玛巴此次进京，还为西藏留下一份宝贵的文化遗产：以《如来大宝法王超度明太祖宝卷》为范本，藏族艺术一大画派诞生——噶玛嘎孜艺术，是在藏族传统艺术的基础上，吸纳了汉式工笔技巧法，自成一派，流行于藏东和川西的寺院及民间，诚为汉藏艺术交流融合的结晶。2008年北京奥运期间，由四川甘孜藏族画家群体创作的千幅唐卡《格萨尔王传》，在北京举办了大型展示，六百年前种下的因，结出始料未及的果。

大乘法王与萨迦寺回归

永乐十一年（1413年）三月，萨迦法座贡噶扎西（明史作昆泽思巴）兄弟到达南京。此前一年，永乐帝派遣中官杨三保前往萨迦迎请，这一消息在拥戴萨迦派的后藏引发喧哗与骚动，惊喜加热烈。其中关系最铁的江孜法王叔侄俩，索南贝和热丹贡桑帕巴，在贡噶扎西动身时专程赶来送行，一个特别的嘱托是，趁着改朝换代和此次进京良机，务请皇帝允准我们将萨迦寺大殿收回，了结这块后藏人的心病——自从1354年帕竹第悉绛曲坚赞武力占领萨迦寺大殿，并派家臣兼任萨迦本钦，已经过去了差不多一个饶迥（甲子年），无力收回，堂堂萨迦寺大殿竟成帕竹"飞地"，可以想见萨迦人及其追随者会是怎样的心情！

到15世纪初萨迦贡噶扎西这一代，款氏家族四拉章鹬蚌相争的局面结束，并非重归于好，实因其中的三个均告绝嗣，自然消亡，只剩下一个拉章独撑门面，这就是达仓巴"辅教王"的一支。也就是说，从权势到人脉，萨迦的主人一概今不如昔。不过，正像出现了大学者萨迦班智达那样，后藏的土地从来不乏学问高僧的生长，就如后文将要提到的布敦、博东等大师，就如宗喀巴大师身后接连七任甘丹赤巴都是后藏人出身，虽然改了宗派；就连地方首领，刚刚讲到的江孜法王，也编修大藏经，营建白居寺，对佛法的弘扬颇有贡献。由此可见，萨迦一派历来"文弱"，难与强势者抗衡，若无元代皇室扶持，休想哪怕一度主持卫藏之政。此时的萨迦阵

第十讲 遍地是法王：多封众建在明朝

营中,当数江孜王热丹贡桑帕巴孔武有力,还曾于前几年奋起抗争过,但是尚未成气候,就被帕竹第悉扎巴坚赞视为"叛乱"行为,轻而易举地平息掉了。

所以说,这一次贡噶扎西应邀进京,看起来并无借助新王朝之力重振萨迦的打算,充其量不过是维护本派权益。既如此,愿望可算达成——贡噶扎西在京城住了将近一年,1414年辞归时已领有正觉大乘法王封号,全称是"万行圆融妙法最胜真如慧智弘慈广济护国宣教正觉大乘法王西天上善金刚普应大光明佛,领天下释教"。据藏文史籍《萨迦世系史·珍宝库》记载,在这一年里,大乘法王多次被召见,给皇帝讲说佛法,行密宗灌顶。期间还曾乘坐大船北上,前往新都城北京,驻锡在新建的法坪寺内。永乐帝朱棣曾身为燕王,长驻北京二十载,1403年称帝当年,决定迁都老巢北京。他从全国调集了最好的工匠,上百万人参与土木工程,至此已十年,想必初具规模。请上师前往欣赏新城气派,同时沿着新疏通的运河浏览两岸风光,也是出自盛世皇家优待远来贵宾的一番美意。所以说,住了一年的京城,是南北两京之城。

归还萨迦寺大殿的问题顺理成章得以解决。不仅如此,凡属萨迦派阵营的几乎所有地方首领,例如江孜、达仓、拉堆降、拉堆洛等各家族万户长,朝廷也都应大乘法王之请,分别颁授大司徒、辅教王等封号和各级各类官职。法王贡噶扎西在离开南京前,将这一系列喜讯差人快马加鞭飞报后藏:法王荣归了,朝廷来人了,大殿就将交还,诸位就将荣升……信中还对迎接圣旨的仪仗乃至宣旨地点一一细嘱——在这样一个光荣时刻,诏书务必要在萨迦寺大殿内宣读!

江孜在元末被增封为万户,江孜法王叔侄俩先后得到了大司徒的封号,此刻组织起千人仪仗队,迎接法王兄弟和朝廷使者一行。有开道的马队、旌旗、刀矛、法鼓,一路行来,沿途部落尽皆组织欢迎队列,然后再亦步亦趋地随行。萨迦在望时,队伍已够浩荡,而萨迦城内外,早有更多的人,来自西部上方各部僧俗人众迎候已久——人们格外振奋,都说从来也没看到如此之多的人、如此隆重的聚会啊!

这些情景,来自《江孜法王热丹贡桑帕巴传》的描述——接下来,法王兄弟下了马,在红色地毯上庄重地缓步走向萨迦寺。第二天,人人盛装出席,正式宣读诏书,正式移交萨迦寺大殿,正式地为种种封号官职举行开光仪式。随后的庆祝活动中,后藏各地头人轮番向各寺僧人熬茶布施,向聚会的俗人发放礼品;江孜"谐青"大歌舞唱起来了,上部堆谐"踢踏"舞跳起来了,盛大的节日持续了八天八夜,参与其中的人无不欢欣鼓舞动心动容。

萨迦寺大殿的回归顺利极了,帕竹方面并未设置哪怕一点儿的障碍。他们也在忙于迎接朝廷使者,也在为又一批重要家臣官员接受封赏而弹冠相庆,例如管辖拉萨的内邬宗宗本南喀桑波,正是此时受封为内邬宗行都指挥使司都指挥佥事;长期兼任萨迦本钦的仁蚌宗宗本诺布桑波,也被任命为仁蚌宗的相同官衔。除去皆大欢喜的因素,现任帕竹第悉扎巴坚赞的态度也很重要,他是继绛曲坚赞以来最有气度的人,那些前朝旧事历史恩怨,看在皇帝的金面,挥挥手就过去了。

说到"皇帝的金面",忽然想起一则与本文无关的趣事。历史上的西藏,很可能存在过"看在皇帝的金面"的流行词,其意犹似现今的"不看僧面看佛面"。皇帝的金面本属望文生义,却又编了故事自圆其说,顺便赞美了机智勇敢的吐蕃人自己——典出藏文史书《汉藏史集》所转引的藏式传说:话说武则天,则老太太,"此女皇生了一个长着驴耳朵的儿子,感到羞愧,派人将其杀掉。有一个担任大臣的吐蕃人,以猪代替,将太子保护下来。后来女皇年老时,唐朝没有后嗣,女皇打算立她的哥哥武三思为皇帝,召集众人聚会,拖长声音

江孜白居寺

第十讲

遍地是法王：多封众建在明朝

问：'立武三思，是否同意？'女皇又下令说：'谁若是说不同意三字，即杀之！'当武三思拖长声音说：'立我，不同意——'时，担任大臣的吐蕃人乘这间隙拔剑从后面将武三思杀死。当女皇问这是为什么时，他说这是女皇自己的命令，说'不同意'三字者，即应杀之，所以女皇对他也没有办法。当女皇大为悲伤时，此大臣将驴耳朵太子领来，立为皇帝，因而被称为长驴耳朵的皇帝。为了遮住驴耳朵，此皇帝戴了一个黄金面具——'皇帝的金面'即是由此产生的。"

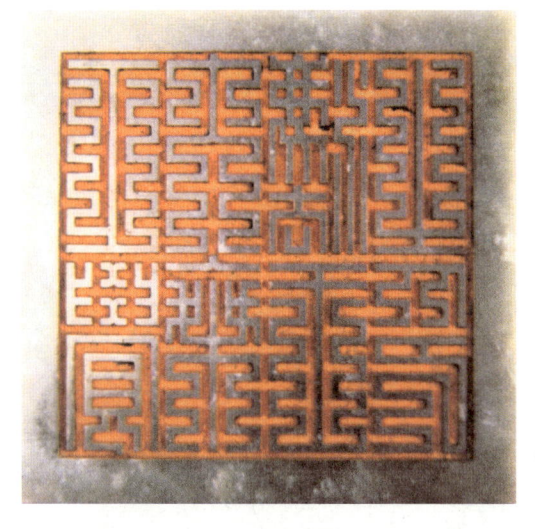

正觉大乘法王之印

辅教王诰书

大慈法王两赴京城

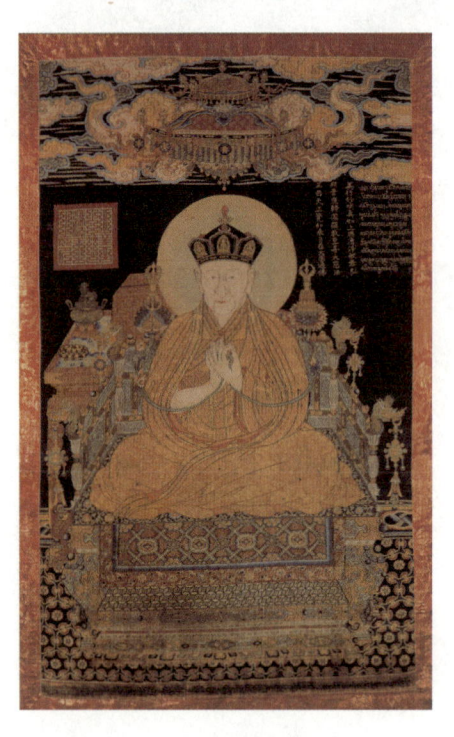

大慈法王释迦也失真容缂丝唐卡上，制有明朝皇帝御笔所写赞语，是当年释迦也失携回西藏的众多御赐礼品之一。画面上的老者给人以慈蔼敦厚的印象，是否形似不得而知，若说神似，应当贴切：回顾这位德望俱高、年事也高的高僧一生，不由不生发一种心情是感动。

释迦也失是地道拉萨人。自从吐蕃解体，他的先辈们就开始守护和经营拉萨，疏浚河道，加固堤坝，整修寺宇，维护秩序，蔡巴家族做出了相当贡献。在元代做了万户长，兼任宗教方面的支脉领袖，领有噶举派一支的蔡巴噶举。但是这一望族在释迦也失1354年出生时已经败落，原因就在于蔡巴参与萨迦和雅桑巴阵营，对抗帕竹招致失败，到后来连派别也合并到格鲁派中。释迦也失年纪

大慈法王释迦也失真容缂丝唐卡

第十讲 遍地是法王：多封众建在明朝

尚幼时开始学佛，先后拜请过多位老师，最终依止的根本上师是宗喀巴。凭借自己的勤学苦修，他精通了这个新兴教派的显教经典，尤善本门密法仪轨。说来释迦也失比起宗喀巴大师还要年长三岁，但矢志不渝地追随左右，担任师尊的司茶侍从，因而他的谦恭和低调是长期以来形成的风格。风云际会，这位高僧两次受封，晚年辉煌，固然存在偶然因素，最终看来仍是实至名归。

永乐帝初登皇位，出于对西藏情况的了解，准确地选定了西藏东、中、西部各地威望最高的三位宗教领袖，遂派中官侯显前往迎请。那时去内地山高水远，往返一趟需要好几年，宗喀巴大师正值创建思想体系和建功立业的关键时刻，且志不在权位虚名，但又不便拂了迎请者的好意，所以就在第二次召请时，选派了最堪信任的资深弟子前往应诏。年届六旬的释迦也失就此起程，时在1413年。

释迦也失走川藏一线，经康区抵达成都时，成都府的官员兵民迎出城外，朝廷专使也恭候在此，宣读了永乐皇帝的诏书："今闻上师你已离西土，不顾途中风雨烈日寒暑，渐次已行数万里之遥，前来此处，故朕心甚悦，难以言说。现今复遣人于途中赠礼迎接，以示缘起，以表朕心。"

到达京城，有九门提督等官员来迎，皇帝再下圣旨，表达问候之意和喜悦之情，考虑到上师"远途而来，身体疲乏"，谕示面圣时可免行礼。释迦也失在京城为明成祖祝寿祈福，并为之授长寿灌顶，获封"妙觉圆通慧慈普应辅国显教灌顶弘善西天佛子大国师"，奉旨赴蒙古、五台山等地游历传法，建寺收徒。1416年6月辞归时，"御制赞赐之，并赐佛像、佛经、法器、衣服、文绮、金银器皿"等大宗礼物。其中的佛经，即是写有成祖御制赞的赤字版《甘珠尔经》一百零八函，现存色拉寺，为西藏最早见到的藏文雕版印刷

明成祖御赐《朱砂版甘珠尔经》

品，此前全都是手抄本。其余物品如佛像、十八罗汉像和四大天王像等等，多藏甘丹寺，珍贵文物现已成镇寺之宝。

1419年，按照宗喀巴大师的指令，释迦也失主持建造色拉寺。内邬宗宗本南喀桑波提供了人力财力，充当最大的施主，释迦也失从内地带来的财物也发挥了一定的作用。色拉寺位于拉萨以北郊野，背倚乌孜格培山，庄严而秀美。作为拉萨三大寺之一，是今天的游客必到之处。在寺院大殿里，可以瞻仰这位建寺者的塑像，可以欣赏到释迦也失两赴内地的壁画——大慈法王的遗产以色拉寺的形象昭著于后世。

不仅如此。色拉寺竣工后，年届古稀的高僧再一次起程。此次远行据说仍为永乐帝召请，尚未到达北京，皇帝驾崩，随后有仁宗（在位不足一年即去世）、宣宗相继登基。据说大师后来在蒙古、川、青、甘、陕、晋等地建寺传教十多年，其中三上五台山，建圆照寺等六座寺院，以及创建青海民和的灵藏寺。据说1435年在返藏途中圆寂于卓木喀地方（今青海民和县境内）。大慈法王弟子在此建立了一座名叫弘化寺的寺庙（后称红花寺），成为整个甘青地区最具政治、军事影响力的格鲁派寺院。

色拉寺

色拉寺后山石刻

第十讲 遍地是法王：多封众建在明朝

明朝中晚期，"法王"的封授尤多。"三大法王"之外，再封大善法王、大通法王、大悟法王、大德法王、大济法王……连同国师、禅师、西天佛子之类称号比比皆是，各封号的含金量明显降低。甚至连明武宗朱厚照也自封为天字一号的大庆法王。在皇室倡导下，藏传佛教的传播成为京城时尚，尤其是像侯显这样的宦官，据说包括七下西洋的郑和，全都信奉藏传佛教。朝廷大举修建佛寺、制作佛像，借助先进的雕版印刷术，印制图文并茂的佛经，具有文化交流史的意义，但也难免存在着一些问题，例如从藏区各地来京长住的僧人数千之众，均由朝廷承担用度开支；为享受优待及逃避差税，一些汉僧也混迹其中，等等。为此，招致文官集团为代表的儒家势力不满，不时请愿，迫使皇家不时采取限制措施。这当然只是一个方面的原因，从故元朝延到大明朝野，对于藏密多有歧义异议非议，一半来自其神秘不为外人所解，另一半，的确是有人念"歪"了经。这方面的评判已超出我们的故事范围，就此打住。

这么多的"据说"，是因汉藏文史籍记载或有缺漏或不尽一致。好在有佛教史志如《清凉山志》等有所补充，从中可以得见 1427 年明宣宗颁给释迦也失的圣旨全文；而《明实录》中记载的宣宗皇帝封授大慈法王的确切时间在宣德九年六月庚申，即 1434 年 7 月 20 日，全称为"万行妙明真如上胜清净般若弘照普应辅国显教至善大慈法王西天正觉如来自在大圆通佛"。大慈法王在北京居住多年，曾助缘修建了北京法海寺，依据是在《法海禅寺记》寺碑的背面，所记助缘僧人题名中，大慈法王释迦也失名列第一。他还在 1435 年的六月间，主持了西天佛子大国师智光大师的荼毗法会。这位智光大师，就是那位在洪武朝两次奉命赴藏、永乐朝又一次赴藏的汉族高僧。当然，不管在哪里，作为藏传佛教高僧，不二的职责是讲经授法，在宗喀巴圆寂后的一二十年间，释迦也失是把新创立的格鲁派教法传播到内地的第一人。

大慈法王圆寂于何时何地，至今仍存至少两种说法，一是藏文史籍所说，是在大师返藏途中，于 1435 年八十二岁时圆寂于青海卓木喀；二为学者考证，疑为 1439 年八十六岁时圆寂于北京。相同的一点是，大师圆寂于十月二十四日，由皇帝敕建灵塔，并赐寺名"弘化"。对于我们这些讲听故事的人来说，那些不够确定的都不太重要，确定无疑的，是大慈法王终其一生献身于弘扬佛法的精神，就像师尊宗喀巴那样，就像此前此后的贤哲大德那样，无意也无须权势，无意也无须转世，只此一代，却享祀久远：藏族地区每年以宗喀巴大师忌辰十月二十五日为"燃灯节"，举行五供仪式，而在此前一天，则为大慈法王释迦也失忌辰举行四供仪式。届时千家万户室内室外，点燃一排排酥油灯，灯光闪闪，祝祷声声，寄托怀念和感佩。

风化成典
西藏文史故事十五讲

阐化王与帕竹势力的兴衰

僧装英雄绛曲坚赞去世前，指定了他的侄儿释迦坚赞承袭帕竹第悉之位。没过很久，中原江山易主，洪武五年即1372年，朱元璋下诏，册封释迦坚赞为大司徒、靖国公、灌顶国师，并赐玉印。但是这位第悉受封后第二年，就以三十四岁年纪去世；此后的第三、四任均无意于权势，在位一个八年，一个七年，相继让位，专心修习佛法去了。这样，第五任帕竹第悉扎巴坚赞（1374—1432年）是在1385年十二岁时继位的。永乐朝开创之年，即派汉族名僧智光和尚进藏，面晤扎巴坚赞，所以永乐四年即1406年，这位帕竹第悉就被遥封为灌顶国师阐化王，获赐螭纽王印。

永乐朝所封三大法王，属于宗教领袖；所封五个王，虽然均为宗教界人士，但多含行政管理职责。阐化王居五王之首，实为统领、统筹地位，所以就任后接受朝廷的第一项差使，是"复置驿站，以通西域之使"。他会同护教王、赞善王、止贡派的灌顶国师（此时尚未获封阐教王）及沿川藏各部，合力修复了前后藏的道路，

阐化王印

第十讲 遍地是法王：多封众建在明朝

以及通往内地的驿道驿站。当然这项工程不只为完成任务，同时也方便了藏区内外交通，有利于太平盛世中各民族间的经济文化交往。

扎巴坚赞是帕竹政权开创者绛曲坚赞的侄孙，他温和开明地继承了先辈的事业，被后人评价为帕竹政权的中兴之主：在位四十七年，除了早期有过三次战事，一次是平息雅隆地方作乱的一群俗官"十人伙"，另两次都是针对心向萨迦的江孜法王热丹贡桑帕巴的谋反，或说是试图谋反。好在三次战役规模都不大，有的只是武力示威，不战而胜，基本上保持了和平安定局面，加上几任前辈的经营，整个西藏地区总计有八九十年的太平，十分难得地营造了帕竹、也是西藏中古时期的黄金时代。在此期间，经济文化得以发展，人民安居乐业。在他所建立的功业中，最为后人称道的，要数扶持了藏传佛教格鲁派的创立。

当年宗喀巴师徒在前藏一带修行或传法，没有属于自己的地盘，居无定所。阐化王扎巴坚赞虽系噶举派，但是并无门户之见，反而利用权力和财力，极力予以扶植。他的重要家臣，例如拉萨内邬宗宗本南喀桑波以及各地宗本和贵族，纷纷出手相助。1409年举办拉萨传召大法会，名义由宗喀巴主持，实际上前台幕后都有扎巴坚赞的身影。这次法会参与僧众八千，俗人数万，历时十五天，各类布施供奉耗用总计酥油近二十五万斤，青稞糌粑五十多万斤，黄金九百多两，白银折合成黄金又是四百五十两，干肉类两千余腔，另有大量砖茶、蔗糖以及绸缎布帛盘香红花等等，大都由扎巴坚赞及其属下做施主，每天轮番施供。此后，宗喀巴创建甘丹寺，所在地扎噶尔宗的宗本仁钦贝父子二人出力最大；宗喀巴弟子绛央曲杰兴建哲蚌寺，又是所在地内邬宗的宗本南喀桑波倾力相助，加上大慈法王兴建色拉寺，三大寺的建立象征着藏传佛教格鲁派的崛起。所有这一切，没有扎巴坚赞的宽厚相待是难以想象的。

阐化王终其一生与明朝保持了密切联系，一度有传言称帕竹试图谋反，明廷放风将派大军征伐，扎巴坚赞恐惧，连忙派使者进京，表明并无反意，这才消除了误会。他的重要家臣和官员也都得到了朝廷的封赏，各宗（县）设为行都指挥使司，宗本为都指挥佥事,诰封昭勇将军。按照明朝法度,这一正三品武职可以世袭。如此一来,就与那位僧装英雄绛曲坚赞的遗训有了冲突。但是,经历了多年太平盛世,阐化王对于这类更张不以为意,事实上此前他就已经做了:仁蚌宗前任宗本南喀坚赞的儿子已被任命为现任宗本;任凭负责延续家族之脉的弟弟连娶仁蚌家族的两位女子为妻。另外,维持帕竹地方政权的三大支柱:丹萨替寺、泽当寺的法座和帕竹第悉,均需朗氏家族嫡系男子先出家再接任,负责繁衍后代者无论娶上几房妻子也难胜任,所以时有兼任或还俗娶妻的事情发生。

就这样,绛曲坚赞遗训中的许多禁令废弛,被有意无意地解严开禁:流官制倒退为世袭制,地方势力出现,尾大不掉,割据称王;与有权之家臣仁蚌巴世代联姻,导致外戚干政,帕竹政权渐渐变质:名义上说来大致与明王朝相始终,从1354年到1618年。不过在扎巴坚赞身后,"青石房"渐被掏空:壳是帕竹朗氏的壳,瓤,则是仁蚌巴家族的瓤了。1490年开始的后半段,实际上是与仁蚌巴家族平分了秋色,双方并且不时发生激烈冲突,卫藏动荡。

阐化王扎巴坚赞1432年去世后,内乱就开始了。先是其弟桑结坚赞,因与父亲争夺王位,导致了一场为时多年的动乱,这是第六任帕竹第悉扎巴迥乃期间发生的事件;接任者贡噶勒巴时期,情形更糟:从母亲到妻子到重臣,周围布满仁蚌巴家族的人,结果是夫妻反目,自上而下分裂成主母一派和第悉一派,连他的弟弟、泽当寺法座也站在了对立面,属下各头人很自然地分列两旁。正当帕竹内乱之际,仁蚌巴扩军备战,以武力陆续占领了后藏大部地盘,正在向前藏推进。第八任第悉阿格旺波去世时,其子尚小,仁蚌巴作为舅臣一度担任摄政官;待第九任第悉阿旺扎西扎巴成年,又将这一代仁蚌巴的女儿献来为妻。这位第悉活得最久,至少八十岁,到1563年去世时,执政六十四年。这期间前藏内部和后藏内部,以及前后藏之间的地方势力和宗教势力,发生了大大小小无数战事,包括帕竹与仁蚌巴的公开对垒。仁蚌巴实际已成半独立状态,各种势力也纷纷兴风作浪,名义上的帕竹政权维持到1618年,但最后半个世纪由谁来担任第悉,连藏文史书都语焉不详。

第十讲

遍地是法王：多封众建在明朝

　　帕竹势力进入后半局，随着藏传佛教格鲁派的兴起，争斗双方的阵容和焦点越发明朗化：以格鲁派及其支持者的帕竹地方政权为一方，以噶举派包括噶玛巴红帽、黑帽两支系和止贡巴、达隆巴等及其支持者仁蚌巴家族为一方。约在1497年间，强大的仁蚌巴军队驱逐了帕竹心腹重臣、格鲁派的坚强后盾内邬宗宗本，占据了拉萨，强令从1498年起，格鲁派三大寺僧人不得参加每年在拉萨举办的传召大法会。这一政令持续了二十年。直到1518年，仁蚌巴在前后藏大战中败北，被迫退还了拉萨、江孜等部分土地，帕竹第悉阿旺扎西扎巴不仅恢复了哲蚌、色拉、甘丹三大寺的僧人参与权，还邀请（后被追认的）二世达赖喇嘛根敦嘉措主持祈愿大法会。这位阐化王作为施主献给二世达赖的哲蚌寺的一幢建筑，改名为"甘丹颇章"，百年后竟成为达赖喇嘛执政时期地方政府的名称。

山南的农田

风化成典　西藏文史故事十五讲

　　仁蚌巴没能正式建立一个政权，同样因内部分裂而衰落；正像它作为家臣对其主人帕竹朗氏家族企图谋篡那样，上行下效，它的家臣辛厦巴又在后院放了一把火，并且费时不多，仅仅两代人，企图变为现实——仁蚌巴和它的旧主帕竹，终被崛起于日喀则的藏巴汗政权以武力所灭，时在1618年。政权交替的过程伴随着前后藏大规模的战乱，从1612年到1618年，藏史称之为"鼠牛年战乱"。

　　正因为辛厦巴—藏巴汗政权过于生猛，不讲策略，才为时不久，仅仅存在二十多年——由于对格鲁派打压过甚，迫使格鲁派搬来更为生猛的蒙古救兵，藏巴汗政权毁于一旦。

　　雅鲁藏布江穿越后藏前藏，不舍昼夜东流而去，然而今水非昨水，明水非今水。

　　再一看来，终究还是雅鲁藏布之水。

雅鲁藏布江河谷

第十一讲

འཆི་བ་དང་སྐྱེ་བ་བར་དོ་...
བར་དོའི་རང་བཞིན་...
སྐྱེ་གནས་བཞི་ཡི་རྣམ་གཞག་བཤད།

（བར་དོ་ཡུལ）

命运种种：
生活在远年的时空（之三）

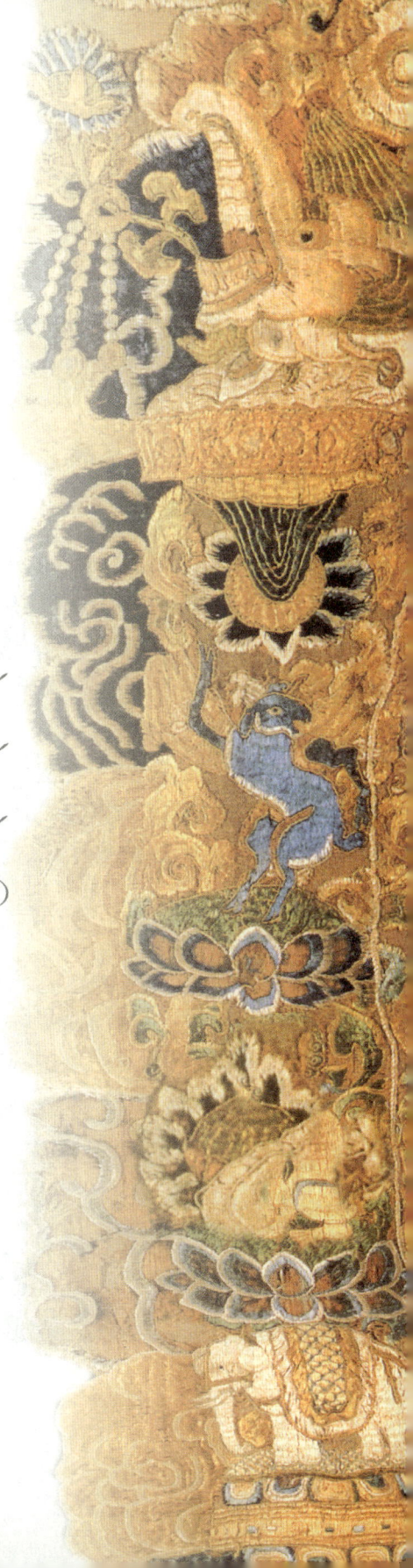

风化成典

西藏文史故事十五讲

茶马古道，泛指内地与边疆兄弟民族间以茶易马之贸易通道。就滇茶、川茶入藏路线而言，南起洱海苍山、东起四川雅安，会合于西藏昌都，西行拉萨。继续延伸，过江孜、日喀则，前往阿里，去往克什米尔；或中途向南越过喜马拉雅，到达印度、尼泊尔。茶马古道是后起的名称，道路不止一条，内容也不限于茶与马互易，各路段分别与三江流域古道、（打箭）炉（西）藏大道、唐蕃古道和古丝绸之路各南下支线重叠。

第十一讲

命运种种：生活在远年的时空（之三）

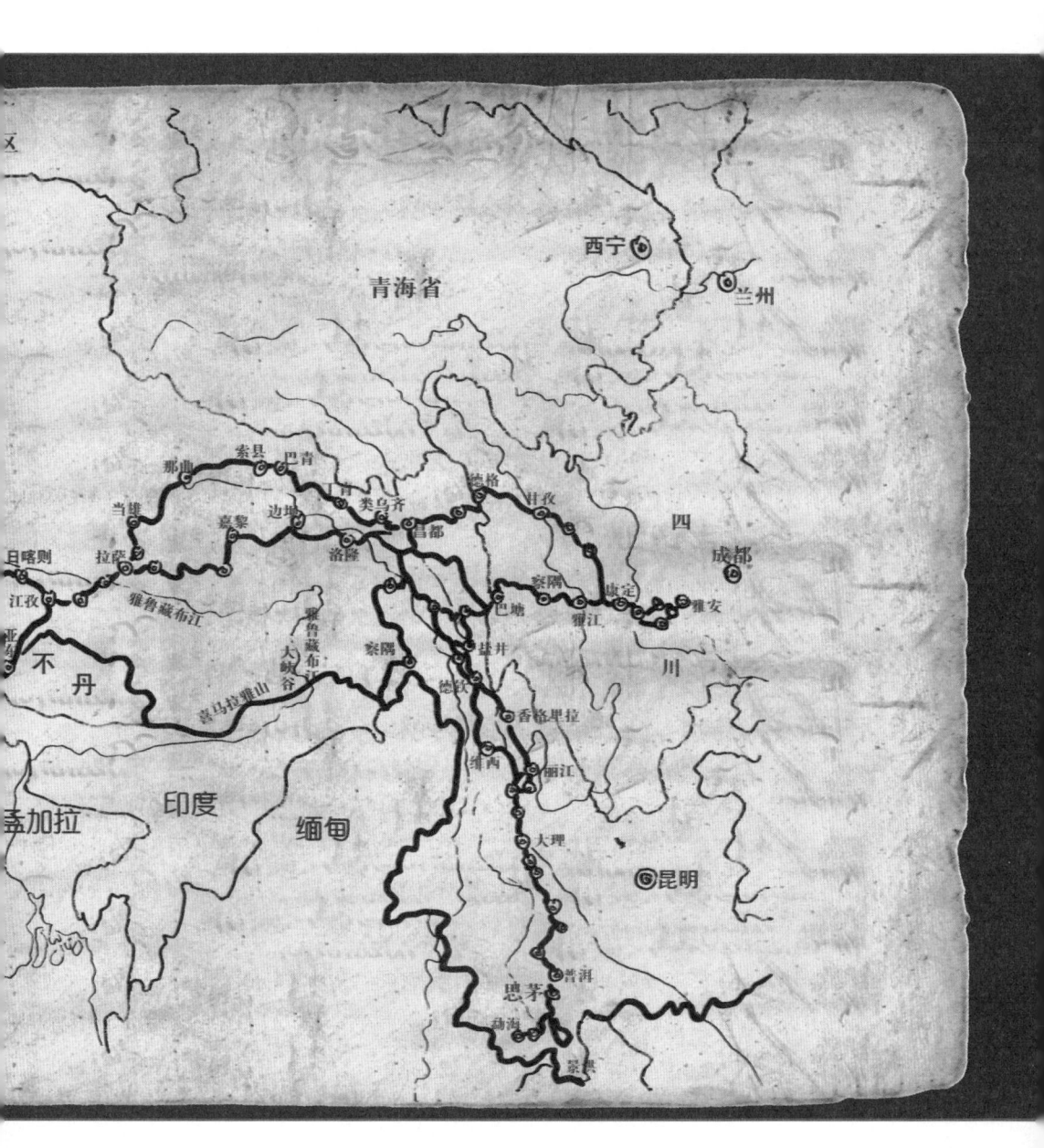

茶马古道路线图　李旭绘于2002年

"第二佛陀"宗喀巴

宗喀巴罗桑扎巴（1357—1419年）十六岁那年告别了家乡宗喀地方（今青海西宁），南下乌思藏求法。对于这位志在为信仰献身的人来说，穿越羌塘高原的风雪之旅，是一条单向的、永无返程期待的道路。不过曾有一度，差一点儿回头了——当他听到母亲托人捎来的口信，表达无非念子心切的人之常情，务求回家探望的心愿，这位年仅二十岁的僧人手捧母亲悉心缝制的衣物，不禁热泪盈眶，仿佛望见鬓生华发的老母亲倚门盼归的身影。一时冲动下，打点行装，踏上归程。

时令进入秋季，山路两侧的乔木叶子黄绿夹杂，灌丛中的浆果由青转红，带了些凉意的山风不时轻拂脸面，令人心旷神怡。这是行程第三天，宗喀巴并未走出好远，就在墨竹工卡拉垅地方，想到远方的故土正在一步步接近，年轻人从心情到脸面都洋溢着喜悦，不由自主地高声念诵起儿时即会的流行于家乡的咒语，同时少儿时所经历的情景一幕幕浮现脑海。这位未来的一代宗师仿佛生就佛门中人，三岁时依止于四世噶玛巴若必多吉，领受了近事戒；七岁时跟从法主顿珠次仁领受了沙弥戒，由此迈进佛门，登堂入室。正是在导师的勉励和资助下，走向卫藏。行前导师的殷殷嘱托令他永生难忘，那不是一般学有所成的要求，是要自己成为藏地佛法教宝之主的希冀与厚望。

就在这行程的第三天，在墨竹工卡名叫拉垅的地方，宗喀巴想到了这一幕，念

第十一讲 命运种种：生活在远年的时空（之三）

诵的咒语戛然而止，回乡的脚步戛然而止。他抬头望过天际，和煦的秋阳依旧；他举目四下张望，五彩斑斓的山野依旧，但分明地，有些什么改变了——哪里不对了？我这是要去哪里，去做什么，为什么要那样做？

这一切变化只在刹那间，随着心境的豁然澄明，一切世俗的挂碍皆被了断。这位未来的大师朝向家乡的方向跪拜了三次，然后转过身来，坚定地走去，从此心无旁骛。

此后二十多年里，宗喀巴求学的足迹遍及前后藏大小寺院，师从过噶举、萨迦、夏鲁、噶当诸派当时最有名的四十多位高僧大德，从显宗的四部经论到密乘的诸法习修，无不熟稔于心；从人体小宇宙的医学到时空大宇宙的历算，无不悉数掌握，包括瑜伽舞步的纠正，相关音调的精准……广采博撷各派之长，融会贯通。宗喀巴开始讲经说法，著书立说，声望渐高，追随者越来越多。

在创业的初始阶段，还是经历了一个非常艰难的时期。《宗喀巴大师传·佛法庄严》记录了这一过程，其中写到三十六岁那年，他带领八名亲随弟子前往雅鲁藏布江畔的沃卡地方避世修行。在这个严寒的冬季里，大师为做忏罪百拜，制作坛城百供，手指尖全部冻裂。当然这算不得什么，本身也是一种苦行体验。当地有一座荒废已久的小寺，宗喀巴表示想要修复，当地施主欣然同意，出资出力完成了主体建筑包括夯实地面等硬件工程，按说余下的粉刷涂彩所需不多，可是宗喀巴及其弟子集中起身边的所有财物，总共才值十二钱银子。

宗喀巴在三十岁过后，创立新教派迹象就出现了：他规定跟随自己的僧众头戴黄色僧帽，以示与其他教派的区别，这也是格鲁派被俗称为"黄教"的由来；后来被视为宗教改革之始的阿喀宗法会，在 14 世纪最后一年举行，迹象越发明显，实为十年后拉萨大昭寺万人大祈愿会即"传大召"法会的预演——由宗喀巴大师亲自倡导和主持的 1409 年祈愿大法会，是继古格王孜德 1076 年在阿里托林寺举办的"火龙年大法会"、元帝师八思巴于 1277 年在曲弥仁摩举办的曲弥法会之后，规模和影响均属空前的一次盛会，从藏历新年初一至十五历时半月，藏传佛教各教派僧人近万人与会，就此开创了一年一度拉萨传召大法会的传统，同时标志着经由宗喀巴的改革，从噶当派脱胎而来的格鲁派正式创建。

盛会的风光折射出盛世的稳定和繁荣。在格鲁派崛起的过程中，得益于帕木竹巴的强力扶持。灌顶国师阐化王扎巴坚赞盛邀宗喀巴常驻拉萨，并以其号召力有效地资助了这次祈愿大法会，反映了权势者的胸襟气度。之所以如此，既出于相同的宗教信仰和价值观念，尤为重要的，是对宗喀巴一代宗师学识的敬仰，是被宗喀巴人格魅力所折服。

"格鲁"一词的本意为"善规"，诚如其名，这一教派确是经过改革规范，以新的形象出现在雪域大地。改革的内容，接近佛祖释迦牟尼创建佛教的初衷，广为人知的包括健全了僧团组织，强调僧人必须恪守本色，严守戒律，不得干预世俗事务，不得娶妻生子和纵情酒色，同时也不得参加生产劳动。在佛法修习方面，规定了先显后密的修习次第，并首创学位考核制度，诸如此类。大师是这样要求的，也是率先垂范的身体力行者。说到远避尘嚣，突出表现在天子相召也不去。

大法会举办前后，1408年和1412年，久慕其名的永乐帝朱棣两次派人前来召请。第一次，正值大法会即将召开、新的思想体系呼之欲出、大半生努力只差跬步、宗教改革成果就将揭晓，在这样的关键时刻，一切无助于眼下事业进程的，均属违碍。宗喀巴以患病为由回函谢绝，出家人不打诳语，那时大师为筹办祈愿大法会一定是心力交瘁；第二次，格鲁派事业正在顺利进展，大师正潜心于了义不了义的思辨中，人生苦短而文章千古，任凭迎请使臣苦苦相求，阐化王等人从旁相劝，始终不为所动。折中的办法，是派遣了亲传弟子释迦也失代为赴京面圣，他则在此期间埋首伏案，写下了《辨了不了义》和《中论注疏》等重要论著。此时大师年已五十六岁，有了自己的安居和静修之地，甘丹寺。

在气氛如火如荼的大法会期间，各地头人和弟子纷纷向大师表示，愿意奉献寺院或提供地方为大师新建寺院。这样，传召法会结束当年，就在宗喀巴亲自选定的寺址，旺古日山下的卓日沃且地方，开建甘丹寺。第二年，大师就为新佛殿开光，

第十一讲

命运种种：生活在远年的时空（之三）

并担任了甘丹寺第一任法座即甘丹赤巴。1419年十月二十五日，宗喀巴圆寂于此，传衣钵于弟子贾曹杰。

哲蚌寺由弟子嘉央曲杰于1416年兴建；色拉寺由大慈法王释迦也失于1419年兴建；后藏扎什伦布寺由弟子根敦珠于1447年兴建。多年后的再传弟子中生成达赖和班禅两个转世系统，再回溯追认到大师的弟子。此后还将经历百余年的艰难曲折，宗喀巴大师开创的事业最终发扬光大，虽然我们将看到，创业者和后来成为执政者的继承人有多么不一样。

宗喀巴的一生是一个严肃的故事，需要我们用尊敬的心情讲述和倾听。围绕思维和存在的关系，他以毕生之力从

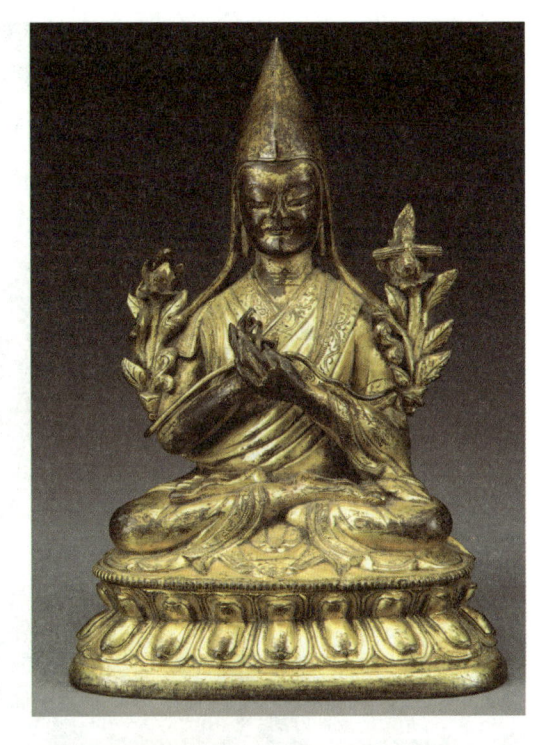

宗喀巴大师（1357—1419年）

甘丹寺

哲蚌寺

格鲁派僧众

事佛学思想的辨析、阐述和论证，享有"百部之主"之称。代表作《菩提道次第广论》和《密宗道次第广论》，是对显、密二宗的系统论述，是其思想体系的集中体现；《菩萨戒品释》《侍师五十颂释》《密宗十四根本戒释》等等，旨在阐明对于佛家哲学的根本见解；《辨了不了义》则以中观、唯识二派的优劣辨析，证明自己所秉持的中观应成派之正确。凭陵于这一切之上，匡正，廓清，开拓，大师的宗教改革为藏传佛教正本清源，格鲁一派由此诞生的同时，也影响到藏传佛教其他教派。以大师的超越，也许并不在意身前身后之名，但是后世认为他配享尊荣，毕竟空与不空相应而生。

第十一讲 命运种种：生活在远年的时空（之三）

这个时代的宗教生活

　　雪域高原上的生存环境是严酷的，自然经济中的物质生活是简薄的，文化知识也不够普及，换言之，除了为数不多的僧俗人士，下层民众大都不识字。但是，这个传统社会存在着一个很少被人提及的方面，从一个细节似可说明：藏族人爱惜每一张写有字迹的纸片。据说这一传统来自吐蕃时代，松赞干布曾有令：不得销毁任何文书。所以迄今所保留下来的藏文档案总量之大，仅次于汉文。不包括内地档案馆博物院，也不包括西藏各地县，仅西藏自治区档案馆珍藏的自元代以降的历史档案就达三百多万卷（件），十几个文种，形制各异，其中包括一二指宽的字条。这从侧面反映了藏族人对于知识的崇尚，对于智慧，尤其拥有智慧的智者的敬仰。尤其当代藏族知识分子，在谈到往昔的贤哲时，都会肃然起敬并且无比自豪。

　　汉文和其他文种的世界对这一领域知之不多，难以感同身受，首要原因可说是文字的隔膜，次要原因是众贤哲皆为佛门中人。但有了这两点并不足以说明症结所在，因为你马上会联想到，可以通过翻译解决，例如对于西方哲人的学问作品。现在的问题在于，就算有翻译，也确有一部分文史哲合璧之作，可以推广给大众读者尤其是具有西藏情结的人，但更多的，恐怕只限于各相关学科业内人士阅读，做比较研究。对此作者的理解是，由于西藏地区特别的自然环境和历史进程，宗教不是作为社会生活的一部分，佛学不是作为学问之一种，而就像一株遮天蔽日的大树，

夏鲁寺

元代夏鲁为十三万户之一，夏鲁与萨迦两世家结为甥舅之亲。据《汉藏史集》记载，白兰王恰那多吉娶了夏鲁家的女儿玛久坎卓本，生下达尼钦波达玛巴拉。这位达玛巴拉进京朝见忽必烈时，为舅舅家奏请褒封。皇帝说，"既是上师的舅舅，也就与我的舅舅一般，应当特别照应"，于是赐给夏鲁家世代掌管万户的诏书，并赐给金银制成的三尊佛像，以及修建寺院房舍所需黄金百锭、白银五百锭为主的大量布施。"由于这些助缘，修建了被称为夏鲁金殿的佛殿及大、小大屋顶殿、许多珍奇佛像，后来还修建了围墙"。

据夏鲁寺所藏资料：公元1333年重建夏鲁寺时，夏鲁万户长吉哉从内地请来许多汉族工匠，与当地藏族工匠合作，并从内地运来一大批琉璃瓦、瓷雕、方砖等建筑材料，从而使夏鲁寺成为兼具藏、汉两种建筑风格的典范。

第十一讲 命运种种：生活在远年的时空（之三）

上面缀满同质的果实，其下却连小草也难以生长——不鼓励生长世俗知识分子和经世致用的学问，以及纯文学纯艺术创作，古代神话也都经历了佛教化的改造。世俗知识分子的缺席，意味着人本主义，人文思想，以及通常由这一阶层所承担的社会职责的缺失，既对所处的现实社会和民生无意无为，同时意味着与外部世界交流对话，缺少了沟通的角色和过渡环节。

当然上述障碍并不妨碍我们这些后来者向一切先贤先哲致敬。现在就让我们开始初步了解。如果说藏传佛教后弘期几百年间是大译师辈出的时代，那么14~16世纪，则是从事著述的智者高僧群星闪耀之际。恰白先生在《西藏通史·松石宝串》中罗列了明季帕竹时期一系列贤哲的事迹，择其要者如下：

首屈一指的是布敦大师。布敦仁钦珠（1290—1364年）担任夏鲁寺法台数十年，是一位佛学大家，尤其精通时轮教法，著有包括天文历法和显密二宗等各学科的著作二十七函，翻译了此前藏文大藏经纳塘写本《甘珠尔》《丹珠尔》中所没有的经论文献，为之增补篇目，撰写目录，使之完善。就像后来的宗喀巴大师那样，这位学问精进的大师也曾谢绝过元朝末代皇帝妥懽帖睦尔的召请。缺乏权贵扶持的布敦派（或称夏鲁派）虽然后继无人，但著作长存于世，作为文化遗产被共同继承。

按照年代排序，第二位是蔡巴·贡噶多吉（1309—1364年），十五岁时继任蔡巴万户长。有意思的是，只因他追随萨迦，败于帕竹，蔡巴家族就此衰落于此君之手。在此传递了一个历史经验：潜心于学问的人不宜主政，否则难以兼美。所以他索性让位，专注于治学，为《蔡巴甘珠尔》撰写了《白史》，撰写了历史学著作《花史》《红史》及续补《史册·贤者意乐》等等。其中《红史》的视野开阔，为历来藏学史家所必读。这一点也许得益于他在十七岁时去过北京的缘故，这部史书因而有机会借助汉文史籍中的内容，例如《唐书》所载唐朝与吐蕃的王统，从周朝到唐朝、南宋、西夏和元朝的王统历史等等。

桂译师宣努贝（1392—1481年）的特点一是高寿，活到九十岁，二是八十四岁时才开始撰写西藏宗教史名著《青史》。该著既是对藏传佛教各教派来龙去脉的论述，也是对各派教法的总说与分论。如果还有第三个特点，那就是该著的全面和客观，不予褒贬，掩卷之后仍不清楚作者属于哪一派别。这一点得到恰白先生的称赞。

出生于后藏昂仁的绛达南杰扎桑（1395—1476年），受过初级的戒，虽未出家，但不影响他对传统学识大小五明的博学精通，他的著作涉及佛学、医学、历算、音韵学和工艺学多个方面，其中尤以医药学和历算学方面的贡献最为突出。

夏鲁译师却迥桑波（1441—1527年），又一位高寿长者，活到八十七岁。他是布敦大师夏鲁寺法台的继任者。他的主要业绩在语言学方面，精通梵文，并培养出一大批名译师。其中有长达十五年的时间，他担任江孜法王热丹贡桑帕巴写造《大藏经》的审校工作。

达仓宗巴·班觉桑布撰写了《汉藏史集》，典型的文史哲合璧，精彩极了。本书从中选用一些片断，如吐蕃七良臣、桑哥的故事、皇帝的金面等等，实为当下这本讲说西藏之书中神奇的装饰，真正的"风化成典"。作者我在另一些拙著里，还从中引述过诸如忽必烈派遣金字使者答失蛮进藏建驿站，"让我听到人们传颂强悍之吐蕃已入于我薛禅皇帝忽必烈治下"的消息；引用过有关茶叶和瓷碗如何输入到西藏的故事以及有关瓷碗的精神属性种种，总之受惠良多。该书全称为《汉藏史集·贤者喜乐瞻部洲明鉴》，遗憾的是，这位班觉桑布的大作仅此一部，还是后人从不丹王室"淘"出的手抄本，而有关这位作者的生卒年月生平事迹，不知何时有何机缘才能考证出来。

巴俄·祖拉陈瓦（1504—1566年），代表作有《教法史·智者喜宴》。
……

觉囊派创建较早，一度兴盛在14世纪朵波巴·喜饶坚赞时期。朵波巴所写为佛学专著，以及《山法了义海论》和《第四结集》等关于觉囊派教义的经典之作。觉囊派其后衰落、复兴各为百年。16~17世纪间出现一位代表人物名叫多罗那他，得到了藏巴汗的扶持。1608年他写下名著《印度佛教史》，其实本人并未亲往印度考察，

第十一讲

命运种种：生活在远年的时空（之三）

而是根据对进藏印度人的访谈写成，属于"道听途说"。就这样，在缺乏历史记载的印度仍被奉为至宝，至今仍在沿用。1614年，藏巴汗派他前往蒙古地方传法，蒙古汗王尊其为"哲布尊丹巴"。二十年后圆寂，就地转世。这位转世活佛后在拉萨学习以取得学位，按照五世达赖喇嘛要求，改宗了格鲁派，此即藏传佛教在蒙古最高阶活佛的来历——此说流传甚广，但据觉囊派文献记载，多罗那他并未去过蒙古。目前觉囊派在西藏地区似已不存，只在藏区边缘如川甘交界处尚存寺宇僧人，且有重兴之势。

上述典籍《青史》《红史》《汉藏史籍》《智者喜宴》等等，自20上世纪后半叶以来陆续译成汉文出版。

还有一个应当最有故事的人，特别值得一讲。这是一个天才人物，是诗人、画家、剧作家、文学家、翻译家、书法家、医学家、工艺学家，辩才无碍的演说家，精通天文历算，不用沙盘只需心算的数学家，由于熟悉各类药物的茎、花、果实、汁液等的名称、功效及因产地不同而存在的差异，可算大半植物学家。另外，还是擅长跑步和跳跃的体育健将。

这个人名叫博东·乔列南杰（1376—1451年），通过其人传记，才华之横溢看来古今难有人比。可惜此人作品很少译成汉文，从不多的诗句译文中，感觉得到逼人的才气，且显然性情中人。倘若做个世俗作家，古代文学史有可能平添光色。他确实写过一些文学类作品，诗歌集，剧本《游戏女的故事》，小说《青年诺桑的故事》，还为印度古典长诗《云使》写过注释。

当然这更多属于早年所为。在一个宗教至上的社会里，所有文化精英毫无例外地被整合进佛学之"范"中。果然，自从乔列南杰在定日的协噶尔寺接受了比丘戒，就成为一个行为符合规范的僧人。为普及佛法，他完成了一个巨大的写作工程：丛书总题为《诸论集要》，包括入门书四种，即《童子入门》《智者入门》《显宗经部入门》《密宗入门》。每一函有五部，这套文集广本有一百一十函，普通本有二十函，简本两函，精选本一函。如此巨大的写作量如何完成？工作方式是，直接面对三个笔录者，轮番口述三部不同的著作——真正是古今中外，闻所未闻，旷世奇才不可思议。

除了高深的宗教著述，文学作品也是其延伸，例如诗体故事《白莲花束·黄鸭喜乐》和《以身饲虎本生》《常啼菩萨故事·事喻明镜》等等。这些情形都是他的传记《博东·乔列南杰传·珍奇喜宴》中披露的，现在尚未译成汉文。其中有这样一个情节——

有一次，乔列南杰在阅读希解派的经典时，发现其中某些说法实属异端，当即打算撰文驳斥。但当他在纸面上刚刚写下题目，忽然"短路"，往日只需写下二十字，文思便如江河顺流而下的感觉全无，文思之流冻结。不祥之气同时袭来，咽喉顿时阻塞。写作被迫停顿，随手拿起批驳之靶再读，渐渐沉浸其中，方才发现希解派经典的迷人之处，它代表了显密经咒最为殊胜的深刻思想啊！写文章的想法立即放弃，咽喉部位的难过随之消失。

随意拈来一个细节，并非意在说明什么，只是从中约略嗅出博尔赫斯的味道。

民族出版社出版了藏文版的《博东班钦文集》。摘录其中《妙音仙女赞·花团锦簇》开头的几句赞辞，可见行文风格之一斑，真正"花团锦簇"。妙音天女是司掌音乐与艺术之神，即央金玛。
　　顶髻佩有日月宝石，
　　细辫流苏纷披腰际，
　　发间缀满珍珠莲花，
　　耳饰青莲之蕊妙音女！

第十一讲 命运种种：生活在远年的时空（之三）

大地行者唐东杰布

唐东杰布（1385—1464 年）

话说 15 世纪某一天，拉萨河，不对，是整个西藏的河川，将要架起第一座铁索桥。南北两岸的桥墩石基已经垒砌好了，一箭长的铁橛已经楔入两岸的岩石中，引链过河的绳索是用牛皮船载过河面的，三百名负责拉绳子的力士壮汉有僧有俗，现已各就各位，只待唐东杰布一声令下。

拉萨人倾城出动，齐刷刷涌向河堤，此刻正齐刷刷看向那位须发皆白的老者。唐东杰布诵罢经文，站起身来，朝向力士们大手一挥——

看热闹的人群充当了拉拉队，喝彩的、加油鼓劲的，欢呼声顿时喧响一片。三百力士手握粗绳的那一端，拴着百十米长的铁索链，有人真正卖力,有人假装卖力,总之场面颇为壮观。一生最大的愿望就要实现,年届七十的唐东杰布心情激动,他既坐不住也站不住,而是情不自禁地在力士队列旁边走来走去,朗声诵念咒语,以神佛之力助阵。

但是突然地,一切戛然而止,拽拉铁链的绳子崩断,三百力士不管是真出力假使劲的,全都扑倒在地。人群静止片刻,又喧哗起来,议论纷纷,都说很可能是水中鲁神作怪,人力不可为,建桥不可行吧。

往下就进入了神秘传说,据《唐东杰布传·宝贝明镜》所记,当天晚上,唐东杰布端坐在铁橛子上,指挥众僧施行空行母皈依法,召请并役使天龙八部之鬼神精灵充当力士,铁链拉过河面,架成了索桥。

这一消息像风一样传遍了全城,第二天大早,人们又齐集河边,惊叹眼前梦想成真的奇迹,在索桥上走过去再走回来,口口声声感念铁桥建造者,而唐东杰布早已不见踪迹——他赶往雅鲁藏布,又去建第二座索桥了。

民间口碑所传播的历代高僧大成就者中,唐东杰布可谓最受爱戴和最感亲近的一位。因为像他这样关注民生的高僧,实在是屈指可数。有关他的故事半是真实半是神话。神话从诞生开始,说他在母腹中一住六十载,生来就是须发皆白的模样,极言其与众不同。并盛传他活到一百二十五岁,上述架起第一座桥时的年龄为七十岁,就是根据民间的说法。与民间说法相同的是,文字记载中的唐东杰布也是特立独行,另类一个。此僧出生在后藏仁钦顶一个小富家庭,少年时多有义举,出家后法名为尊珠桑布,师从过多位高僧,所在教派为现在已成历史名词的香巴噶举。这一宗派本是噶举派两大支系之一,在11世纪末与达布噶举差不多同时创建,但因不参与政治,不与权贵结缘,虽在后藏地区繁盛过几百年,到15世纪以后还是销声匿迹了。

不唯香巴噶举,藏传佛教后弘期纷起的教派中,凡是提倡避世苦修的、过于秘密传授的、过着简单纯粹的宗教生活的,甚至专注于学问的,总之凡无权势财富背景又无意争取的,例如希解派、觉域派、布顿派、觉囊派等等,无一不沉寂。

第十一讲

命运种种：生活在远年的时空（之三）

与众不同的唐东杰布从一开始就显得离经叛道，譬如在辩经场合，他公开表示不喜欢对于经论的夸夸其谈，让大家感到不自在，送他一个"疯子尊珠"的绰号。据说他还曾极力阻挠扎什伦布寺的修建，大约出自同样原因。又不安于住寺，在外云游十八年，甚至远行印度尼泊尔，因此又有"尸林化缘者"之名。除此他还有几个名号，其中最为知名并传至今日的，是尊号唐东杰布——旷野之王。这是西藏下层民众封给他的响亮名号。与他同时代的高僧或沉浸于对于佛法的讲、辩、著，或热衷于权势利益争夺，只有唐东杰布，悲悯的目光是向下的：注目于世间，行走于大地。游方僧的生涯无时无刻不在感受着民间疾苦，净土固然可往，来世固然可期，但是现世的苦情能否稍作改变？

在当时，除了小河上架有木桥，西藏的江河唯有木船皮舟可供摆渡，本已不便，权贵富人还常有独占优先的权利。有一回，唐东杰布在乘船渡江时就遇到麻烦，才刚刚上船呢，就听到船夫斥责助手，有贵人要用船，为何让这个穷僧人先上了船。

铁索桥遗迹

风化成典
西藏文史故事十五讲

藏戏面具

藏戏演出现场

雅鲁藏布江上的牛皮船

据说由于这一刺激,推己及人,想到百姓出行岂不是更加艰难?由此心生悲悯发下宏愿:有生之年全部用于架桥!

建铁桥,首先面对资金原料的难题,唐东杰布为此准备了好多年。集资集物有若干渠道:当应请为人做法事的时候,行医治病的时候,索要的酬金不是别的,是铁块铁环,是冶炼必需的木炭;游说有钱的施主,以捐资修桥方式积累功德——佛教讲因果报应,凡生前修路架桥者,在通过中阴地狱之路从而再生的过程中,必会逢山有路,遇水有桥,毫无阻碍——这个深入人心的观念对募捐大有裨益。除此以外,他还带领信徒们在工布的神山脚下开采铁矿,在作坊里与铁匠们一起抡锤打铁。每座铁索桥需要用铁一千四百驮,唐东杰布建了多少桥?五十八座!五十八座桥梁所用之铁,就是这样抔土高山、跬步千里,一点点、一年年,积累而成。终于在他七十岁那年,在拉萨河,不对,是在西藏的所有的河川上,建起有史以来

第十一讲 命运种种：生活在远年的时空（之三）

第一座铁索桥。终其一生，他还建造过木桥六十座，舟船一百一十八只。

为了募集更多的资金，建造更多的桥梁，或者说，让架桥的事业更加广为人知，吸引更多的民众参与，唐东杰布进行了社会总动员，采用的方式同样别出心裁：召请山南琼结七姐妹，组成专业演出队。唐东杰布改编了传统的对白剧和歌舞曲，添加了人物情节，属于西藏高原的特有剧种"阿姐拉姆"——藏戏，就这样发端。经过后来几百年的发展演变，藏戏以丰富多彩的唱腔和引人入胜的情节而被西藏人喜闻乐见。藏戏有两个流派，其中扎西雪巴的经典标志，是白面具。白色山羊皮制成的面具上，头发、胡须和眉毛白如海螺，那便是创始者唐东杰布的形象了。后来的面具形形色色，另一派蓝面具意在表现角色的威武。剧中人物的面具颜色各有所指，父亲是威严的红色，母亲是慈爱的绿色，仙人为黄白，半黑半白的则是内心阴暗的反面角色。

藏戏保留了广场戏的特点，传统八大藏戏有《诺桑王子》《卓瓦桑姆》《文成公主》《苏吉尼玛》《顿珠顿月》《朗萨雯波》《赤美衮登》《白玛文巴》；每一剧目的演出都是一连几天，台上台下、演员观众之间的互动交流极富人情味。时至今日，在拉萨每年夏季的雪顿节，都是西藏各地藏戏团体的大型展演。藏戏的诞生本是架桥事业的衍生品，副产品，不过从关注民生到开发民智、怡悦民情，超越了当年功利，在艺术领域独树一帜。

正史说唐东杰布活到八十岁，民间说他活到一百二十五岁，不过再怎么长寿也有亡故的一天，只有为人民谋取福祉的功业不朽，历史和人民不会忘记。唐东杰布身后，有关他的故事流传，寺庙里有他的塑像，唐卡里有他的画像，世世享用人们的朝拜感念；藏戏艺人奉他为祖师，白发白须白眉毛的形象经常出现在多彩灯光映照下的舞台；虽然现代化的桥梁耸立在西藏的江河，出行方便，但是当地人还会不时指点当年唐东杰布的索桥遗迹，旅行者也会被导游随处告知。现在遗迹都成圣迹，有经幡飘扬，年年更新。

古道上的白色运茶神

从前，不知道是在哪朝哪代，何年何月，一位行走在茶马古道上的茶商，客死在咱塘村。也不知经由哪位高僧收服加持了这个无所归依的亡灵，成为咱塘地方的保护神。

咱塘村在拉萨以东墨竹工卡县境内，距离止贡提寺不远。这位白色运茶神是有形象的，就在村旁路边山崖上，一处自然显现的人形图案，其实是山坡灌丛中的裸岩，远看像极。村人说，你看他从不移动脚步，但时常可以听见他的驮队骡铃叮咚。村人遗忘了此神来历的细节，只说他生前长年往返于古道，从东方的康定驮来砖茶，每每路经此地，最终留在此地，是一个吉祥的神灵，连当地古老的土地神鲁赞，也成了他的跟班随从。

现在所说的茶马古道，是按川茶和滇茶进藏的路线，大致分为从云南、从四川进藏的南北两路，会合在西藏的昌都，再到拉萨。拉萨以西还可通往日喀则、阿里的边境以外，可算是广义的古代国际商贸通道了。另有一路是从青海进藏的唐蕃古道，这些古道的开辟早于茶马互市的年代。茶马互市始于宋代，藏区周边遍设相关机构。现在的四川雅安地区名山县的新店镇，宋代始建、明代继续使用的茶马司建筑还在，近年恢复了旧貌，街前还新塑了一座巨型雕像：一藏一汉两位壮汉，两匹骏马，一堆砖茶，八个大字：以茶易马汉藏一家。

第十一讲 命运种种：生活在远年的时空（之三）

明朝以茶治边，将全国所产之茶分为官茶、商茶和贡茶三种，官茶即专事换马的边茶，设茶马司于秦（西宁）、洮（临洮）、河（临夏）、雅（雅安）诸州，严禁私茶，即个体商户不得从事茶叶生意。明代两百多年里，茶是朝野话题之一，用于羁縻边地的主要手段，各色人物活跃其间，生发了许多故事。其中《明实录》就记

二郎山上的茶马古道遗址

名山县新店镇的茶马司旧址新立一碑，碑文溯及名山茶的源流，并为茶马互市立传：……宋时因连季用兵，所需战马，多用茶换取。神宗熙宁七年，派李杞入川，筹办茶马政事，于名山设立茶马司。元丰四年，特诏名山茶易马用。至徽宗建中靖国元年，又重申原诏，大观二年再次诏令熙、河、兰湟三路以名山茶易马，恪守神考之训，并定为永法。明洪武时，对茶叶实行官买官销，由茶马司主持交易。清初，废茶马法，行引岸制，名山所产边茶凭引票销往康藏。……联曰：
茶马互易相得益彰垂青史
汉藏交融和衷共济贯古今

四川雅安名山县茶马司遗址及碑

茶马古道上的村庄——西藏边坝县乌金丹达村

载了洪武年间发生的一事，涉案人是皇亲国戚的驸马爷。

明朝开国皇帝朱元璋创设了茶法马政，规定马分三等，起初上等马换茶八十斤，中等马换茶六十斤，下等马换茶四十斤，茶贵马贱；后来有所更改，又造成茶贱马贵，只好再行调整。至少在明代中期以前，系国营垄断，从朝廷角度考虑，一为国防安全，二为国库增收。不过随着茶法的实施，巨额利润使私贩茶叶的情况相伴而生，许多官员也不惜铤而走险。朱元璋为此再颁命令，凡私自贩鬻者严惩不贷。但是他的女婿，驸马都尉欧阳伦却置若罔闻，大行私货勾当。当朝很多人都知道他的行径，却没有一个人敢于告发。

第十一讲　命运种种：生活在远年的时空（之三）

有关茶叶的民歌和谚语：

假如我的骏马善走，
就像东方白云飞驰，
去把汉地茶叶驮来，
只要一个早晨就行。

黑茶叶汉地生长，
黄酥油自家提炼，
白盐巴藏北出产，
三兄弟在此团圆。

来往汉藏两地的牦牛，
背上什么东西都不肯驮；
但当听说贸易有利，
就连性命也不顾了。

　　这一年欧阳伦亲自坐镇陕西，委派心腹家丁周保采购，并威逼当地派车五十辆装载，欧阳伦则直接找到布政使司官员，开出通行文书。这批茶叶卖往甘肃临夏的河州茶商，由茶商再销往西藏。当车队行经兰县即兰州河桥时，巡检司小官依例盘查。家丁周保仗势欺人成了习惯，对执行公务者大打出手。河桥吏不堪其辱，一状告到了南京。朱元璋闻听大怒，正好从身边开刀，以儆效尤：驸马都尉欧阳伦被赐死，一同被诛的还有周保等几位心腹，可怜那位陕西的布政使司的官员也受到牵连，因知情不报罪，一并赐死；不畏强权的河桥小吏受到了嘉奖。此事发生在洪武三十年即1397年间。

　　明朝承祚两百七十多年，所谓边患，先有北方的蒙古，后有东边的倭寇，最后覆亡于北方的满族和腹地的农民起义。但是西南方向的大后方一直稳定，所以可想而知，朝廷认为以茶治边的策略是成功的，对西藏的表现是满意的，所以来者不拒，必有封赏；在西藏僧俗上层看来，既有皇上的封号认可，又有实际的物质利益，何乐不为：你看，进贡的是马匹和方物，回馈的是金银锦缎茶叶，并且是多少倍的丰厚！于是结果可想而知，进京朝贡的队伍不绝于途，每一拨从几十人到几百人到几千人；频率加快，每个王从每年一次到数次，直到朝廷不堪重负，并且发现了问题：国有专营的茶叶禁止个体贩茶，只有贡使被特许开放茶禁，享有豁免权，同时享受免费接待、免费运输的待遇。优厚款待无形中鼓励了使者兼营商贸，或者干脆有商人混迹其中，钻了政策的空子。朝廷不得不予以限制，定下新的章法：规定除三大法王不受限制外，其余诸王每三年朝贡一次，每次人数百人，不得超过一百五十人，并各各规定了路线，以便监督管理。

　　到明代中晚期，随着王朝的衰落，腐败之风盛行，茶法马政俱坏，只得由官办改为商营。此时饮茶之风早已从西藏上层普及到民间，全体民众不可一日无茶的大量需求，使茶马古道长久繁荣。清朝初年，一度继续着以茶易马的传统，不过为时不久，待到四海宁靖，天下太平，不再需要战马了，物资交流的内容有所变化，茶叶却是永恒的主题。

往事越千年。我们的故事讲到这里，主人公大都为帝王将相、大德高僧，不是讲故事的人喜欢这样，有道是巧妇难为无米之炊，藏汉文的史笔对于民间生活往往疏于记载，百姓毕竟都是群众演员。好在历史命运还算公正，朝代有兴衰，权势有沉浮，民间生活虽说艰难但是长川不息。从元到明，西藏地区并不平静，不过总有阳光透过战乱的阴霾，照亮民间生活。农牧丰收，安居乐业，是传统社会恒常的理想。就让我们一道来欣赏这个村庄，咱塘村的白色运茶神还在年复一年地享用着供奉，有女巫为之传达神谕，禳灾祈福。村人回忆说，每当女巫所降者为运茶神，是这样一副行头：胯下骑白骡，身穿洁白衣，右手执白鞭，左手擎白旗；而当所降者为运茶神的随从人员土地神，则是这样的装扮：下身是龙体，其上为人身，手持红色旗，颈插三角旌，坐骑一匹狼，以蛇为缰绳。

第十二讲

清季的天空之斗转星移

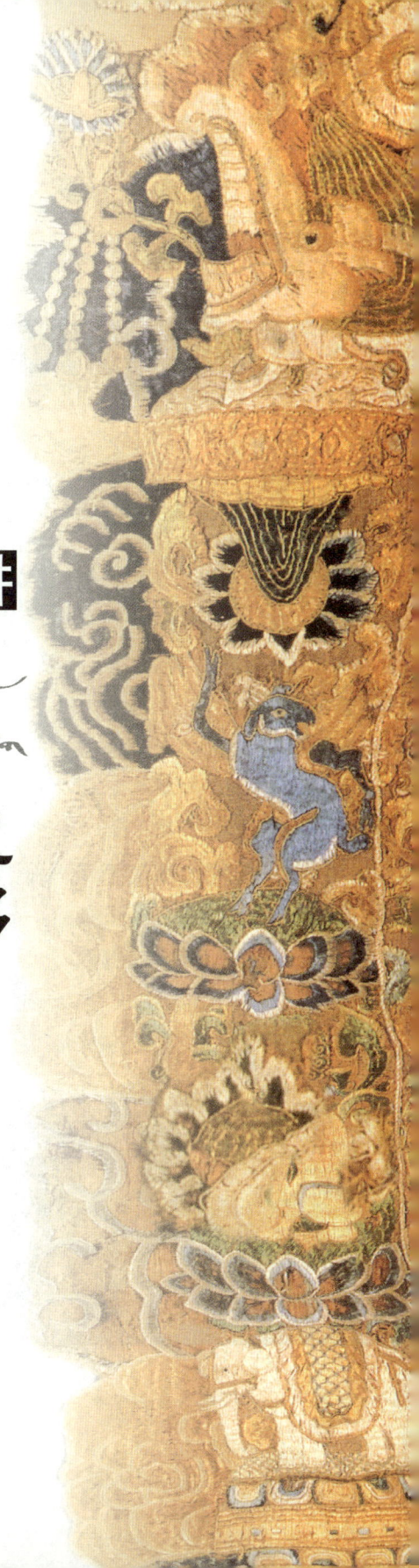

风化成典

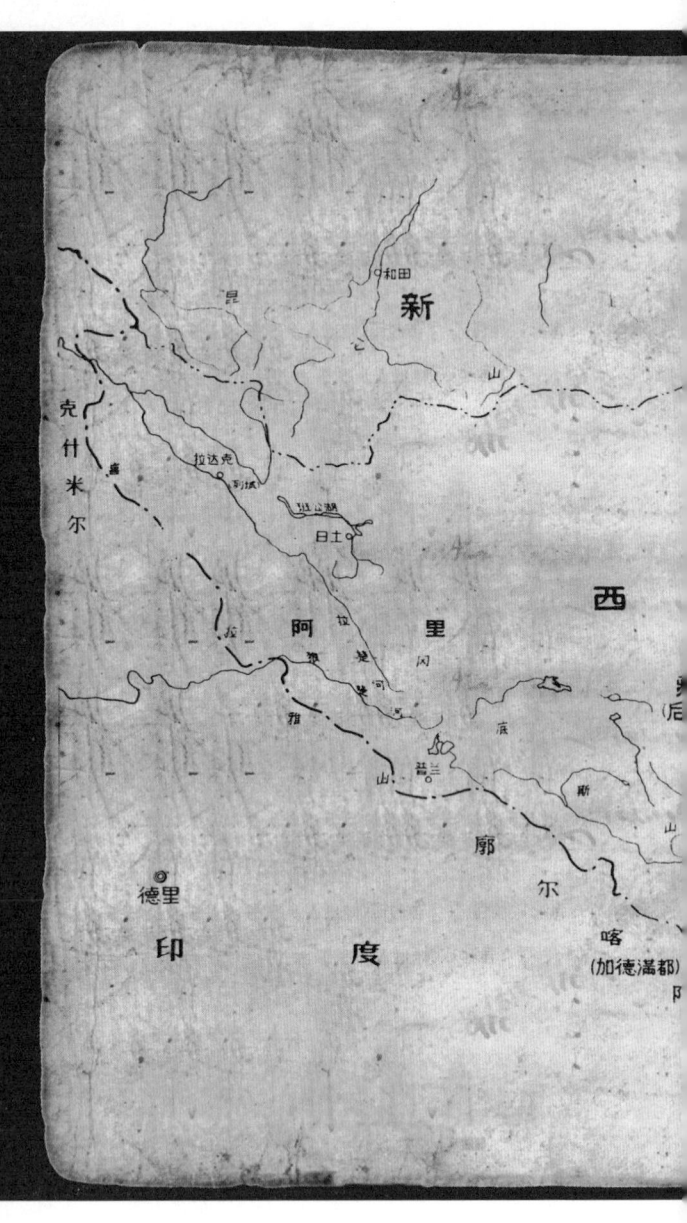

西藏文史故事十五讲

清代西藏及藏区的行政区划已经接近现代格局了，或者说，现代行政地理即是依据清代格局划分的。康熙朝运用近代制图学方法，绘制《皇舆全览图》，包括对西藏地区进行初步测绘，并划定川、滇、藏区界；历经雍正朝《皇舆图》、乾隆朝《乾隆内府舆图》，直到光绪末年，边军还在藏东南边境测绘，着力扭转该地有疆无界的局面。

第十二讲

清季的天空之斗转星移

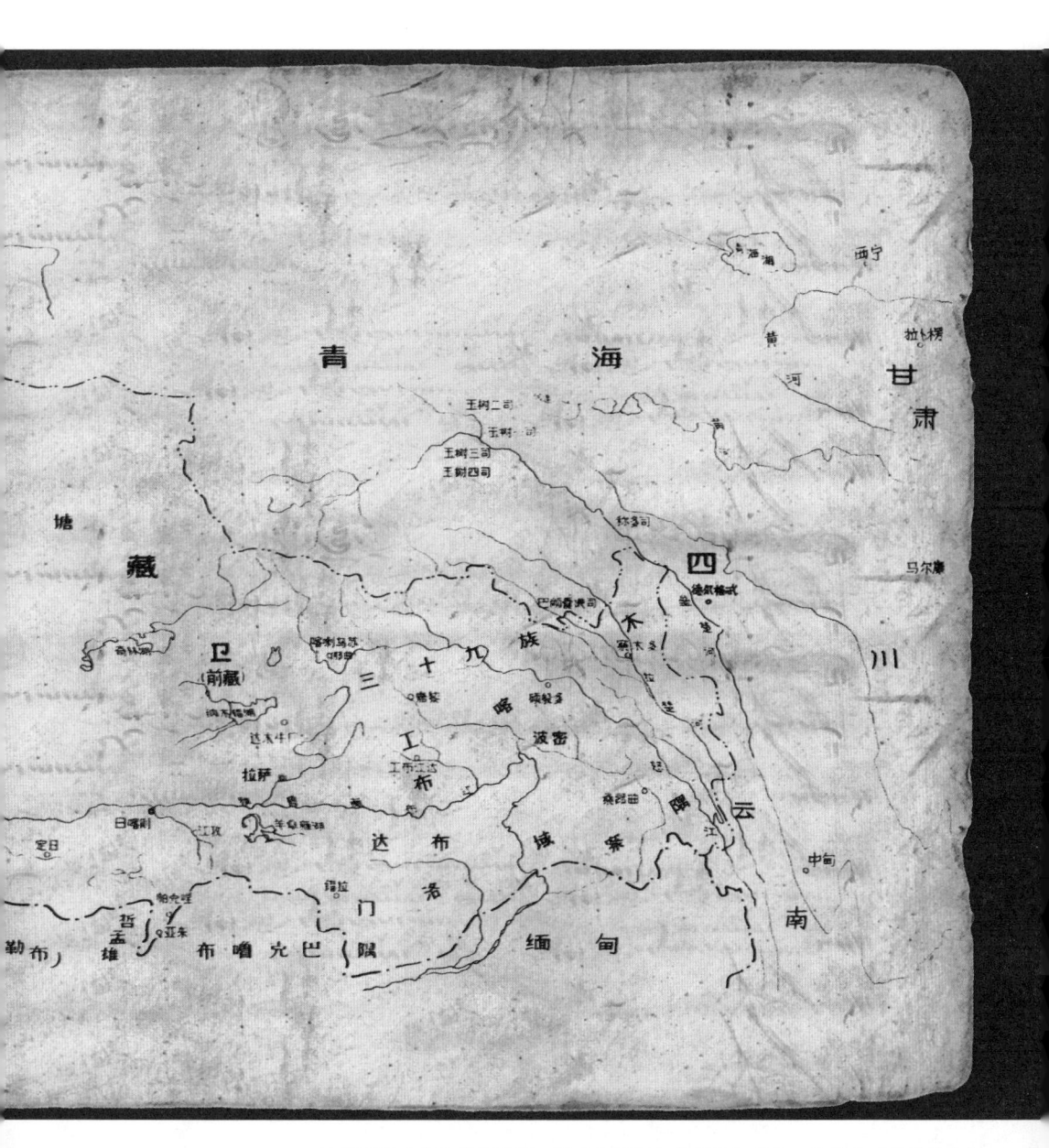

清代西藏及其他藏区略图　据《中国历史地图集》简绘，转引自《藏族简史》

俺答汗，再续蒙藏之缘

明朝立国当年，1368 年，元朝末代皇帝妥懽帖睦尔仓皇逃往蒙古草原深处，没有带走哪怕一位藏族高僧；或者反过来说，百年间累沐皇恩的帝师国师们，没有哪一个谁，继续追随失势者——既然俗世皆为幻象，又何必下马骑驴弃高就低；作为需要供养的阶层，注定要攀缘而上，更何况总有新的施主和需求在召唤。其后整整两百年，藏地上层与新王朝联系热络，全然不知重返游牧生涯、重归长生天信仰的旧主如何逐鹿草原，分分合合经历了几个轮回。直到蒙古人再次找上门来，双方的角色说有改变其实变化不大，却都是另外的人物故事了。

15 世纪末统一了蒙古诸部的草原王者，属于成吉思

俺答汗

第十二讲 清季的天空之斗转星移

汗——忽必烈的嫡系后裔,东蒙古土默特部(即内蒙古)达延汗。后来他的孙子俺答汗(阿拉坦汗,1507—1581年)从1543年起,统领着以呼和浩特为中心的河套东北部,并且还在向西拓展。这位俺答汗无论在明史中、在蒙藏地方史中都赫赫有名。就朝廷方面而言,俺答汗每到秋收之后便率部犯边,大军可达十万之众,实为心腹大患。正在疲于应对时,说来有如天助,1570年发生一事件,提供了转机:俺答汗的一位孙子投奔了明军;其后明廷与俺答汗谈判的结果,是授予"顺义王"称号,特许他在边境建立农牧粮畜互市,并补助一定津贴。以物资交换取代了抢掠和因此而发生的征战,对双方来说都降低了成本,边患自然消除。顺义王俺答汗迎请索南嘉措(1543—1588年),就是在这一和平背景下进行的。

此时的俺答汗年逾花甲,壮怀激烈之余,难免不虑及深远,比如说为来世做些准备,所以他从内地迎请过佛经及汉僧。远方西藏有观世音转世的消息,是他的侄子彻辰洪台吉提供的,令他联想起先辈忽必烈与八思巴结缘,光荣历史的感召伴随着民族自豪感,加上对于来世再做转轮王的向往,让他做出了一个重要决定。

仿佛一直在等待,哲蚌寺法座索南嘉措接到邀请,当即决定动身。格鲁派势力在初兴阶段,幸有帕竹政权的中兴之主阐化王扎巴坚赞"罩"着,拉萨三大寺得以兴建;但当强力人物不在了,格鲁派就成为仁蚌巴与噶玛噶举红帽系联盟的打压对象,甚至16世纪开始的二十年内,被禁止参加拉萨正月祈愿大法会,许多格鲁派僧人被迫改宗。艰难中幸有帕竹第悉阿旺扎西扎巴扶持,正当权利得以恢复。但当这位最后一个支持格鲁派的乃东王于1563年去世,格鲁派重陷困境。尤其当仁蚌巴的家臣辛厦巴在后藏揭竿而起,对旧主大打出手,本来应当是件好事情,却不料这股新的世俗势力仍与噶举派结盟。于是奇怪的局面出现了,对于辛厦巴来说,敌人的朋友还是朋友,敌人的敌人仍旧敌人——格鲁派及其施主们遭受双重打压,雪上加霜,所以心存一个愿望,借助外部力量求得生存。在这样的背景下,

> 据藏籍称,辛厦巴家族崛起于后藏,承诺让大宝法王十世噶玛巴却英多吉做卫藏地区的宗教领袖。因此这位大宝法王利用皇帝授予的权力,指定藏巴汗彭措南杰为前后藏统治者,并赠给一方玉印,从而使藏巴汗政权合法。多年后,藏巴汗政权被固始汗的蒙古劲旅击溃,噶玛噶举派仍在组织力量反抗,最终失败遭受重创。

格鲁派代表人物索南嘉措欣然响应邀请，当是题中应有之义。

索南嘉措一行走过藏北高原，来到青海境内的一条河边，只见河水汹涌，难以涉渡；到了第二天早上，水位就下降到可以蹚水而过了。这是在藏文史书里可以查到的实情，本来属于高原河流的特点，冰川消融的速度导致水涨水落，通常都是午后涨水。但是这一情节在蒙古人那里，却演变为奇迹：大师伸手指向挡道的河流，顷刻间河水倒流。接下来还有一个情节：俺答汗与索南嘉措一见如故，恍然忆起从前某一天，他宰杀了一匹马，正当把腿伸进马的胸腔里以热血疗疾之际，天空中忽现一白色仙人，斥责他杀生造孽。此时一见索南嘉措大师，正是那位仙人……崇尚奇迹的草原人对于这类故事津津乐道。

青海湖畔的会见具有历史意义，被载入史册的是，俺答汗赠给索南嘉措"达赖喇嘛"的尊号，全称为"圣识一切瓦齐尔达赖喇嘛"，从此沿用下来；往前追溯了两世，索南嘉措为第三世。这位达赖喇嘛向俺答汗回馈了一个名号"法王大梵天"。仿照先辈忽必烈夫妇接受八思巴喜金刚灌顶的旧例，索南嘉措应请为俺答汗夫妇举行了同样的灌顶仪式。

这期间还发生了一件事。俺答汗以迎请西藏高僧之名率部进入青海，令朝廷感到紧张不安，于是委派甘肃巡抚把索南嘉措请到甘肃会面，拜托他劝说俺答汗退回内蒙古。索南嘉措住进当年八思巴住过的幻化寺，享受着如同前朝先哲一样的优厚礼遇。对于朝廷所托，欣然答应，并向主持朝政的大学士张居正呈函告知："阁下吩咐顺义王早早回家，我就吩咐他回去。"1587年，万历皇帝敕封三世达赖喇嘛索南嘉措"朵儿只唱"（金刚持）并召请进京。其时因俺答汗病故，三世达赖喇嘛索南嘉措正在内蒙古参加葬礼，在他准备应请进京时，不幸圆寂于内蒙古，时在1588年，终年四十六岁。

俺答汗迎请索南嘉措之举，引发了一系列效应。以藏传佛教的传播与接纳作为纽带，使相互隔绝了两个世纪之久的两个民族恢复了联系，据说当时即有上百位蒙古族青年剃度出家，并准备前往拉萨学习佛法；其后广建寺院、广度僧众在蒙古草

第十二讲 清季的天空之斗转星移

原蔚成风气——佛法从上层普及到民间，影响到从今往后的社会生活；佛教精神充分体现于俺答汗主持制定的"阿拉坦汗法典"，在这部未能完整保存下来的法典中，至少可以得知杀牲殉葬的旧俗被明令废止，对于出家人的权益明令保护的同时，对其必须遵行的戒律也作了明文规定。凭借这一法典，我们可以看到蒙古草原的社会转型，香火从此绵绵不绝。与此同时，从佛经的翻译开始，到民间传唱的《格萨尔王传》及一些文学作品翻译，一批译师出现，蒙藏之间的文化交流蓬勃兴起，到清代康熙年间，清廷谕令雕印蒙古文《甘珠尔》，正是这一时期打下的基础。

第三世达赖喇嘛索南嘉措圆寂于内蒙古，格鲁派有心利用这一契机，使所借助的蒙古力量强化增益，便委托三世达赖喇嘛的生前侍从官在内蒙古察访转世灵童。结果如愿以偿：第四世达赖喇嘛云丹嘉措，在北方大草原的俺答汗家族中诞生。这是令双方皆大欢喜的局面，对于格鲁派来说，从此有了强大保护，对于蒙古诸部来说，则是无上荣光。拉萨三大寺代表前来青城（今呼和浩特）迎请，第一位、也是唯一的一位蒙古族转世活佛——第四世达赖喇嘛云丹嘉措，就这样登上了哲蚌寺甘丹颇章的法座。他在内蒙古生活了十四年，在西藏生活了十四年。蒙古人重新大举进藏由此发端，各派势力借助蒙古力量相互征伐，导致蒙古势力影响乃至左右西藏社会达两百年之久。

蒙人驭虎图　藏语为"索布达赤"，常见绘于西藏寺院和民宅的廊壁上，意在驱除瘟疫，招福纳祥。

固始汗，格鲁派威猛护法

经过第三世达赖喇嘛索南嘉措的破冰之旅，中断了两百年之久的蒙藏关系再度联结起来，尤其是1603年由蒙古兵护送第四世达赖喇嘛云丹嘉措进藏，唤醒了前朝各派联手的记忆，蒙藏之间仿佛通途，百余年间，应请而来的，不请自来的，学经者，朝圣者，经商者，特别是军旅，从此不绝于途，涉及的蒙古部族有土默特部、喀尔喀部、厄鲁特的和硕特部，最后是准噶尔部等等。在明、清两朝交替的17世纪，纷纷扬扬，在西藏上演了一幕幕活剧。

在内蒙古草原上长成少年的第四世达赖喇嘛云丹嘉措（1589—1616年），承袭了游牧民族骁勇的天性，不甘于臣服藏巴汗统治，矛盾激化。在他以二十八岁年纪圆寂后，"上部藏王"藏巴汗丹迥旺波一度下令不得让其转世，后来在四世班禅的极力劝说下，方才允许寻找转世灵童。格鲁派在敌意的后藏藏巴汗统治的阴影下艰难生存，同时利用在内外蒙古传法的僧人，无时无刻不在物色可资凭借的力量。不过这一努力最初以失败告终：此时驻牧青海的，是喀尔喀人却图汗，此人乃苯教信奉者，反为敌对势力；另觅他途，转而求助于西蒙古，于1617年请来曲科尔兄弟的蒙古兵。哲蚌、色拉两寺僧兵与之联合作战，却不料在藏巴汗的反击下溃散逃亡。三大寺僧人一度流离失所，后经高人调解，方才被允准返回，一面整修被战争损毁的寺院，一面继续暗中寻找新的同盟者。

第十二讲 清季的天空之斗转星移

固始汗（1582—1654年）就是在此时进入视野的。固始汗是蒙古和硕特部汗王拜巴噶斯的弟弟。该部在喀尔喀部族的强势压力下，于17世纪初的二十多年里西迁至额尔齐斯河畔（今新疆境内）。正当寻找新的驻牧地之际，接到乌思藏方面达赖喇嘛的司库（总管）索南群培的求援，可谓求之不得。固始汗出生之时，由第三世达赖喇嘛索南嘉措传播的佛法已在内外蒙古大行其道，据说他对佛教的崇信与生俱来。1637年初，固始汗率大军长途奔袭，一举歼灭盘踞青海的却图汗，和硕特部族就此从天山以南迁至青海。

固始汗（布达拉宫壁画）

1637年秋季的某个黄昏，一支看似寻常的蒙古商旅，悄无声息地潜入拉萨，扎营在城外靠近哲蚌寺的旷野上。商队的主人，一位五十五六岁的壮年汉子，自然也是一副商人打扮，没有人想到此人将会在今后的西藏百年史中扮演何等厉害的角色。当夜幕降临，有人引导这主仆一行，同样是悄无声息地隐入哲蚌寺，年轻的五世达赖喇嘛阿旺洛桑嘉措（1617—1682年）正在密室中静候他们的到来。

固始汗与五世达赖喇嘛的历史性会晤就是这样秘密进行的。作为施主，固始汗奉献了数万两白银；作为信徒，他接受了居士戒和达赖所封"持戒法王"名号。从这一刻起，他成为格鲁派人世间的威猛护法。当然，作为蒙古一部的汗王，进取西藏符合自身最大利益，施主和信徒之外的征服者身份，以护法之名进行。这也是之所以拿下青海便急急赶赴西藏的原因所在，他需要亲自沿途考察行军打仗及未来驻牧的地形地势，拟定路线图和时间表，一应战略战术在此行过程中了然于胸。

两年后，固始汗又一个长途奔袭，举兵讨伐康区（今四川西部）的白利土司，占领了从甘孜、德格、邓柯直到芒康等金沙江两岸、横断山脉大部地区。随后，佯装撤兵，在返回青海途中，突然反戈一击，改道藏北当雄，挥师直指日喀则藏巴汗老巢。

这一招十二分的凌厉。此前，雄心勃勃的藏巴汗丹迥旺波已与康区的白利土司和青海的却图汗结成盟友，这一强强联合的局面颇具声威，据后人分析，似志存高远，大有重温吐蕃旧梦之架势。殊料短短几年时间，固始汗两番长途奔袭，就把两位盟友打得落花流水，藏巴汗徒唤奈何之际，听说蒙古大军已从康区撤军，刚刚松了一口气，惊悉一个回马枪杀来，猝不及防也得防，只得仓促应对，固守城门。

这边固始汗虽有达赖司库索南群培所派之人为向导，但毕竟外力，人生地疏，伤亡惨重，日喀则堡垒久攻不下，情势于己反而大不利。司库索南群培紧急派人前往拉萨、山南等前藏各处，游说动员对藏巴汗不满的各方势力，包括半独立的吐蕃王室后裔拉加里小王朝，组建盟军。这位司库并亲自指挥三大寺僧兵勇夺藏巴汗在拉萨的据点东嘎，继而攻占德庆宗（达孜）、内邬宗（拉萨河南）。待山南、拉萨等前藏收复，又齐齐涌向后藏，为固始汗助阵。1642年三月，日喀则城破，藏巴汗丹迥旺波被俘。

在藏巴汗政权的废墟上，固始汗恭迎五世达赖喇嘛来后藏。在扎什伦布寺大经堂，一众蒙藏人士的见证下，就像当年忽必烈对八思巴所做的那样，固始汗把西藏十三万户和自己的部族奉献给五世达赖喇嘛。在这样一个历史时刻，当象征权位的两件宝物被拱手相送，意味着联合执政的卫藏新局面开启。这两件宝物——八思巴的玛瑙法铃和翡翠茶杯，已辗转经过萨迦—帕竹—仁蚌巴—藏巴汗之手。

但新局面的开启并非一帆风顺，残存的敌对势力是不甘于失败的。自帕竹政权开始即占主导地位的噶玛噶举派势力遍布全藏，此刻逃往南部洛扎地区的噶玛巴师徒秘密串联，策划在各地同时起事。但是他们犯了一个错误，误判蒙古势力中的额尔德尼珲台吉可作盟友，在试图联络时密谋外泄，致使固始汗和司库索南群培的蒙

第十二讲 清季的天空之斗转星移

藏联军再动干戈，一处一处去扑灭正待燎原之火。

这一场波及整个前后藏范围的动乱并非刻下就能敉平的，从噶玛噶举到藏巴汗旧臣，无不抵死反抗，后藏重镇南木林、仁布数宗被他们一度夺回，并围困了白朗，江孜和日喀则也志在必得。班禅向拉萨告急，蒙藏联军支应不暇，只好向青海大本营求援。被激怒的固始汗誓言消灭噶玛噶举，处死了藏巴汗丹迥旺波。本来这位失势的王做了俘虏，在班禅大师和萨迦法王的求情下，固始汗已免其死罪，囚禁在内邬宗。现在大敌当前，为绝后患，固始汗下令将这"毒根黑乌头"抛入拉萨河中淹毙。随着青海蒙古兵进藏、噶玛巴师徒逃往丽江避难和藏巴汗的死亡，旧政权灰飞烟灭。

这期间，明末清初的内地也在激烈动荡中。兴衰几乎同步，内地治，西藏安，内地乱，西藏更乱的历史性规律又一次得到了验证。从东北崛起的后金努尔哈赤收服了东蒙古诸部，皇太极改国号为清，正问鼎中原。1642年，固始汗和达赖喇嘛派人前往盛京沈阳与清太宗皇太极取得联络；十年后的1652年，五世达赖喇嘛亲赴北京，受到顺治皇帝极为隆重的欢迎，受封为"西天大善自在佛所领天下释教普通瓦赤喇怛喇达赖喇嘛"。年已古稀的固始汗虽未同赴京城，同样得到了封号"遵行文义敏慧固始汗"，以其为西藏地方最高行政领袖，达赖喇嘛则为"领天下释教"的最高佛教领袖。

由固始汗武力开创，以蒙古汗王、甘丹颇章及第悉（行政长官）联合执政的文治时代，西藏地区保持社会稳定差不多六十年。有了这一背景，五世达赖喇嘛阿旺洛桑嘉措作为政治家的才干和作为宗教领袖的胸怀得以展现，使他在藏族历史上成为堪与松赞干布和八思巴比肩齐名的伟大人物——神王。史载五世达赖喇嘛在位期间，修复新建了宁玛、萨迦派等其他支派的寺院，各派首领心悦诚服的为多。当然，宗教宽容只存在于理想愿望中，之后格鲁派整合归并了许多别派寺院，也是不争的事实。这当中望风而归者有之，无奈跟从者有之，有前科的噶玛噶举入了另册也是可以理解的——那两位密切追随藏巴汗，打压过格鲁派，在其靠山盟友灭亡后还在组织反抗力量的红帽、黑帽噶玛巴，达赖喇嘛表示了蔑视，并未加害，已属不易。

拉萨清真寺

穆斯林就在这一时期进入拉萨。有位来自克什米尔的阿訇,名叫彼尔·亚郭布,他每天在拉萨西北郊格培山前做礼拜,有人就把这事儿跟五世达赖喇嘛说了。虽非同道,佛爷还是感其心诚,决定赠送西郊一片林卡作为活动场所,还豁免了这块土地上的税负。现在那儿成为穆斯林的墓地。此后来自克什米尔、拉达克、尼泊尔和锡克等地,以及来自甘青等地的穆斯林,先后在八廓街附近建立了大小清真寺两座。

康熙帝对于这一时段的西藏政局显然满意,1706年秋曾有言:"昔日达赖喇嘛存日,六十年来塞外不生一事,俱各安静,即此可知其素行之不凡矣!"

我们今天所见的布达拉宫气势恢弘的规模,也来自这一时期的扩建完善。其中白宫于1645年开建,红宫主辅建筑及"世界第一庄严"的灵塔于1690年开建。现在布宫已被收入世界文化遗产名录,诚为藏民族对于中国和世界的杰出贡献。

固始汗于1654年病逝于拉萨,他的子、孙达延汗及达赖汗相继世袭了汗王,继承了护法之责。但是他的曾孙,1700年继位的拉藏汗,却与第悉桑结嘉措发生了激烈冲突。1705年,拉藏汗的藏族王妃扎西次仁追杀桑结嘉措,砍了他的脑袋。现如今,拉萨城西堆龙德庆县境内有两座不大的白塔,从青藏公路上即可看到。知情人会告知你三百年前这段往事,塔下所埋分别为其人身与首,并告知这位王妃与桑结嘉措之间的爱恨情仇。曾有一部电影《布达拉宫秘史》对桑结嘉措和扎西次仁的情感纠葛有所表现,并非杜撰,确有史籍记载可本。居然如此结局,可叹悔不当初——问世间情为何物,直教人身首异处。

桑结嘉措的夺命仇敌的结局也好不到哪儿去,王妃扎西次仁只比他多活了一小段时间,拉藏汗活得久一些,十二年,在准噶尔入侵西藏时,他被这些同族人乱刃砍杀,可叹一代雄强曝尸拉萨街头。就这样,固始汗家族终结了对西藏的统治。

第十二讲 清季的天空之斗转星移

桑结嘉措之死

第悉·桑结嘉措（1653—1705年）自幼进入布达拉宫，经五世达赖喇嘛亲自培养，首先成为一位学富五明的学问家；1679年参政担任第悉，曾主持营建红宫等布达拉宫扩建工程。在学术方面，他对《四部医典》进行修订和注解，编著《蓝琉璃》、五世和六世达赖喇嘛传记及《黄教史》《法典明鉴》等20多部有关藏族历史、宗教、文化、医学、天文历算等内容的专著。在从政方面则比较复杂，五世达赖喇嘛圆寂后，他曾秘不发丧达十六年之久，并秘密选定了转世灵童即六世达赖喇嘛。加之他曾与准噶尔汗王噶尔丹同过学，其亲噶尔丹的立场倾向也令康熙恼怒。为此，朝廷多次颁旨斥责。

此前历经固始汗、达延汗父子两代，蒙古人与格鲁派联合作战、执政，平息了内忧外患。格鲁派地位由此稳固，认为和硕特人的使命已经完成，蒙藏统治者之间的关系遂由亲密而疏离，到达延汗之子达赖汗继位后，蒙古汗王的权势已大为削弱。后来达赖汗被毒毙，拉藏汗继位，矛盾激化，公开决裂，并导致了桑结嘉措之死。

桑结嘉措虽身为僧人，但已娶妻生子。有藏族女子扎西次仁曾与之两情相悦，无果而终：一个有心要嫁，一个无意娶纳。扎西羞恼愤恨，曾经威胁过桑结嘉措，大意为开罪于她绝无好下场。这一段情事在藏籍和口碑中都有记载传扬。扎西次仁性情刚烈，属于得不到就毁了他的那一种，最终所嫁之人竟是拉藏汗，并且深得宠爱，就为报仇雪恨埋下了伏笔。

1705年，双方开战，拉藏汗从藏北兵分三路向拉萨进发，其中东、西两路各由拉藏汗和扎西次仁率领。桑结嘉措兵败就擒，被押送至堆龙谷地扎西次仁的军营。桑结嘉措明白等待他的会是什么，说了这样一番话：我是有御赐之印的官员，你没有权力审处我；应当把我交给朝廷或者你的丈夫拉藏汗。

扎西次仁哪里肯听，风闻哲蚌寺高僧前来说情调解已在途中，抢先动手，命人砍杀了这个令她爱与恨纠结无解的男人。就仿佛此生心愿已了，不久后她自己也相跟着亡故了。

扩建布达拉宫（壁画）

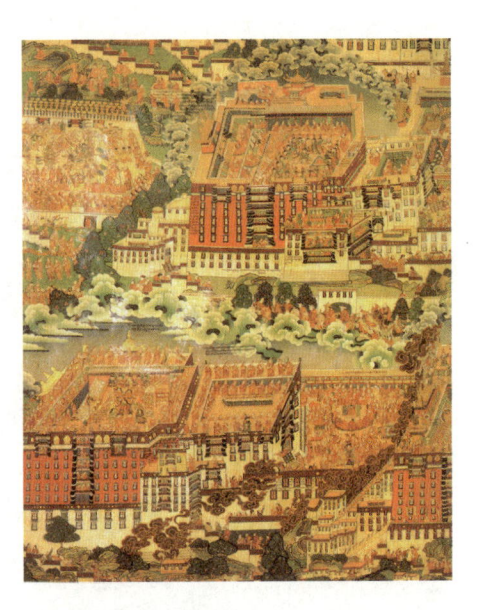

红宫竣工庆典（壁画）

1690年新建布达拉宫主体工程红宫及附属建筑的工程由第悉桑结嘉措主持，于1694年竣工。所用大量民工差役由前后藏和塔工(今林芝)各地宗县、贵族和寺院分摊，每年约有五千七百名差民服役。同时集中了全藏相关行业的能工巧匠诸如石匠、木匠、泥匠、画匠、缝纫匠，以及金银铜铁匠等等。此外，康熙皇帝还派来汉族工匠一百一十四人援建，另有尼泊尔工匠一百九十一人参与。

风化成典 西藏文史故事十五讲

世界级文化遗产——布达拉宫

桑结嘉措与拉藏汗（壁画）

五世达赖喇嘛觐见顺治帝壁画

1652年，五世达赖喇嘛阿旺洛桑嘉措前往北京觐见顺治帝。

拉藏汗之死

拉藏汗是固始汗曾孙。在铲除了政敌第悉桑结嘉措以后，独掌卫藏大权十二年。这期间，他报请朝廷废了六世达赖喇嘛仓央嘉措，重选另立一位；他自己也受封为"翊法恭顺王"。1717年，准噶尔蒙古六千骑兵侵藏，可说是大半为引狼入室的结果：拉藏汗与青海和硕特部、与新疆准噶尔部同属厄鲁特部，交往密切，兼有世姻或世仇。其中拉藏汗的姐姐嫁与准噶尔汗王策旺阿拉布坦，为巩固在藏地位，拉藏汗一厢情愿地再提联姻，为自己的长子求娶准噶尔汗王之女，这就予人以可乘之机。准噶尔将计就计，假借送亲名义，从西蒙古（今新疆）长途奔袭。阿里公康济鼐本已探明准军异动并急报拉藏汗，但是拉藏汗此前已派长子前往迎亲，不知来者何意，踌躇间错失了布防良机。待到发现来者不善，为时已晚。从藏北到拉萨，抵抗了三个月后，败退布达拉宫待援。但这最后的堡垒是从内部攻破的，暗通准噶尔的人偷开了布宫北门。当拉藏汗率众突围，冲向街头，被准噶尔兵围追堵截。拉藏汗死于非命，长子被杀，次子逃至达孜时被拿获，掳往准噶尔。拉藏汗政权结束，固始汗开创的基业尽毁。

第十二讲
清季的天空之斗转星移

仓央嘉措及其情诗

仓央嘉措（1683—1706年），一个闪光而又响亮的名字，身形隐入历史三百年之久，却正像所有不朽人物那样，其实又以另一种形式活在了今天。后世的人们提到他，无不顿生景仰赞叹之情，这种情感与被敬者所拥有的达赖喇嘛的身份不能说没有关系，但显然与虔诚啊敬信啊一类宗教情感大有距离。就其事迹和诗歌已成当今流行文化元素的情形看来，不由不让人感觉其实离宗教很远，离世俗更近。

且不说三百年来以藏语的民歌传唱下来，只说参与了当今流行文化，就有大量实例列队而来等候举证：你看首先是进入了文学艺术，入诗入画，成为小说、影视剧本（不过直到2008年的当下仍未开拍）的主人公；在21世纪，他的一系列情诗也被重新包装，一批大腕级的作曲家和一群顶尖歌手凝望着"东方的山顶"；而情诗中的某些人物意象，也成为经典，有仁增旺姆，比仁增旺姆更知名的，是玛吉阿米，或译作"未嫁少女""未嫁娘"，作为一间藏餐吧的招牌、品牌、名牌，从拉萨八廓街的"黄房子"一直开办到北京等大城市，就连"玛吉阿米"店内的留言簿，也自成一书得以出版。所有这些传播内容，无不传达了一个永恒主题，以至于仓央嘉措几成爱之神，连带他所在的宗教似乎也危险地改变了质地。由此可以说，对于其人其诗的艺术再现方兴未艾，一旦艺术家们修炼成既合乎常情又不致冒犯宗教的圆融智慧，以其为主人公的更富有表现力的影视剧作就该问世了。

仓央嘉措人生短暂，只在世间生活了二十四年，由于身份的特别，确切说来，是由于身份和行为的极端错位，使他的人生丰度、所隐含的深度，以及总体说来的复杂程度，则胜于常人百年。这样的一部大长篇难以一一道来，不妨截取三几个镜头，表现人生经历中有代表性的大逆转。

镜头一：公元 1697 年，藏历第十二绕迥火牛年十月二十五日燃灯节，六世达赖喇嘛坐床典礼。时年十五的神王在第悉桑结嘉措等人的簇拥下，登上布达拉宫的制高点，在新近落成的红宫阳台上，俯瞰为典礼举行的盛大仪仗。桑结嘉措一一指点：前面穿僧装的，是三大寺、四大林和上下密院，以及前藏各教派二十多个寺庙的僧侣；随后是拉萨的僧俗官员，穿俗装的是名门世家的贵族，队伍中间的少年舞蹈者，是布达拉宫的卡尔舞队。而吉祥白伞盖的后面，一群头戴面具、奇装异服的人群是谁？桑结嘉措说，这些特别的服饰具有汉地风格，来自五世达赖喇嘛的梦境，他曾经向我详加描绘，此为再现。

那一天游行的队伍从八廓街出发，经过宇拓路到达布达拉宫下的跳神舞台，表演了金刚神舞，然后转到山后龙王潭。少年神王满怀欣喜，此前的十多年里，由于对前辈圆寂的隐匿不报，作为转世的认定也只好秘密进行，小灵童被从杜鹃鸟啼鸣和杜鹃花盛开的故乡门隅转移到错那宗。根据六世达赖喇嘛的传记《金穗》记载，从孩童到少年，仓央嘉措始终处于被（当地官员）虐待、被（不丹）劫持和被（舅父）谋害的威胁之中，身边只有父母姑姑陪伴，一家人被屏蔽在一处黑房中，形同囚禁。此刻，洁白祥云一朵又一朵，绽放在湛蓝的晴空，少年的心扉豁然开朗，笑容灿烂：从此可以尽情地享有阳光，可以自由欢畅地呼吸了吗？

镜头二：时隔五年，公元 1702 年，后藏扎什伦布寺，二十岁的仓央嘉措跪伏在五世班禅大师面前，怆然泪下。本来这次日喀则之行，是在第悉桑结嘉措的再三催促下，前来接受比丘戒的，但他却心生抵触。坐床以来到长大成人的五年里，虽然每天都在学习做功课，但在经书之外，他看到了在被佛家看空了的世界里，有美好的生活和美丽的姑娘，体会到写诗比习经更有灵感，"杜鹃从门隅飞来，大地已

第十二讲

清季的天空之斗转星移

经苏醒";美人比佛法更具魅力,"默想的佛祖不见踪影,没想的人儿不期而现"——如果接受了灌顶,意味着必须遵守戒行,意味着从此与自己的心仪之物一刀两断,这对于多情而敏感的心来说,是比性命的牺牲还要惨痛的抉择。所以,他跪伏在五世班禅大师面前,声泪俱下地说了这样的一番话:违背上师之命,实在感愧!我不仅不能再接受比丘戒,还请上师收回此前所授之戒;若是不能收回此前所授出家戒和沙弥戒,我将面向扎什伦布寺自杀,二者当中,请择其一!

踏上返程的仓央嘉措,已经决意自我放逐了。从此以后,夜晚的八廓街酒馆里,时常光临一位身穿便装、化名为宕桑旺波的英俊青年;从此以后,凌晨的布达拉宫下的雪地上,时常留下两行风雪夜归人的脚印,"守门的狗儿啊,你比人还机灵,别说我黄昏出去,别说我清晨才归"。

镜头三:又是时隔五年,蒙古汗王拉藏汗铲除了第悉桑结嘉措,失去了保护的仓央嘉措被废,遵旨将被解往北京。途经西郊,被敬爱他的哲蚌寺僧众"劫持"。蒙古重兵包围了寺庙,与僧兵对峙,战事一触即发。此时的仓央嘉措只身走出寺庙,步履从容,无怨无尤。在这个冬季里,他永别了他还没能爱够的拉萨的诗情和痛苦多于

八廓街的黄房子,现为"玛吉阿米"藏餐吧

仓央嘉措情诗
在那东方的山顶,
升起洁白的月亮;
未嫁少女的面容,
显现在我的心上。

东方的山顶上啊,
一缕白云飘荡;
那是美丽的仁增旺姆,
为我燃起祝福的高香。

用墨写下的字迹,
一经雨水就洇湿了;
没能写出的心迹,
想擦也擦它不掉。

275

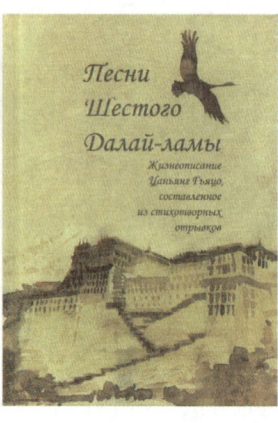

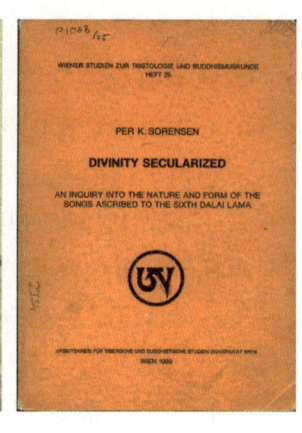

仓央嘉措情诗俄文、英文译本

欢乐的人生，消失于风雪漫弥的途程。史书上说他圆寂于现今的青海共和县一个名叫贡嘎瑙尔的地方，在民间传奇中，则说他遁形北上，传法于蒙古各地，终成一代大师，最后的归宿在内蒙古阿拉善旗，此说有第一人称的《仓央嘉措秘传》流行于世。

仓央嘉措身后的拉萨，依然是滚滚的风烟与红尘。十几年后，来自北方的准噶尔人横扫全藏，杀死了拉藏汗，废了汗王所立的另一达赖。不过三年，朝廷的官兵和颇罗鼐的藏兵联手驱逐了准噶尔……"天际洁白的仙鹤，请借双翼给我，不到远处去飞，只到理塘就回。"——按照诗中所指示的路径，人们从理塘迎回了他的转世。

对于仓央嘉措特立独行的品格，当时和后来的人们各有不同的理解，有人看作净相，有人视为邪见，有说诗歌所传达的纯属一己之情的，有说是深奥的佛法教义的，有说那是政治抒情诗的。而民间的看法很单纯，有一首歌归纳得很精辟，是从拉萨的囊玛厅里传唱开来的——

喇嘛仓央嘉措，
别怪他风流浪荡，
他所追寻的，
和我们没有两样。

第十二讲
清季的天空之斗转星移

附

仓央嘉措的遗产

某一天，偶然从文件资料堆里发现一张纸条，那上面有我的笔迹几句话。

第一句：到玛吉阿米做梦去！

第二句：如果你能来西藏，但愿你会看到我在玛吉阿米的留言。

第三句：为什么我会来这里？因为你来过。

第四句：玛吉阿米，关于爱情的……

第五句：坐在玛吉阿米的窗前，发呆的感觉真好。

我感到纳闷儿：这些疑似诗句，是在什么时候、因为什么而写？

拉萨的玛吉阿米我其实只去过一次，大约在五年前的夏秋之际。有朋友说，去八廓街看看黄房子。我们就坐在玛吉阿米喝茶，那一天我身穿藏装，拍下一批在玛吉阿米的留影。我们还翻看了留言簿，看那些天南地北的游人留下的手迹。一时激动，也很用心地写下一段话，大意是怀念和感谢，仓央嘉措留下的情歌三百年来传唱不衰。

——就想到纸条上的那几行字，也许就是当年对于留言簿的印象概括，从人家的留言中提炼模拟而随手写下的。

当我一眼望到这本印刷品的"留言簿"，一个念头升起：这是属于仓央嘉措名下的一份遗产，而我们，都是这份遗产的享有者；包括玛吉阿米，包括这本书和今天这个聚会，还有许许多多，无一不由这份遗产所派生。

六世达赖喇嘛仓央嘉措，是神王，是情圣，是诗人。他在人世间逗留过，虽然仅有短短二十四年。他在人世间短暂逗留，仿佛就为留下这些诗篇。"玛吉阿米"的名称正是从仓氏情诗中借用而来，在经典的拉萨藏文木刻版汇集的66首作为篇首的《在那东方的山顶》一诗中。据说八廓街的黄房子正是诗中这位未嫁少女居家之地，或说是微服出行的仓央嘉措以少年宕桑旺波的名义与情人幽会之处。这幢黄颜色的小楼骄傲地存在并成为某种象征，仓央嘉措的诗歌在西藏一直被广为唱诵。诗中有初识乍遇的羞怯,有两情相悦的欢欣,有失之交臂的惋惜,有山盟海誓的坚贞,也有对于负心背离的怨尤。由于作者特定的身份,所有的爱情经历,最终指向幻灭,所以神王比常人更多地体验到怨憎会、爱别离的人生苦难和求不得、恨不能的无奈。然而愈是如此,便愈加凸显出人间情爱的珍贵美好。

如今仓央嘉措的身世遭际已经广为人知,他的情诗被译成二十多种文字传遍了全世界,至今仍有新的译作出现。仅仅是近百年间的汉语翻译,我所见到的就不下七八个版本:有民歌体的,有五言、七言体的,有现代新诗的。由派生而影响,这些诗作同样给当代画家、音乐家提供着不竭的灵感和创作资源。特别是经由当代优秀作曲家和歌手倾情打造的仓氏情歌格外的具有魅力,经由仓央嘉措鼓励和加持的人间情爱,由此平添了神性光彩。

从前我能想到的,是仓央嘉措留下的精神财富,自从有了玛吉阿米,这份遗产清单里增添了物质内容——从餐饮文化到旅游文化的方方面面,玛吉阿米都参与着交流并且担当了前卫的角色。由此我们非常感谢玛吉阿米的创建者,为我们提供了这样的一个空间宝地,让我们从四面八方聚集而来,表达敬仰和缅怀之情,让我们有所感念和赞美,哪怕只是享用片刻的诗意、片刻的耽于梦想的时光、片刻的发呆感觉。

为什么我会来这里?因为你来过。

你来过,你爱过,你写过,苦难欢乐皆成歌。

写于2004年7月25日,《玛吉阿米的留言簿》出版发行时

第十二讲 清季的天空之斗转星移

从古格到卫藏：天国幻象

公元1626年4月中旬的一天，对于当地来说是一个陌生的节日，复活节。永远的骄阳照彻了永远的阿里大地，古格王宫所在土林的制高点，黄铜镶裹的十字架闪闪发光。山道上走来一长列队伍，末代古格王阔步走在队列前端——当然，这位名叫扎西扎巴德的国王，不仅一无"末代"和古格终结者的感觉，正相反，此刻的他内心充满了喜悦，从未有过的希望之光正在闪现——这一刻，他们正要在这个雪山环抱中的小小王国从事一件前无古人的仪式：为一座天主教堂奠基，而教堂的名字，正是"圣母的希望"。

奠基石以银丝精心缠裹，其上一枚镶有松石玛瑙和王国各色稀有宝石的十字架。古格王亲手捧来，以十二分的虔诚安放，并撒下一把金砂。紧跟着，是国王的母亲和妻子，太后和王后——撒下产自古格的黄金。此刻的王后已是泪流满面，自从她第一次听到上帝，听到圣母、圣子之名就感到心有所依，对于天堂胜景充满渴望，遂抛弃了象征从前的护身符和一应饰物，胸前只挂十字架，随后不久，她将会接受异邦宗教的洗礼而最终皈依。

葡萄牙教士安夺德神甫沉浸在庄严而深邃的情感之中，一切的艰难困苦都很值得，他仿佛看到上帝的新领地正在无限地向远方开拓，我主的第一线光芒照亮了穷塞僻壤。反复地念诵着感恩的祷文，耳边一再响起耶稣的召唤：睁开你们的双眼，

风化成典
西藏文史故事十五讲

古格王城遗址

古格王宫所在土林的制高点上，曾经矗立过巨大的十字架；王宫前的平坝上，曾建起过天主教堂，现在尽皆无迹可寻。

七世达赖喇嘛致罗马教皇的信函是这样写的：……假如一切都是上帝所造，人们之失明、失聪、瘫跛无食、各种疾病之折磨、国王之间发生战争等各种伤害人身及所有不吉祥之举、动物间残食细小等无量之痛苦、饿鬼无食之痛苦、地狱之火之无量痛苦等一切痛苦均系上帝所为，那么，上帝就没有大慈悲之心。因为给有些带来痛苦，给有些带来幸福，这就有了亲疏之分，上帝就不能成为所有人顶礼之对象……其实，所有痛苦均来自造孽，如人造大孽就转世生为动物驴羊狗等，动物亦可转世为人，你之教主否认此等，就是在说谎言……一切痛苦源于造孽，一切幸福来自积德，幸福和痛苦皆系自身所为……过去、现在和将来都没有比我佛法更优之宗教，故你们知我教名亦具福德，愿持非佛之见者皈依佛法。

欣赏一下正待收获的金色田野吧！

这是第一位来藏布道的欧洲传教士在西藏所建的第一座教堂。有一扇门仿佛就此开启，此后的两三百年里，数十批来自不同国度、不同传教会的神职人员穿门而入，在不同的时期，面向不同的执政者，开讲布道。这一漫长的过程在伍昆明著《早期传教士进藏活动史》一书中有比较全面的展示。

与最后的古格王同时代的"上部西藏之王"藏巴汗，正打算将本家族公主嫁给古格王子，往来中得知有一神奇新宗教传入，遂去信盛邀神甫前来。约请的未到，另有两名传教士不期而至，一样受到欢迎。

当藏巴汗政权成为过去，蒙古汗王时代以同样的热忱欢迎着上帝的使者们。拉藏汗本人就接待过来自罗马教廷派遣的几位神甫。

第十二讲 清季的天空之斗转星移

蒙古汗王时代告终，西藏地方贵族执政，从首席噶伦康济鼐到郡王颇罗鼐，最初的态度不仅与上述诸王毫无二致，更以官方有效的支持，特准传教士自由布道，划拨地皮建立教堂僧舍，颁令民众有信仰自由。这一切颇类现代观念，而基督教在西藏的传播也在此时进入黄金时期，与内地康乾盛世的情形相仿佛。

传教士们经过强化学习，短短数月便掌握了藏语文，并以西藏人易于接受的方式，用藏文编写了圣经辅导材料。这些通俗读物在官府、贵族乃至寺庙中广为传布，以谈论上帝为时髦，引发了极大的讨论兴致。连七世达赖喇嘛也侧耳倾听了神甫的高论，并经常与之讨论和辩论。经过认真思考，他甚至撰写了给教皇的信函，对上帝创造万物的观点提出质疑，阐述佛教因果业报关系。

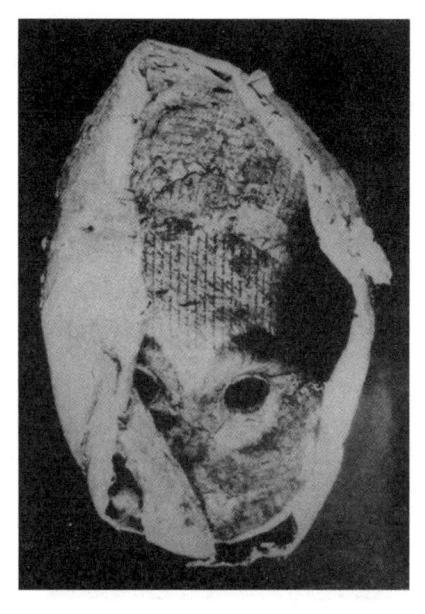

葡萄牙文《圣经》的一页糊在面具内，保存下来，被考古学家发现。

这一切，不啻为东西方文化的直接交流。第一次规模如此之大、层次如此之高的对话和碰撞，实在是西藏历史中难得而弥足珍贵的一页。在太平盛世，在起初的阶段，这种交流是友善的和有益的。

当然了，几乎所有的努力均为功败垂成：西藏人最终没做上帝的子民，上帝的使者被藏传佛教的怖畏之神所战败，传教士铩羽而归。只有一个例外，在边远的一隅，横断山脉中的盐井，至今还有一座天主教堂，还有一批藏民族的天主教徒。

古格王城中的天主教堂则无迹可寻了，如果不是安夺德神甫等人向教会所写报告还留存于世的话，他们当年的业绩也必是随风而逝。他们留下的遗物中，有葡萄牙文圣经一页，不知何时当地人拿来作为制作材料，糊在一个面具内，1985年被考古学家发现。

现在的阿里人不记得这件事情，或者说，当年古格王城的居民后代不知哪里去了。

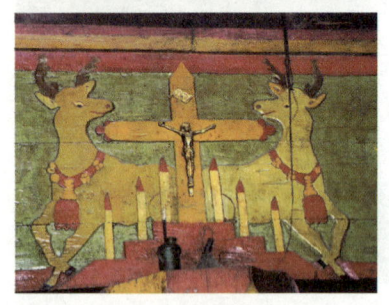

风化成典　西藏文史故事十五讲

护法的怖畏之神打败了外来宗教的同时，也打败了本土的世俗统治。由于外国传教士的进入，激化了原有的政教矛盾。在神甫安夺德踏上古格的土地时，这个小王国就陷于贫穷和战乱中，古格王内外交困：北方有强大的拉达克时常侵扰边界、掠夺牛羊，本土和南方有几个小邦图谋自立，不断挑起战争。为了邦土安全和利益，古格王扎西扎巴德急需大批人口从事农牧生产和当兵打仗，但是据目击者安夺德陈述，整个古格难以召集起两千兵马迎敌。青壮年哪里去了？出家为僧了。自天喇嘛益西沃开创世俗和宗教并行的政教体制，使得作为王弟的法王，以不断壮大僧侣集团为宗旨。当这位法王感到教法遭受威胁时，不惜牺牲王权，向本是同根同源、同宗一个噶举派的拉达克王求助，以武力摧毁了古格，使之成为拉达克领地——需要等待半个世纪后，才在五世达赖喇嘛时期收复，归藏所有，阿里一带则从此丧失了相对独立地位。

古格最后的岁月很精彩，也让后人欷歔不已，很久以来就听说有人想把它搬演到荧屏银幕上，且让我们拭目以待。有两个镜头的建议：国王扎西扎巴德以俘虏身份走向列城，回望阿里，神情漠然；安夺德再度归来时，目之所见，竟是佛教所言大空，空空如也。

当年传教活动硕果仅存的盐井天主教堂、藏文圣经等

西藏昌都地区芒康县盐井天主教堂，始建于19世纪中叶，历史上隶属于康定教区，传教士均由巴黎外方传教会派遣。最早到来的两位法国教士于1856年开始在盐井传教，此后百年间共有十七名不同国籍的神职人员在此工作。道不同不相为谋，当地藏传佛教寺院曾与天主教徒发生过多次激烈冲突，尤其是在20世纪初年。现在盐井的天主教徒约有五六百人，神甫也是藏族人。

第十三讲

清季的天空之朗朗乾坤

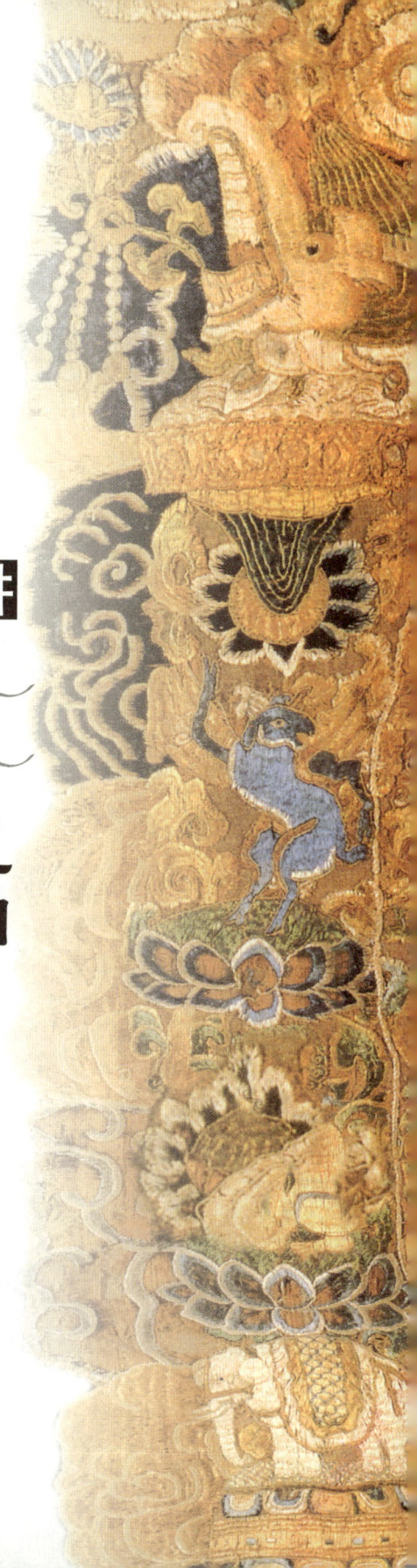

《西藏图考》之西藏全图，[清]黄沛翘辑，并文字提示：以上三藏全图，每方二百里，界限用单线，度数用斜线，河道用双线，地名用单圈，程站用密点……东起宁静山界碑，西讫于阿里之极边，南自珞隅布鲁克巴（不丹）交界起，北越草地抵腾格里山。幅员辽阔，四至朗然，其尤详者，东西数千里中，塘站之远近，道路之迂直，山水之纵横，灿若列眉，瞭如指掌。

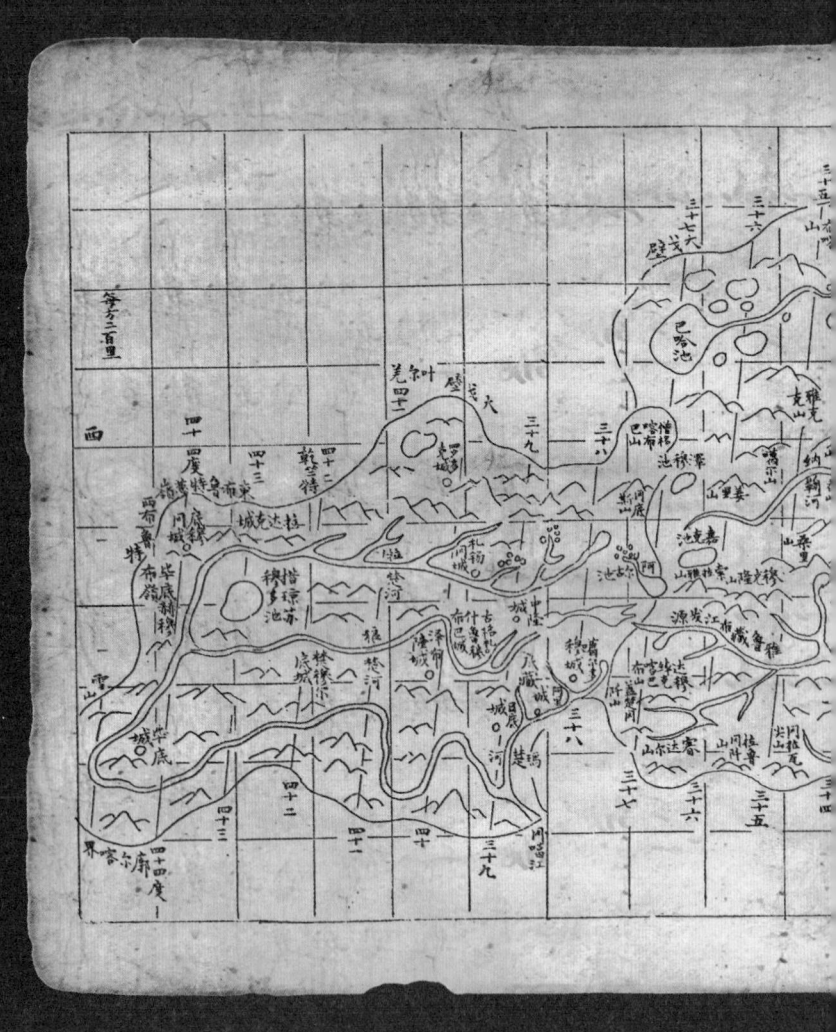

第十三讲

清季的天空之朗朗乾坤

《西藏图考》之西藏全图

快意恩仇颇罗鼐

颇罗鼐（本名索南多杰，1689—1747年）出生于后藏年楚河流域颇拉贵族之家，在拉藏汗时期崭露头角，其人特点是知恩必报，赤胆忠心。拉藏汗十分信赖这位年轻军官，特赏萨迦的一处庄园给他。当准噶尔人突袭西藏时，他追随主人从那曲一直抵抗到拉萨，负伤被俘，遭受鞭刑。幸有投靠准噶尔做了噶伦的达孜瓦出面说情，方才获释出狱；此后又因了这层关系，颇罗鼐当上聂拉木的宗本。不共戴天又以曲求伸，说明其人行事颇工心计韬略。

准噶尔人并非宗教毁灭者，恰恰相反，是格鲁派信奉者。为了极力表现这一点，他们用力过猛，选择与世无争的宁玛派开刀，明令民众不得信奉密咒宁玛派，并将宁玛派三大寺的敏珠林、多吉扎等寺夷为平地，从寺院住持到活佛高僧格杀勿论。而颇罗鼐少年时即入敏珠林寺学法，前有恩主、后有恩师尽皆被杀，颇罗鼐誓言报仇。

不用等待很久，从1717年到1720年，准噶尔的暴力统治仅仅三年。北京的康熙帝派遣定西将军噶尔弼率滇、川、鄂、浙军队，平逆将军延信率甘、青军队，分由两路进剿。北方则有大军深入准噶尔驻牧地，佯为进攻，实为牵制，令其无暇增援藏地。这一边，准噶尔将主力布防在藏北，曾三次偷袭延信的官兵，均未得手。最后一次在1720年的八月下旬，当他们败下阵来，方才发现后路已断：噶尔弼的川军已占领拉萨。残兵败将西走阿里，纷纷逃归伊犁老巢。阿里公康济鼐（本名索朗

第十三讲 清季的天空之朗朗乾坤

杰波）则在半道拦截溃散逃兵。颇罗鼐闻风而动，当即举兵收复后藏数个宗县，又打造了数千副马蹄铁送往缺铁的阿里以示支援——颇罗鼐、康济鼐，在驱逐准噶尔的战场上结成莫逆之交。

正所谓墙倒众人推，配合朝廷大军起而行之的不乏其人：前藏有隆布鼐、扎尔鼐，工布地区有阿尔布巴，都属一方豪强。所以一当准噶尔之乱平定，朝廷论功行赏，表现突出的这五个人做了噶伦，其中贡献最大的康济鼐做了首席噶伦。

这一噶伦联合执政的格局，结束了为时八十年的蒙古汗王统治或参与统治西藏的地方政权；是自吐蕃解体八百年以来，西藏地方第一次出现的俗人政权。从朝廷角度看来，是满意这一局面的，自治性质的集体领导，各地势力相对平衡，可以避免诸多弊端，西南边疆就此无忧。

遗憾的是，这个地方政权仅仅存在了六年，就以前后藏的激战大混乱宣告结束。康济鼐和颇罗鼐在新政府里工作得十分卖力，雍正年间，颇罗鼐还领兵前往藏北，配合朝廷大军剿灭罗布藏丹津之乱，从青海蒙古人手中收复了那曲、玉树等地。但这一切并不足以抵消传统的偏见，阿尔布巴、隆布鼐、扎尔鼐三噶伦，以前藏人的优越感，无法容忍两位后藏长官，尤其是康济鼐这位"微末之人"居于首席噶伦之位。当时七世达赖喇嘛年轻，专心于佛学，不过问政事，但其父站在前藏三噶伦一边，干政较深。况且这位佛父既是阿尔布巴母舅，据说又娶了隆布鼐的两个女儿为妾，盘根错节，难免结党营私。

就这样，三噶伦有恃无恐，乘康、颇巡边之机，培植和安插亲信势力，自然也有徇私舞弊各样事端发生。待康、颇回来，不免一番清理清算。就这样水火不相容，矛盾激化到必欲置之死地而后快。朝廷得知众噶伦不睦，派遣了两位钦差马喇、僧格进藏查办。得知这一讯息，三噶伦决定抢先动手。

1727年藏历六月十八日，在大昭寺二楼的噶伦议事厅里，发生了一桩血案：首席噶伦康济鼐被人揪住发辫，有四个人一拥而上，拳打脚踢复加飞刀乱捅。康济鼐拼命呼救，挣扎着爬向门口，但是双手双脚被人摁住，奈何不得。尖刀乱戳一气，直到再无声息，血泊中气绝身亡。行凶者是哪四人？三位噶伦和阿尔布巴的儿子。随后，康济鼐的妻子和亲信一并被杀，康府被抄。事后他们散布谣言说，是奉达赖喇嘛之命行事。

　　康济鼐遇难时颇罗鼐不在拉萨，因其夫人病重，他恰好待在江孜庄园的家中。惊悉康济鼐被杀并遭灭门之祸，为自保，也为老友报仇，颇罗鼐这次一刻也没犹豫，当即飞传后藏各宗县及阿里，进行战斗部署，并亲自披挂上阵。

　　赶往江孜的杀手扑了空，三位前藏噶伦火速调动前藏加工布大军，一路赴后藏直接对阵，一路赴当雄，防范颇罗鼐手下的蒙古骑兵。此时钦差已抵拉萨调查，曾询问三噶伦，应否去后藏招安，答复是不需要；再询问七世达赖喇嘛，是否需朝廷发兵，答复也是不需要——未免轻视了颇罗鼐。此后足有半年时间，好一番激战，起初各有胜负，伤亡都很惨重，颇罗鼐手下多名将领战死，包括他的弟弟和康济鼐的兄长、阿里总管噶锡哇·次丹扎西。颇罗鼐时进时退，同时派人去京告御状，控告三噶伦残杀朝廷命官的罪行，请求雍正帝裁决。

　　当挑起事端的噶伦们感到战局危殆时，曾请托达赖、班禅及萨迦法王等有威望者出面说和，但是，疾恶如仇的颇罗鼐拒绝和解，待到阿里援兵到达，发起总攻，从后藏走羊八井、澎波一线，披坚执锐，一路斩关夺隘，于1728年5月26日，一鼓作气拿下拉萨，三位噶伦逃进布达拉宫。拉萨三大寺上下密院各高僧纷纷来人来函劝和，达赖喇嘛也表示希望保全噶伦们的性命。对此，颇罗鼐只认皇帝一个主人，声称一切但凭朝廷发落。遂请达赖喇嘛和佛父暂避哲蚌寺，同时将已就擒的三位噶伦软禁于各自府中——只待朝廷派员处置。

　　如此乱局，本来是朝廷不愿看到的。在接到首席噶伦康济鼐被杀的奏报之初，以及等待案情明朗的一段时间里，雍正帝最为关心的，是强敌准噶尔有否插手的问题，并已做好了两手准备：如果准噶尔参与了，正好师出有名，大举讨伐；否则，尽管他认为康、颇二人更为忠诚可信，也唯有认可既成事实，准备将擅杀朝廷命官的阿尔布巴等人革职了事。但是，出乎所有人预料，颇罗鼐的顽强改变了这一切筹划，

第十三讲 清季的天空之朗朗乾坤

现在要面对的，是完全不同的既成事实了。

1728年九月末，朝廷所派钦差查郎阿和迈禄抵达拉萨，公审了作乱的三位噶伦，随后收押。来自北京的圣旨严词指斥了三噶伦，判定了他们的悲惨结局：阿尔布巴、隆布鼐、扎尔鼐三位噶伦，阿尔布巴之子及其干将十七人，处以死刑；另有部分罪责较轻者，押往内地受审。

圣旨表彰了颇罗鼐，委其总理全藏事务，并赏银三万两。颇罗鼐感恩戴德，面向东方行了三叩九拜大礼。

由于康济鼐并无子嗣，颇罗鼐为在卫藏战乱中阵亡的阿里总管噶锡哇·次丹扎西之子，也就是康济鼐的侄子南杰次丹请封，获准：南杰次丹被赐以公爵之位，世袭罔替的辅国公，并得到藏族官员中第一顶花翎顶戴。颇罗鼐把女儿德丹卓玛嫁给南杰次丹和诺云班第达兄弟二人。后来南杰次丹病故，朝廷颁旨，诺云班第达袭其兄长辅国公爵位及噶伦之职。

噶伦内讧导致的动乱平息后，雍正帝做出几个重大决定。首先是对藏区重作划分，康区东部的康定、理塘、巴塘等地划归四川管辖；康南之中甸、德钦和维西划归云南管辖；后藏拉孜、昂仁、平措林等几个宗划归五世班禅管辖。此前一年雍正帝即决定派遣驻藏大臣，于1728年到任，此为实行驻藏大臣制度之始。

颇罗鼐像（色拉寺壁画）

289

颇罗鼐郡王之印

乾隆帝当朝，看重颇罗鼐其人的忠勇和才干，屡有加封，先后授予他"办理危边（卫）藏噶伦事务多罗贝勒之印"和"办理危（卫）藏噶伦事务多罗郡王之印"，确认了这个世俗的藏王，并满心指望这一高度集权模式可以有效避免官僚集团的内部党争，确保政令畅行，藏地长治久安。颇罗鼐果然不负皇恩，在二十年的时间里维持了西藏的和平发展，包括整顿社会治安、禁止贵族和官员随意摊派差役、豁免以往亏空赋税等减轻人民负担和鼓励生产等等一系列措施。此外，他对于以往为前藏三噶伦助阵的三大寺不仅不予报复，反而为之调拨了庄园和属民，对寺院建筑予以维修，并组织工匠完成了六世达赖喇嘛开启的刻印《甘珠尔》的工作。

可惜这一局面随着老郡王 1747 年的病逝而人亡政息，世袭＋人治的弊端毕现：奉旨接班的老郡王次子珠尔墨特那木扎勒（久美朗杰）全不似乃父，为政三年，政绩稀少，劣迹倒是满满，正如时人所言："恶者被委为王，犹如房顶破裂，山体滑坡，山下居民遭难。"《噶伦传》等史书资料描写了其人行状，一个施虐狂形象：横行霸道，草菅人命，恣意凌辱并放逐父辈老臣不说，就连同胞手足也不放过：那位谦让了郡王之位的兄长珠尔墨特策布登，本来早已离开是非中心的拉萨，远避西部庄园做了阿里公，结果还是没能逃脱毒手，被新郡王所派之人谋杀。即使对达赖喇嘛，岂止不敬，更意欲加害。最不明智的，是把驻藏大臣视作个人独裁的障碍，竟欲除之而后快。总之不忠不义又太过嚣张，正应了那句老话："天作孽，犹可违；自作孽，不可活。"

终于酿成激变。1750 年深秋的拉萨沉浸在血光之中：驻藏大臣傅清执杀了郡王珠尔墨特那木扎勒，紧接着，该郡王余党反扑，光天化日下血洗驻藏大臣衙门，杀

第十三讲 清季的天空之朗朗乾坤

害了驻藏大臣傅清及其副手拉木敦和部分清兵。噶伦公诺云班第达受傅清临危托付，协助七世达赖喇嘛铲除了逆党……一场动乱虽得以平息，但影响深远：西藏上层权力格局就此改观。

后藏颇罗鼐庄园遗址

位于拉萨八廓街的清政府驻藏大臣衙门旧址

珠尔默特那木扎勒事件发生后，乾隆帝深感傅清、拉布敦当时所处时势之险，且于国家有功甚大，故降旨"特建双忠祠，合祀二人，春秋致祭，丕昭劝忠之典"，并御制双忠诗以纪之，有"双忠迹烈传斯篇，他年以待信史编"之句。北京的双忠祠建在崇文门内，拉萨的双忠祠建在通司岗（今拉萨八廓北街的冲赛康）。

风化成典
西藏文史故事十五讲

西藏在乾隆年间

郡王制一代而终，并引发了一系列严重事件，一度让乾隆帝感到困扰并陷入深长思虑。他上溯了此前藏地数百年间的治理模式：从萨迦、帕竹、藏巴汗的家族政权，到蒙古汗王和甘丹颇章（第悉）联合执政，到多位噶伦集体领导，最后是世俗郡王集权，一一尝试经历，都不行，无不以动乱开始，以动乱终结——究竟以怎样的方式经营西藏？这是个问题。

有一天，乾隆皇帝召见国师兼密友三世章嘉呼图克图，谈到心中块垒，说他打算从此取消藏人的自治，改设行政管理，就像内地行省那样，在藏设置总督和提督，下设道台、知府、知县，派兵万人驻扎，凡征税、审案等大小事务概由朝廷官员办理……一句话，改土归流。

听到这儿，章嘉活佛俯身在地，恳切陈词道：此举势必削弱达赖喇嘛和佛教的权威，于蒙藏信众大不利，当然也会影响到朝廷对藏地统治的稳固，万万使不得；苦劝皇上三思。这一情节，记载于《章嘉呼图克图传》中。

乾隆帝接受忠告，出于"敬一人而千万悦"，"兴黄教即所以安众蒙古"的理念，最终出台了将政教大权一体交付达赖喇嘛，下设噶厦机构，由朝廷任命三俗一僧四位噶伦处理日常事务，由驻藏大臣监督指导的治藏模式；为此

> 改土归流系清朝重要的边疆政策，意在强化统治。内容主要为改革土司制度，设置行政流官。藏族地区直到清朝末年，才由边务大臣赵尔丰在川西、藏东康巴地区强制推行，卫藏地区则从未进行。

292

第十三讲 清季的天空之朗朗乾坤

派员进藏制定《酌定西藏善后章程》十三条；廓尔喀之战后，补充修订为《钦定藏内善后章程》二十九条，强化了驻藏大臣职责。此一政教合一、相对自治格局遂成定制，自此以还延至清末。

此后不久，七世达赖喇嘛圆寂，乾隆帝委任第穆呼图克图在转世灵童成长期间即十八岁前担任摄政——摄政制度由此而来。

高寿的皇帝在位也久，乾隆朝整整一个甲子年里，西藏历经第七、八世两辈达赖喇嘛，第六、七世两辈班禅喇嘛，历经两任郡王，数位噶伦和摄政，发生了许多事情，有些重大，有些则未必，而事无巨细，史册中档案里，时时浮现乾隆音容。事隔两百多年，若是你向熟知历史的藏族知识分子请教，历代帝王中，谁最威严，他们会说，是乾隆；谁最亲切，是乾隆；谁对藏事最用心，谁最为藏民族所爱戴，还是乾隆。然后他们还会举一反三地补充说，你看这位大皇帝颁给西藏的谕旨最多——十卷本的《清实录藏族史料》，多半篇幅记载着西藏在乾隆年间；题写的匾额最多——布达拉宫和大、小昭寺各有手迹"涌莲初地""西竺正宗""阎门真境"；他的治藏方略完善而影响深远，他为西藏付出了最多的心血和情感……

就这样，远在北京的金銮殿上面南而坐六十年，给人的感觉不是正襟危坐，而是约略右侧，朝向西藏的方位；给人的感觉是，即使专职的藏务大臣，也未必肯如此事必躬亲，尤其在邮政驿传很不发达的年代里，令人联想到从北京到拉萨，驿道上六百里加急奔驰的信使和汗马。至于龙椅上的表情，时而疾言厉色，更多苦口婆心，也不由得令人联想到神佛菩萨的凶善两面，一面雷霆万钧，一面雨露阳光，一个都不能少。而这正是藏民族传统观念中的理想形象：悲悯是保护，怖厉是更强力的保护。所谓恩威并重，体现得淋漓尽致。

《清实录藏族史料》记载了乾隆朝赈济抚恤穷苦黎民的事迹，与西藏档案馆珍藏的许多相关案卷互为印证，包括救济灾民乞丐，赏赐高龄老人等。临朝六十年之际，在普免天下漕粮、豁免各省节年民欠的同时，特拨四万两银救济了前后藏百姓；每逢大寿即行赏赐蒙藏地区长寿老人，1791年乾隆八十大寿，谕令西藏将七十岁以

乾隆僧装像（扎什伦布寺）

乾隆皇帝没有进过藏，他让章嘉呼图克图带来了他的僧装画像，捎带口谕说：西藏乃一方清净之土，朕久已神往之。但因路途遥远，无法前往；朕的圣容画像去了，等于朕亲自到达，等于亲身朝拜了释迦牟尼并得到了加持。如果有人再来朝拜朕的画像，勿加阻止。

前藏布达拉宫和后藏扎什伦布寺都供奉有乾隆僧装像，西藏人尊其为文殊菩萨。乾隆推崇格鲁派力度空前，在他和三世章嘉活佛的推助下，将汉译佛经译成藏、蒙古、满文，刊刻印行；而作为文武圣王，他又在著名的《喇嘛说》中表明了应有的立场，这是一个富有意味的现象。

上老者名单奏报，这一年卫藏地区共有一百九十二人得到赏银七百三十二两。同时颁发了白色的长寿服，居家房顶特建飞檐斗拱，以示长寿老人在此居住，提示全社会尊重。

乾隆皇帝优礼六世班禅，是被后人津津乐道的故事，《章嘉呼图克图传》和《六世班禅洛桑贝丹益希传》中均有详尽描述，所以广为人知。1780年，六世班禅额尔德尼洛桑贝丹益希进京，祝贺乾隆七十大寿。首先接待规格之高是空前的：钦命在热河（承德）和北京香山，分别建起以扎什伦布寺样式的须弥福寿庙（扎什伦布之汉语意译）和宗镜大昭庙，作为六世班禅的居所。自大师由后藏日喀则动身开始，便圣旨频传，令驻藏大臣留保住随行护送；不断派遣皇子、重臣和大喇嘛由远而近迎候道旁；贵宾尚在途中，就频频御赐各种服饰珍物，及至抵达面见，更以厚礼相赠。乾隆个人也做了功课：学习日常藏语，用于见面时的问候和一般交谈……

班禅进京贺寿成为轰动一时的新闻，从热河到北京，满朝重臣和蒙古王公无不前来朝拜，争相献上重礼，总计不下

第十三讲 清季的天空之朗朗乾坤

数十万金。至于六世班禅的感受，还有什么可说的——从热河到北京，与皇上相谈甚洽，并为之授了居士戒。可惜的是，不久后他就患上西藏人最惧怕的"出痘"——天花，虽经乾隆遣医诊治、亲往探视，并御笔为之题诗祈寿，但回天无力，班禅大师圆寂于北京。喜庆变悲悼，乾隆大恸。御笔所书《写寿班禅圣僧并赞》刻成碑文，矗立在北京西黄寺。

后人的津津乐道中也有一种声音，说如此厚待班禅是出于政治谋略：有意扶持提升班禅地位，以补充甚或制衡达赖系统，但从整个过程看来，不像作秀，更何况集家国公私于一身，连皇上自己恐怕也说不清楚。

说到恩威并重之"威"，廓尔喀之战最能说明问题。被记录于"十全武功"的这一战事的发生，间接地与班禅晋京有关，确切说来，是他身后的巨额遗产，间接地引发了这场战争。

在发生这场战争之前，藏尼之间的关系一直都好。因地利之便，更因资源互补而商贸互市：尼泊尔出口的主要是大米，西藏出口的主要是盐，货币也相互流通，或者说，连西藏的银币也是尼泊尔代铸的。何以至此？缺氧环境里缺乏达致必要温度的燃料和技术是重要原因。从 1631 年开始的两百多年里，代铸过一二十批，中间经过尼泊尔王朝更替，也一如既往。廓尔喀（清史也称

乾隆皇帝赐予布达拉宫之御笔匾文

乾隆御笔写寿班禅圣僧并赞（拓片）

其为巴勒布）本是尼泊尔民族之一部，因为猛悍异常，崛起也迅，于1769年推翻了玛拉王朝做了尼境主人。新朝代铸的新币成色较好，而此前的银币掺假现象严重，于是，廓尔喀王就向西藏方面提出旧币贬值一半的要求，以十二个旧钱换六个新钱。

西藏方面一听，不干了：每一次我们驮了含金的银块委托你们制钱，你们都提取了金子掺上了铅铜，现在倒要我们的钱贬值，这亏吃大啦！提高一些兑换比例行不行？

廓尔喀方面又提出西藏出口的盐中掺土问题，这也令西藏方面无言以对，无计可施：自然条件下的原始生产，无论岩盐还是湖盐，沙土都是难免的，并非刻意为之，自有商贸，向来如此。就这样，一来二去，在久议不决的情况下，廓尔喀进一步提出了喜马拉雅沿线的聂拉木、绒辖、吉隆等地的领土要求。

正当此时，一个人物的出现使冲突升级，这个人就是六世班禅同父同母的胞弟、噶玛噶举红帽系活佛沙玛尔巴。当年皇室重赏和王公馈赠的珍宝数十万金运抵后藏，并没有考虑他的利益，而是由六世班禅同母异父的兄长、时任扎什伦布寺强佐（司库）的仲巴活佛主持分配，将全部遗产留给扎寺和自己。沙玛尔巴心生怨怼，前往尼泊尔投奔了廓尔喀王室。正值尼、藏间因货币和商贸纠纷久拖不决，廓王恼怒，沙玛尔巴乘机调唆，关键时刻提供了廓方十分需要的边境及后藏的情报——西藏多年未遇战事，并无朝廷驻军，本土只有节日仪仗兵，简直就是攻之必克、战之必胜、手到擒来！

于是，1787年，由沙玛尔巴亲随侍从带路引导，廓兵一举占领了宗喀、吉隆等三个宗。西藏急报朝廷，乾隆帝即令成都提督成德领兵开进后藏，以收复失地。但在后续的四川将军鄂辉尚未到达时，大雪已经封山。此时前线已聚集了噶伦多仁·丹增班觉等藏方要员，通过沙玛尔巴调解，与廓方的谈判也在进行中。谈判结果，竟达成以赎金换退兵：一万五千两，分三年付清；廓方答应向清廷进贡。当时钦派入藏的巴忠为尽速了结此事而迁就和局，于是一份"贼降"捷报飞传京城，不知隐情的乾隆皇帝大喜，降旨嘉奖，分赏了西藏的官员，提拔了四川的将军。

第十三讲 清季的天空之朗朗乾坤

有关赎金的承诺本为权宜之计，交了首付款以后，后续的再也筹措不来，又不敢告知朝廷，噶伦丹增班觉只得硬着头皮，再作通融，请求廓尔喀免收赎金。廓王哪里肯听，俘获了谈判代表，再次举兵侵藏。这一次直捣后藏首府日喀则，洗劫了扎什伦布寺，连佛塔上的珠宝也抠了去。劫难降临时，扎寺管理者表现不佳：司库仲巴活佛一闻敌至，卷了金银细软先行潜逃；寺内高僧济仲扎苍则借口卜卦提示不宜战为由，令寺内数千僧人自行逃散，致使廓兵如入无人之境。

乾隆帝闻报震怒，钦命爱将福康安大将军率重兵进藏，令四川总督孙士毅确保后勤供应，那几位犯了欺君罪的四川将军则撤了职在军前效力，等候战后发落。驱逐廓尔喀占领军的战役于次年春夏之间打响，史称"七战七捷"，其实并非势如破竹——喜马拉雅山丛中，骁勇的清兵遇到了顽强的对手，的确有过几场恶斗。最终

廓尔喀之战铜版画——攻克玛噶尔辖尔甲

风化成典
西藏文史故事十五讲

战后乾隆帝对相关责任者一一清算：将仲巴活佛解京治罪，念其为六世班禅之兄，免其死罪，安插某寺闲住；对串通红帽噶玛巴伪托占词涣散人心的济仲扎苍等，著令拿至前藏对众剥黄正法。对已故的红帽沙玛尔巴，一方面令其永远不得转世，另一方面，对其在羊八井的寺院田产全部没收，交由功德林济咙呼图克图掌管，该寺百余名僧人也被强制改信格鲁派，遣至拉萨各寺院。

的结果，不仅收复了失地，甚至还打过了边境的热索桥，加德满都（时称阳布）在望了，廓尔喀表示投降了，方才收兵止步。

被载入乾隆朝"十全武功"之一的这次对廓尔喀用兵，共计动用军力一万四千人，军需物资大部由四川提供，共耗国库银上千万两，为当年全国税收的四分之一。既未占人领土，亦未索要赔款，只是笑纳了廓方作为属国之礼所进贡的一批方物而已。

聂拉木乃龙布古战场碉楼群遗迹

298

第十三讲

清季的天空之朗朗乾坤

当代国内知识界对乾隆一向有"好大喜功"的批评，于此似可佐证。但话又说回来，涉及国家安全领土完整，其价值岂可以金钱衡量。对此乾隆本人似早有预见，他在一份谕旨中辩称，此举并非"好大喜功"，特别强调了当朝驭边之道，必先让敌方畏惧，再使敌方怀恩，"使之知畏，则其知怀"，"示之必克，其和乃固"，并说这是效法于唐太宗。

而战后反思导致的治藏政策的完善，其意义更在战争胜利之上。此时的乾隆已在晚年，他审视了战争的缘起，深感西藏上层最大的弊端是任人唯亲：此前几年，八世达赖喇嘛的兄弟伙同僧官肆行作弊、占人田亩、克扣香客路费等，被人告了御状，

巴勒布（廓尔喀）职贡图

战后廓尔喀向北京进贡的方物计有：乐工十三名，印度轿两乘，驯象五只，孔雀三对，番马五匹及各色绸缎珍宝并刀枪花露水等等。接报后，乾隆降旨说，藏地没有大象，就从这供物中赐给达赖、班禅每人一只，余下的三只呢，不妨就缓程送京，让沿途的人们一睹边方贡物，以著声威吧。

关公唐卡

廓尔喀之战后福康安率官兵在日喀则和拉萨修建关帝庙，作为凯旋见证。清兵所驻之地均建关公庙，遗址遍及昌都、拉萨、山南、那曲、日喀则等地，当地藏族则称其为格萨尔庙，二者同一形象。关羽本为三国时期名将，后世将其神化为战神和保护神，清代有人为关帝庙题写对联：

儒称圣，释称佛，道称天尊，三教尽皈依；
汉封侯，宋封王，明封大帝，历朝加尊号。

这中间还没有包括作为藏传佛教的护法神，当然也不包括最荒诞的——变身为当今内地"武财神"。

乾隆帝派人查实，将其解京治罪，明令不得宽恕，并嘱八世达赖"嗣后惟远避小人，崇佑佛法，勤习经训，好自为之"。现在又是六世班禅的兄弟们，一个引狼入室，一个临阵脱逃，直闹得领土险丧，劳民伤财。是时候整顿藏务了，于是命福康安会同驻藏大臣和噶厦官员，共同研究制定了《钦定藏内善后章程》二十九条，涉及规章制度、边界防御、对外交涉、财政贸易、活佛转世等诸多方面，其中比较显著的改革为驻藏大臣地位的提升，变监督指导为实际参政。确认大活佛转世则以金瓶掣签形式等，其中金瓶掣签制度沿用至今。

第十三讲 清季的天空之朗朗乾坤

驻藏大臣列班而来

"治道无奇特，本知黎庶苦；卫藏番民累，实因频耗蠹……"

这是乾隆末年驻藏大臣松筠（1754—1835年）《西招纪行诗》起首两句，旨在说明此番西行所为何来。虽说廓尔喀之战完胜，西藏太平，但战争创伤尚未平复，各地头人又照旧苛派聚敛，百姓不堪其苦，多有逃亡，致使田园荒芜，所见一派萧瑟。松筠于乾隆五十九年（1794年）接替前任和琳，走马上任第一件事情，就是抚恤百姓。此时已在次年冬春之交，乾隆皇帝御临六十年，圣谕今岁普免天下漕粮，并豁免各省节年民欠。驻藏大臣松筠与达赖、班禅合计过，将卫藏地区本年度应纳粮石及旧欠各项银钱概行豁免，并拿出数万两银进行赈济，以示响应。乾隆闻奏大喜，随旨赏给达赖班禅佛像珠玉荷包等物，同时赏给前藏银三万两、后藏银一万两。驻藏大臣松筠和帮办大臣和宁，携银分赴各地赈济，赶在春播前安置救助逃亡返乡百姓，散给口粮种子，修补房屋，发展生产。同时携带的还有晓谕全藏的新拟章程十条，内容包括减租免役、责令各地营官洁己爱民、革除积弊等等。

松筠此行，从拉萨经江孜抵日喀则，去往协噶尔—定日通拉山—聂拉木，向西往北行经贡塘—宗喀—吉隆—拉孜—萨迦，回日喀则。返拉萨时不走旧路，而是北行羊八井，顺便去了达木，看望同族的蒙古牧民。一路踏勘山川，考察民情，安抚百姓，教导各地头人，就地处理诉讼。为免民众劳苦，特意轻装简从，但是显然随

松筠和宁巡边记事碑

此碑原立于江孜校武场内，后移存于宗山管理处。以藏、汉两种文字镌刻，内容为此次巡边路线日期；考察沿途地理，总结此前廓尔喀侵藏之所以得逞的教训，以及对于战后安边之策的思考："应派廉洁营官管理所有各属，营官第巴如皆能教以廉洁自持，善抚百姓，则恒无他患矣。"

带了测绘官员：巡边结束，舆地书《西藏图说》《卫藏通志》等问世，涉及施政方略的《西招图略》《绥服纪略》等也开始打起腹稿。至于《西藏巡边记》《西招纪行诗》等诗文，是叙事的，言志的，大于抒情，属于文官的诗。诸如写拉孜境内《察布汤泉》："涤垢因汤沐，洁身犹濯心；心清好治狱，鞫断惩贪侵。"附注有云："番民有诉强占田亩者，讯明饬令归还，并即予罚示惩。"——汤沐之地也现场办公了。另一首《还至后招》："江岸旧无堤，奔湍任所之；番黎群苦诉，疏导适其宜。"说的则是得知雅鲁藏布为患，当地诉苦，即饬令噶厦官员组织疏浚和筑坝，开展了一项水利工程。

松筠是一位颇有作为的驻藏大臣，在藏时间也比较长，五年之久；廉政爱民，政绩斐然。后人有论，此后近百年藏地无大事，与这位一代名臣的努力所奠定的基础有关。史书上说，这位出生于蒙古正黄旗的高官品行卓越，是位铮铮之臣，因不满和珅用事，所以久留边地。直到嘉庆四年，和珅被清算了，他才受召做了户部尚书，并担任陕甘总督。他的副手和宁也是一位好官，著有《西藏赋》。有作为的驻藏大臣还有松筠的前任和琳，虽是和珅的兄弟，同样好官一个。和琳在任时间比较短，不足三年，但因做了一件好事而被广为传诵。

第十三讲 清季的天空之朗朗乾坤

和琳是松筠的前任，于廓尔喀之役后期进藏，先是奉旨协办后勤供应，大刀阔斧地厘清梗阻，确保了运输的畅通，深得乾隆赏识。战后留下来，参与福康安主持的《钦定藏内善后章程》二十九条的制订。担任驻藏大臣期间，正值藏地天花流行，死了很多人。西藏人对从内地传播而来的天花缺乏抵抗力，视其为洪水猛兽，不治之症，尤其恐惧传染性极强，一经发现，便将患者弃之荒野，任其悲惨死去。和琳所做的好事就是，募捐了一批资金口粮，在与世半是隔绝的藏北浪荡沟（今嘉黎县南部谷底山林）修建了几排平房，将各地患者集中在此，派兵管理食宿治疗。一段时间下来，痊愈者竟有十之八九，只是脸上多了些麻点而已。这一来人们知道了，天花是可以治愈的，还可以预防。为使人人皆知，和琳索性在拉萨立了一通碑，称"恤痘碑""劝人种痘碑"或"永远遵行碑"，碑文记载了上述事迹。现在，这通石碑还在，与千年前的"甥舅会盟碑"并立于大昭寺前，不过早已变得坑坑洼洼，字迹难辨了。何以至此？因为人们视此碑为"圣物"，凿一点石片粉末带回家，祛灾防病是也。

和琳此碑另有内容，是有关风俗改革的。其中表达了对天葬这一丧葬方式的看法，指其残忍，有违伦理，多所批评，希望革除。当然了，这一点未被接受遵行。后来还有不少驻藏大臣曾对藏地风俗提出过改革意见，例如针对一妻多夫婚姻习俗的，针对下层人民弯腰吐舌之类谦卑礼节的，凡此等等不一而足。用心不可谓不良苦，但涉及文化传统，不全是长官意志和行政命令即可解决的。

总之自从雍正帝初创驻藏大臣制度，至宣统末年一百八十多年间，有学者统计过，朝廷共派遣驻藏大臣一百七十三人次，办事大臣九十人次。之所以以"人次"计，是指有重复担任者。扣除复任者和未到任者，实际到任的有一百一十四人。这些封疆大吏非满族即蒙古族，仅有清末所派帮办大臣张荫棠是唯一汉人。百余驻藏大臣多为文官，从素质人品及工作能力看是良莠不齐的，像松筠、和琳这样有所作为的好官是有一批，另有为国捐躯的傅清、

> 明朝末期，南方的中医就发明了天花防疫的几种方法，接种"人痘"。这种预防措施清朝时继续推广，清末赵尔丰在川边改土归流时，所到之处提倡种痘，每见记载。当年六世班禅进京，途经甘肃临夏，同行者均接种了疫苗，唯独六世班禅自恃或顾忌佛爷身份，不予接受，结果不幸中招。在西藏知名人物的罹患者中，除六世班禅外，前文有第一任大宝法王得银协巴，后文有丹增班觉和十三世达赖喇嘛等。

拉布敦等人,都作为正面人物形象进入了史册。还有一些官员的事迹至今仍在西藏民间流传。作者我在2006年去波密采访,那里曾是波密土王辖地,当地人还饶有兴味地说起光绪年间驻藏大臣裕钢来此招抚,并刻下匾额的故事。不过十年后,最后一位驻藏大臣联豫又以武力征服过,此事的反反复复、是是非非说来话长,我在拙著长篇《如意高地》中表达过了,在此不再赘述。

还是回到驻藏大臣的话题,若说名声最不好的,首推升泰、有泰两兄弟。升泰之前的那位驻藏大臣文硕,正赶上英国军队进占锡金、进逼西藏的关键时刻,一腔热血的驻藏大臣文硕站在勇敢的西藏人民一边,力主抗战,振臂高呼。然而此时的清廷已非乾隆时代,文硕的姿态令软弱的主子尴尬,理所当然地,任期未满遭到撤换。执行不抵抗政策的升泰来了,其后果是,除了断送锡金,还划出卓木山谷以南包括隆吐山在内的热纳宗地面,又丧失了后藏岗巴宗南端的大片牧场和险要地区。后来升泰自己也发觉,从岗巴宗南端到日喀则已是道途平坦,无险可守。据说升泰因此心存愧怍,离任返程中,在亚东一病不起,郁郁而死。但他的弟弟有泰,本就是个腐败官员,正赶上1904年英军打进西藏,他不仅极力阻挠十三世达赖喇嘛和西藏人民的抗英斗争,尤其可恨的是,僧俗人众在前线流血牺牲的同时,此人还在拉萨大办酒筵迎娶小妾;待到英军开进拉萨城,居然携了酒肉前往英军驻地犒劳慰问!不抵抗的政策虽说来自清廷,但有泰未免走得太远,以至于当他想要与英人签署丧权辱国的城下之盟时,被清廷阻止。后来张荫棠作为钦差前来查办藏事,列举了有泰的好几宗罪大加讨伐弹劾。

有泰是被时人和后人看做罪人的,但是连他自己都没意识到,不经意间给后人留下一笔宝贵遗产——日记。《有泰驻藏日记》不仅以翔实的所见所闻再现了其时人事很有价值,每天的天气记录,也细致入微,天气寒暖到何种程度,棉、夹、单衣的不时更换,诸如此类每一年、每一天的细枝末节,令当代科学工作者尤其是气象学家如获至宝。如此的始料不及,全拜此人的精致心情所赐。

治道无奇特,本知黎庶苦。松筠说得好,执政为官并不复杂,民生当属第一要

第十三讲 清季的天空之朗朗乾坤

务。凡以百姓为念的人,百姓也会记住他。回顾历史,如果还有个人化的看法,我最想言不及义说一句:相比人生短暂,还是文章千古。清代咏藏诗篇尤多,且多为官员将士所写,其间熔铸了个人阅历与情怀,真好。

附:清人咏藏诗选二

　　杨揆是随福康安将军入藏的随军文吏,后任四川布政使,卒于代总督任上。今人将其有关藏地诗词辑成《卫藏诗稿》,这首记录廓尔喀之战的《热索桥》即是其中之一。热索桥系喜马拉雅藏廓交界处一险隘,此役为清军决胜之役。

　　热索桥
　　热索桥高两崖耸,热索桥深万波涌;
　　高不容马深无舠,连臂渡涧愁生猱。
　　危桥横亘计以寸,阻隘能令一军顿;
　　将军夜半斫贼营,壮士毋那飞而行。
　　惊湍巨石互摩戛,不用军声乱鹅鸭;
　　如此风波尚可壶,宁论滟滪瞿塘峡。
　　桥头逐队驱旌旄,回流呜咽争磨刀;
　　将军磨刀我磨墨,欲记此间曾杀贼。

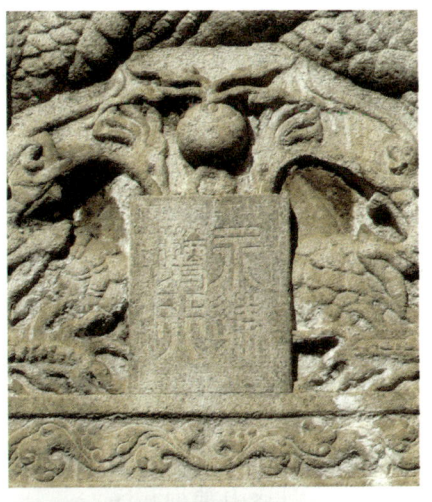

大昭寺前,和琳颁布的"永远遵行"碑,也称"痘碑"。

孙士毅时任四川总督，福康安征剿廓尔喀时负责军需供给，往来于炉藏大道，颇得乾隆帝赏识。凯旋后任文渊阁大学士，礼部尚书。著有《百一山房赴藏诗集》，这首《丹达山神祠并序》记述了一个典故：

乾隆十八年，云南参军彭元辰率队前往拉萨为驻藏官兵解送饷银，途经"西天一柱"的夏贡拉山（今昌都地区边坝县境内，亦称丹达山），不幸遭遇雪崩，一队人马覆没于雪窟中。待到掘出官兵将士尸身，已在来年春日。但见彭参军面色如生，屹立不倒。当地人称奇，视为山神。福康安将军征剿入侵的廓尔喀获胜，返程夏贡拉旅途顺遂，因感念彭参军以身殉国及丹达大王护佑，将这一事迹上奏朝廷。乾隆皇帝降旨，诏封彭元辰为"昭灵助顺山神"，勅命建造神庙，载入祀典，并颁御书"教阐遐柔"匾额，同时御赐马鞍战袍一并供奉。

丹达山神祠并序

……予以军事于役过此，辄谒祠下，并增修殿宇，立碑纪之。

丹达山头神鸦飞，阴风飒飒飘灵旗；
揭来暑路满霜雪，森然毛发将何依。
中有丛祠傍山麓，神兮居歆荫嘉谷；
磨刀霍霍刲黄羊，番童击鼓番妇哭。
问神姓氏地苦偏，铭碣无处寻荒阡；
依稀转饷来六招，其事传自康熙年。
雪花如掌没马耳，荒戍漫漫角声死；
军符火急敢少休，面裂足皲手堕指。
役夫馁欲搜鸡豚，蛮碉沉有榾柮温；
将军令严壮士肃，夜睡肯许惊花门。
芜菁已竭干糇尽，掘地难逢旅禾瑞；
徒御淹淹似死灰，将军凛凛犹生气。
层冈积缟愁云低，白日匿影山鬼悽；

第十三讲
清季的天空之朗朗乾坤

人声噤瘁马声绝，此是将军致命时。
将军虽死骨如铁，魂绕千峰万峰雪；
浮埃不上温序须，握爪还擎苏武节。
只今庙貌干云霄，我来三度浇松醪，
绰楔照耀爵里阙，拟托巫阳赋大招。

现存昌都地区边坝县的清季石碑《丹达山神记》和木刻匾额。

从噶伦到音乐家——多仁·丹增班觉的故事

多仁·丹增班觉出身名门，豪门，权贵之门，家族的荣耀在当时无人可比：上溯两三代，是鼎鼎大名的康济鼐和颇罗鼐，前者做过首席噶伦，后者曾为西藏郡王；前辈噶锡哇诺云班第达做了几十年的噶伦，告老而请辞，朝廷宣旨由丹增班觉世袭，时在1783年。二十三岁的丹增班觉一面感激皇恩浩荡，一面又不免若有所失。生长于光荣门庭，自小所受的教育训练自然是一流的，包括音乐天赋也得以尽情发挥——乾隆年间的拉萨市井繁华，歌舞升平，贵族少年每每混迹其中，跟从民间艺人学习演奏，从六弦的弹拨，到竹笛的吹奏，无不精湛。至于写歌编舞，此君风格影响到一个艺术新品种的创立：拉萨特有的"囊玛"歌舞。

步入仕途，就意味着向这一切心爱之物说再见，随即又要和心爱的拉萨说再见了，因为自打上任不久，西南边境就频频告急，生性强悍的廓尔喀部族统治了尼泊尔，借口掺假银币流通问题向西藏发难，终于在噶玛噶举红帽系沙玛尔巴的唆使下，于1787年出兵占领了聂拉木、绒辖、吉隆三个宗的领地。年轻的噶伦随后一直在喜马拉雅山林中奔波，辛苦也就罢了，只可惜不仅无功，反而有过，是大过。为何说是大过？因为与廓尔喀纠葛过程中的内幕交易对皇帝做了隐瞒。正如上文所言，协商不成，纠缠不清。朝廷所派四川将领鄂辉等人和特派的熟谙藏语的办事大臣巴忠，以及当时西藏上层主事之人无意打仗，力促和谈，结果无异于私相授受：要求廓尔

第十三讲 清季的天空之朗朗乾坤

喀从上述几地撤兵，西藏方面则按每宗赔银三百秤（每秤五十两）作为赎金，分三年缴清。又动员廓尔喀人向朝廷进了贡，不知情的乾隆皇帝大喜，四川将军鄂辉升任了四川总督，噶伦丹增班觉也由此被赏戴了花翎——越发骑虎难下了。

那边的廓尔喀人还在不依不饶地索要赎金，你不给我钱，我也不给你面子。这一次在1791年藏历八月间，廓兵直捣后藏腹地日喀则，大肆抢掠了扎什伦布寺。乾隆闻讯大怒，特派爱将福康安大将军统兵过万，开赴拉萨，于次年三月连战连捷，不仅收复失地，驱逐入侵者出境，还追过边界热索桥，直达廓境。廓尔喀人只好求和投降，退还了扎寺宝物钱财。

这一场气壮山河的大反攻、大胜利，噶伦丹增班觉却不在场——早在一年前的六月间，他和另一位噶伦宇拓巴一起，应约来聂拉木谈判，被廓尔喀人诱捕了。作为人质软禁在尼境的山林中，伤感地看过一整年的日出月落，不知道等待自己的是何命运。直到1792年六月某日，忽然人声喧嚷，有人牵来一头以金银和鲜花装扮的大象为坐骑，接他去廓尔喀的王宫。直到此时，丹增班觉方知时局已根本逆转，皇朝大军压境，廓王逃往印度。临时主持国政的廓王的叔父，这一回一改凶悍模样，承认侵藏过错，愿将掠来的扎寺财宝如数归还，不仅永不犯界，还要进贡纳税，赔偿已死藏汉官兵命价云云，并且把责任都推诿到红帽系沙玛尔巴身上——此时那位始作俑者已服毒身亡。说来说去，是央求噶伦出面劝阻朝廷大军不要再继续前进了。

按照圣旨要求，丹增班觉以"投敌嫌疑"，被解往京城接受审查，至少是"说清楚"。丹增班觉自感惭愧，行前打算把花翎顶戴交还给福康安。不过大将军没有接收，安抚说，暂且留用，待皇帝降了旨再说吧。

丹增班觉就是在这样的情况下走向北京的。他把内地沿途"不可思议"的新奇见闻记录下来，尤其是京城之大之繁华，令他应接不暇，一双惯于欣赏美声美色的耳朵和眼睛立刻就被征服了，他甚至忘记了等待他的可能命运，以戴罪之身，忘情地流连于京城天桥一带，把形形色色的曲艺戏剧看了又看：乐队伴奏的形式是他前所未见的，工尺谱的记谱方式也是藏地没有的，音色明媚欢乐的扬琴和京胡让他着迷，索性拜师学艺，掌握了演奏技艺；典雅的古琴也令他陶醉，正当开始学习的时候，不幸罹患天花，只得中断，许多年后他还为此惋叹不已。在这一过程中，绝顶聪明的丹增班觉学会了汉语。最后，当判决下达，他只得从丝竹笙歌中抽身，很不情愿地作别京城。

最终的判决对于丹增班觉来说可谓正中下怀：革去噶伦之职，保留公爵名号并保留既得的顶戴花翎。朝廷对这位功臣的后代高抬了贵手，乾隆帝亲自召见；朝廷大员们在审问这位秀气的年轻人时显然动了恻隐之心，一句"年轻无知"就定了案。他们饶有兴致地打量他的装饰，那么严肃的庭审场合还忍不住询问关于耳饰的习俗呢。当然，那些谎报饰奏过军情的汉满军官就没那么幸运了，全都受到严厉惩处：巴忠是畏罪投河自杀的，鄂辉等人先是被责令在福康安军前效力，战后被钦定在前藏枷号示众。

出过天花又大难不死，革职的同时又留足了面子，丹增班觉再回西藏时像是获得了新生，新的生命可以全力投注于所钟爱的事业了。从此西藏少了一个人皆可为的官员，多了一个千载不遇的艺术组织者和创作者——对于这个人来说，做官实属阴差阳错，从艺方为正途。然而仕途经历并非无益，正是在往返前后藏沿途，留心了解民风民情，从中发现了拉孜民间歌舞"堆谐"（意为上部歌舞，现俗称"踢踏舞"），由于格外欣赏的缘故，后来成为他移植改编为拉萨堆谐的母本；京城的阅历开阔了视野，甫一返藏便着手组建乐队，将随身带回的汉地乐器扬琴、京胡，加入到本地乐器竹笛、串铃、二胡（贴琴）、六弦琴阵营中，一改藏地从前每种民间歌舞均为单一乐器伴奏的传统，从此开创了器乐合奏、为拉萨堆谐伴奏的先河。待后来囊玛音乐问世，这六样乐器的组合更成为不可或缺的组成部分。此前西藏民间素无记谱传统，丹增班觉把内地的工尺谱改写为藏文工尺谱，本来是为方便记录保存也利于学习传播，可惜由于需要识字为基本条件，故尔未能如愿普及，仅在少数乐师那里传承下来。

就这样，丹增班觉完成了西藏民间音乐发展史上三大建树：伴奏乐队组建、堆

第十三讲 清季的天空之朗朗乾坤

谐移植改编、藏文工尺谱创制。至于囊玛音乐，则是在拉萨堆谐基础上演进而来。起初"囊玛"一词并非作为此一艺术新品种的名称出现，而是带有行会性质的民间组织——"拉萨堆谐囊玛吉度"，系"内部人同甘共苦、守望相助"之意；待由该组织成员所创音乐作品别具一格自成体系，人们便很自然地将其称之为"囊玛"了。若论拉萨堆谐与囊玛有何区别，大致说来，前者保留原生态面貌更多一些，广泛盛行于拉萨河谷乡村；后者更多创作成分，属于城镇市井。从前表演囊玛，男女舞者都有，现在更多妙龄女子群体出演，传达出城市的优雅、雍容与华美。正当旅游业蓬勃发展的今天，囊玛厅的轻歌曼舞传播到了西藏以外的藏区。

丹增班觉珍视家族荣誉，他撰写的《噶锡哇世系传》成为藏文史籍经典，连这篇小文的许多素材也都由此而来。噶锡哇是其

露天场地演出的囊玛歌舞

乐队演奏。扬琴、京胡、贴琴、六弦琴、笛子、串铃，并称为囊玛音乐"六大件"。

家族房名，拉萨的府邸名为多仁府，所以在名字前面冠以府名，多仁·丹增班觉。珍惜自家的花翎顶戴，每逢重大活动场合必戴之，盛装出席；尤其是雍正帝赐给他先辈的，为全西藏第一顶，就为此，一首囊玛歌曲如此宣扬：

　　在那印度东方的山坡上，
　　一群孔雀正在比肩行走；
　　但能做官人顶戴花翎的，
　　唯有其中一只。

丹增班觉就像一位音乐之神，也进入了女子们的合唱中，从这位翩翩公子风流倜傥的样貌风度，到他华美尊贵的衣饰装束，无一不入歌。有一首《拉萨官府的楼上》称道了他的才华——

　　在拉萨官府的办公楼上，
　　头戴巴角的贵族官员众多；
　　能精通汉语藏语的，
　　只有丹增班觉一个。

另一首《聂拉木通拉山》就更有意思了。相传丹增班觉本是一位多情浪漫的公子哥儿，爱江山更爱美人。从拉萨到边境，需要翻过聂拉木境内的通拉山，有一首囊玛曲据称是为他而歌——

　　翻越聂拉木通拉山的时候，
　　马儿不时地回头张望，
　　是因为没吃完的草料，
　　还留在过夜的地方。
　　翻越聂拉木通拉山的时候，
　　骑手不时地回头张望，
　　是因为心中的所爱，
　　还留在过夜的地方。

第十四讲

清季的天空之暮色四合

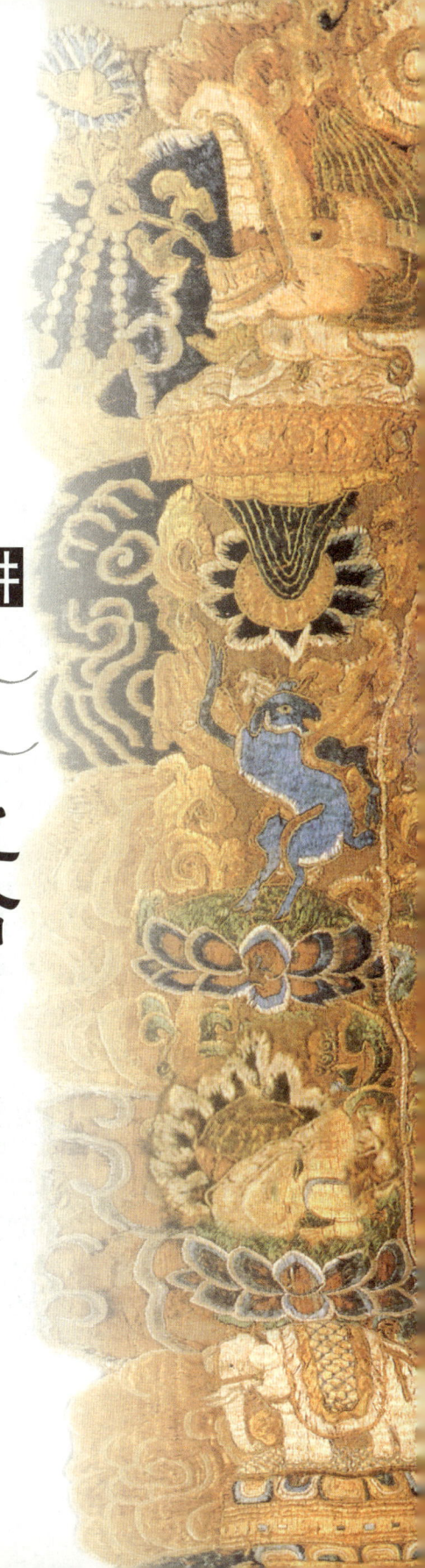

这份地图，可视为进入20世纪前后欧洲列强图谋瓜分中国的自供状。沿图中－··－界线看去，中国大陆被悉数纳入分配范围，英、俄、德、法四分天下（台湾已为日据）。由于殖民者之间利益冲突（例如左上方网格部分即新疆一部，为英俄两方力争之地，后因英方另有利益交换，沙俄方才同意"让与"），加之其后一系列战争及革命爆发，拟议中的瓜分方案流产。此图并非国人所绘，最初见诸英人马丁·吉尔伯特编制的《俄国历史图集》，中文版来自三联书店1975年内部出版的马克斯韦尔《印度对华战争》译作。

第十四讲

清季的天空之暮色四合

俄国在1895年成功地制止了日本在亚洲大陆上的势力扩张之后，就在1898年强迫中国把旅顺租借给它。英、德、法群起效尤，也提出了同样的领土要求。孱弱的中国无力拒绝。但在1900年的"义和拳事件"中，中国爱国者包围了北京的使馆区。由英、俄、法、美、德、日等国军队组成的一支庞大的讨伐部队攻入北京，解救了被包围的欧洲人。俄国未能阻止日本参加这次讨伐。它曾策划在欧洲列强间完全瓜分中国，但事情只停留在初步磋商阶段。

① 旅顺（俄）
② 威海卫（英）
③ 青岛（德）
④ 广州湾（法）

欧洲列强图谋瓜分中国示意图

雪域大地谍影幢幢

直到 16 世纪探险发现时代开启，西方人所绘制的地图中，这片高原仍属空白。但是这一局面就将被打破——与早年亚里士多德、希罗多德出于认知世界的愿望不同，相伴地理大发现时代而生成的，是很不光彩的殖民时代。西方人进藏，怀有强烈的功利动机：从 17 世纪开始，来自葡萄牙、意大利、英、法、俄等国度的传教士衔命进藏了，致力于将这片《圣经》未至的空白区，教化为上帝的土地和子民，尚且属于精神文化层面；随着英国东印度公司逐渐控制了印度全境，西藏成为下一个目标，且是作为印度殖民政策的组成部分。于是通商的、游历的、借助于科学考察名义的，凡此等等，接踵而至，无不伴随着殖民阴影。正如我国地理学家徐尔灏在 1945 年出版的《青康藏新西人考察史略》书中总结的那样："各国探险家来我国考察者，初意或也出于学术动机，而负特殊使命者居于少数。但其结果，因我国对于边地之忽视，任听外人进入我境窃绘山川险要，私记边备宝藏，结果遂起野心者之觊觎。探险家之足迹，常成侵略势力之向导。"

但是在相当长的时期里，这类常成侵略势力之向导的进入努力都遭到了抵制。即使沿海内地有所松动，西藏仍在坚持。文化差异之外，他们认定印度的沦落就是前车之鉴："凡是英人通商游历所在，将来即为英国之地。"所以早在咸丰朝，西藏僧俗人等即立盟誓："一致议定，绝不让一个洋人进藏。"在这样的大势下，19 世纪

第十四讲 清季的天空之暮色四合

下半叶的西藏,受英人指派的化装间谍潜行入藏,成为世界间谍史上一景。

经典画面:外部形象是远道而来的朝圣者,手持伪装成念珠的计步器,念珠串并非一百零八颗而是一百颗,每走一百步拨动一颗;迈着训练有素的步伐,每一步31.5英寸,两千步正好一英里;手摇的转经筒内并非经文而是用来记录方位和距离的纸片;口中念念有词的也与佛经无关,而是一连串地名;特制的微型测量仪就藏在行李的夹层和僧装的暗袋中。

经典故事:印度的辛格兄弟是第一批被间谍学校培训出的进藏人员,最厉害的南恩·辛格,利用这套行头徒步翻越吉隆的喜马拉雅山口,精确计量了这条蕃尼古道的里程;在拉萨,依靠简单仪器,相当准确地提供了此地的经度和海拔高度。后来他还去过西部阿里地区的产金地,了解到金矿资源的同时,帮助他的英国主子填补了一万八千平方英里的地图空白。辛格兄弟的工作成绩得到了西方人的惊叹,在后世被屡屡提及,一部西方人所拍纪录片《地图随想曲》中再现这一过程,解说词这样说道:"……埃佛勒斯、南恩·辛格都是为科学献身的人,但是他们的身后却站着帝国主义者,正是这些帝国主义者把他们的测量成果变成了权力的工具。"

再讲一个不成功的间谍故事:潜入西藏的间谍工作之困难是今天的人们所难以想见的,沿途历经层层盘查,住下来要千方百计掩饰,稍有不慎,就有掉脑袋的危险。所以能够胜任间谍角色的,大都为境外与西藏人同一肤色、同一语言的新近被征服者。19世纪70年代末,英属印度测量局为弄清雅鲁藏布江与布拉马普特拉河的关联,密派一个二人小组前往藏东南。这对锡金人主仆同在印度接受过特务训练,但是他俩只到了大峡谷顶部位置,因江水阻隔无功而返。次年改派一位蒙古喇嘛,那位锡金仆人基塔普依旧随行,任务是深入峡谷地带,在低水位处投放带有金属标记的浮木,以探察江水出口。这一次还算顺利,二人沿江而下,甚至抵达墨脱境内。然而不幸的是,锡金人被出卖而不自知,蒙古喇嘛拿了钱扬长而去。卖身为奴四年里,基塔普不忘使命,秘密准备了大批原木藏于山洞,然后以朝圣之名去拉萨,给原来的锡金主人发去一信:从哪一天开始,连续十天,每天向江中投放五十根带有标记的原木，请安排接应云云。

然而更大的不幸是，当他历尽千辛万苦，自认功成复命时，方知原锡金主人早已过世，信件并未送达——五百根原木就这样白白地流进了孟加拉湾。

这段往事是 F.M. 贝利在《潜入西藏》（中译本名为《无护照西藏之行》）一书中披露的。时隔30多年，1913年他接受英印政府外务大臣麦克马洪派遣，由印境潜入大峡谷地区，所勘测绘制的地图，成为炮制非法"麦克马洪线"的重要依据，及时提交西姆拉会议。

培训间谍的秘密基地设在西姆拉的台拉登，负责为这所间谍学校选拔"种子选手"的，是设在大吉岭的菩提亚学校，该校校长是后来闻名于英印及西藏的萨拉特·钱德拉·达斯。此人之著名，在于19世纪的两次进藏，对日喀则到拉萨，包括前后藏多个地区，秘密进行勘测，并写下一部《拉萨及西藏中部旅行记》。此人得以进藏，端赖他的助手、仆人乌金嘉措，是这位身为锡金贵族喇嘛的藏人，从扎什伦布寺取得了准许达斯进藏的通行证；得以在藏长期逗留，并得以进入前藏，又得之于后藏仲孜寺生钦呼图克图和后藏贵族帕拉等人的鼎力相助，可谓畅行无阻。

1879年和1881年，达斯两次进藏共计住了二十个月的时间，可见伪装之成功：达斯本人精通梵文和藏文，容易博得好感，加之略通医术，当众将苏打粉放在水中，沸腾冒泡泡而水依然是凉的。这个小把戏很灵，足以让在场观众惊其为"天人"。达斯离开西藏前，裹走了一大批珍贵的梵、藏文古籍和手稿，他的测绘尤其为荣赫鹏的英印联军十多年后的侵藏行径提供了路线图。

扬长而去之后，西藏地方政府方才弄清其人真实身份及其间谍活动，事后的清算导致了一场极大风波：接待过达斯的帕拉家族遭到抄家和流放的惩处，与达斯过从甚密的仲孜寺生钦活佛，财产被没收，本人被押解到拉萨，囚禁于木笼游街后，先是流放到工布江达，后在流放地被装入皮口袋，溺毙河中。不仅如此，这一事件还被作为扎什伦布寺里通外国的证据，达赖、班禅两系统的公开裂痕由此触发。

近现代史上的西方列强图谋瓜分中国并非仅限于概念，觊觎西藏并一度进行激烈争夺的，主要有英国和俄国，其次是日本和法国，最后是美国，各自以不同的方式插手西

第十四讲 清季的天空之暮色四合

藏。这一过程为时甚久，说来话长，《布达拉宫上空的谍影》一书记述了相关案例，可作为本篇注解。简而言之，当年积贫积弱的中国乃至西藏，仿佛只为强势国家利益争夺而存在。其中最典型的，是英俄之间的交易。

英国看待西藏，是其东方殖民的一部分，沙俄对于西藏的兴趣则在于，是其称霸世界、南下战略的一部分，由此"直叩印度的大门"（恩格斯语）。两大列强本来是隔着青藏高原各自扩张，19世纪末开始，一个北上，一个南下，方才交叉重叠。英国的手段是软硬兼施，加上地利之便，成为最终的获益者；而俄国，先是派出情报军官普尔热瓦尔斯基，以考察之名武装进藏，横冲直撞所以屡屡受挫，始终未能接近拉萨。后来得以进展，是通过在哲蚌寺学经的布里亚特蒙古僧人德尔智，与十三世达赖喇嘛进行秘密联络。最终结果是，英国和俄国在划分亚洲势力范围时达成妥协，英国将波斯湾的权利让与俄国，俄国则将西藏及阿富汗的权利让与英国，这一交易在1908年"英俄协定"中体现。就这样，披着僧装的双面"使者"德尔智七次往返拉萨—彼得堡的苦旅均告徒劳，西藏上层欲借沙俄抗衡英国的希望也随之落空。

那些"背后站着帝国主义"的谍影已被历史的风尘掩埋，但是不期然地，今天的人们还能记起他们的片断故事，而曾经的间谍和探险家们所留下的著作，今天大多被译成中文，让国人可以一窥西藏的其时其地，反倒是价值长存，这也是当年那些各怀异志的人们所始料未及的。

河口慧海像

日本僧人河口慧海的进藏动机，起初只是求得藏文和梵文的《大藏经》，但是当他途经印度结识了"恩师"钱德拉·达斯后，显然接受了搜集情报的任务。他于1901年进入拉萨，一年后由于身份暴露而仓皇离藏，在拉萨帮助过他的僧人和商人都受到牵连而被拘禁。回到日本的河口慧海在报刊上连载了《西藏探险记》，出版了《西藏三年》，为他带来极大的名声。十多年后的1914年他再次进藏时，同在拉萨的日本人已有青木文教、多田等观和矢岛保治郎等一众间谍。1920年代，河口慧海还曾代表日本政府，拉拢出走内地的九世班禅大师投日，被班禅大师严词拒绝。

为什么总是失去

1841年12月,冰封雪裹的阿里大地上,史称"西藏森巴战争"的第一个回合激战正酣。双方主力在格尔东的对决进行到第三天,枪炮声、呐喊声还在持续,平阔的雪地上,堆满僵卧的尸体,渗透了殷红血迹。黄昏时分,已是短兵相接,步兵骑兵搏杀混战。一名机灵的藏兵飞身撤出圈外,举枪瞄准,一枪击中敌军主帅倭色尔的右腿。敌酋应声落马,藏兵一拥而上。受伤的倭色尔单腿跪地,手中的大刀左挥右砍,围攻者不得近身。一名中年藏兵绕到背后,举臂投出一支双刃长矛,不偏不倚,从后背穿入,直透前胸。这个誓言征服拉萨,并在阿里横行了一年之久的侵略者,就此一命呜呼。

主帅丧命,敌军瓦解,藏军首战完胜。这一仗敌军六千人,除千人被俘,一千五百人逃回外,其余的均死于沙场。

道格拉人,西藏称其为森巴人,本在克什米尔查谟地区,锡克王国治下。野心勃勃的统治者古拉伯·辛格在占领了巴尔蒂斯坦(汉文古称大勃律,别名小西藏,今巴基斯坦境内)后,又在1834年(道光十四年)侵入拉达克。拉达克王曾向驻藏大臣求援,未遂,终致沦陷。在巩固了对拉达克的统治后,为了阿里的黄金矿和"软黄金"山羊绒,更为图谋建立中亚大帝国,古拉伯·辛格派遣猛将倭色尔于1841年初,以武力迅速夺取了从日土到普兰的整个阿里地区,所到之处,烧杀抢掠。此时的驻

第十四讲

清季的天空之暮色四合

藏大臣名叫孟保，一闻敌警，当即派遣藏军代本久曲杰布和噶伦才丹多吉领兵驰赴阿里。由于倭色尔误判了局势，以为拉萨方面不会在隆冬季节出兵，所以藏军奇袭获胜，初战告捷。但是随着战事的进展，藏军遭到暗算，被水淹军营，又吃了败仗。1842年，双方谈判议和。最终结果是，双方停战，各自维持旧有边界。阿里地区虽然重回西藏，但拉达克就此析离——正当此际，英印征服了锡克王国，拉达克顺理

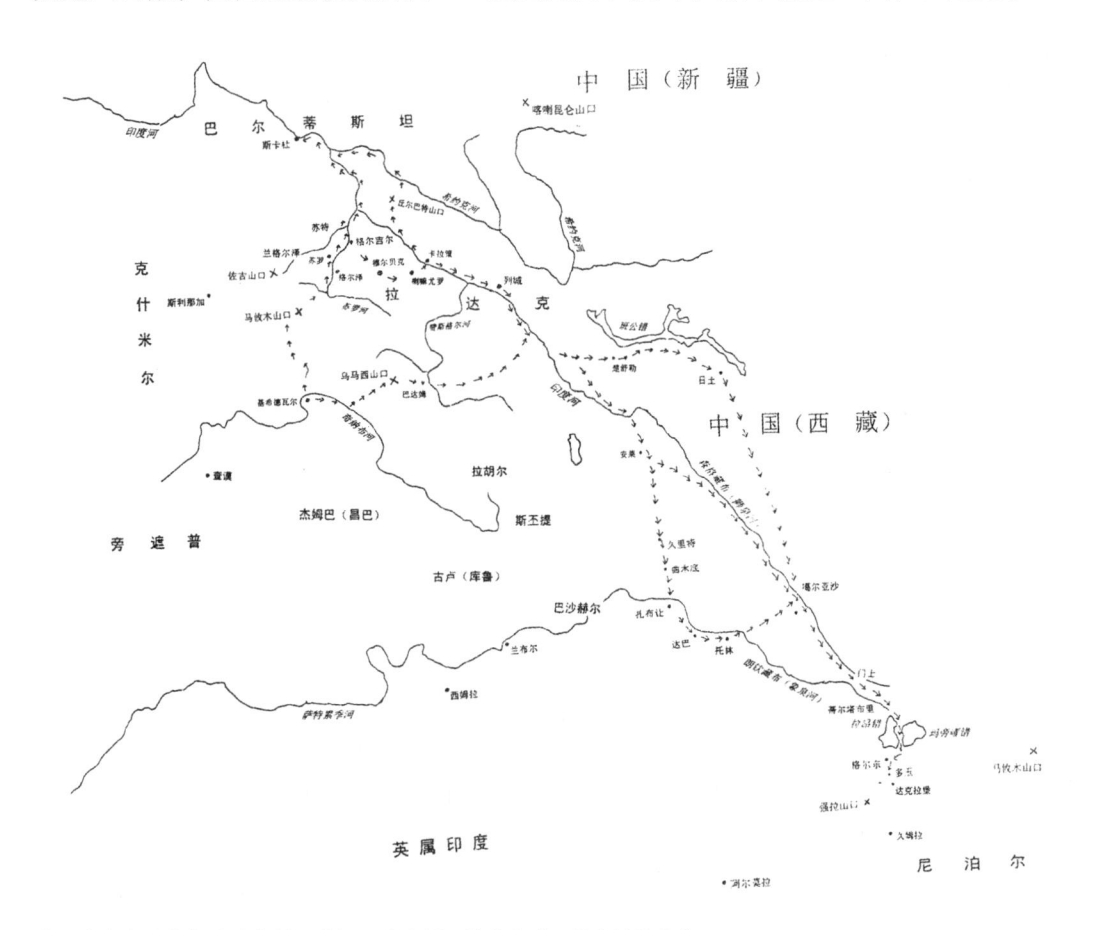

森巴战争中道格拉军队进军西藏阿里路线图　转引自《西藏森巴战争》

成章地被纳入英印"保护"范围；而"旧有边界"本是一模糊概念，致使中印边境在此地的争议延续至今。

此后西藏地方还进行过一系列反侵略战争，其中有从1855年咸丰年间开始的、为时两年的对尼泊尔作战。由于渴望得到喜马拉雅沿线高地的古老心愿，尼泊尔举兵一次再次地占领了吉隆、宗喀、聂拉木等地。在这场战争中，藏军与尼军展开拉锯战，驻藏大臣在或战或和中依旧起着重要作用，朝廷方面的态度也较强硬，仍命成都将军预为防范，随时调藏。战后尼藏之间平静了多年，迄今保持了友好关系。这说明了一个问题，只要对方背后没有站着帝国主义，吵过了打完了还是好邻居。

此时的西藏，相对于尼泊尔而言，仍属强势，但当面对强大的英印武装时，则是每况愈下的颓势。

19世纪英帝国主义的殖民事业在南亚正如日中天。全面占领印度后，大踏步向北挺进。1835年（道光十五年）向锡金租借了进入喜马拉雅诸国的要冲之地大吉岭；1846年（道光二十年）控制了克什米尔，拉达克一并进入其"保护区"；1861年（咸丰十一年），控制了锡金，同时与尼泊尔签订塞哥里条约，直接影响尼泊尔王室施政；1865年，掌控了不丹……越过了这些缓冲地带，西藏近在咫尺。

> 由于地缘政治的关系，面对英印的强大势力，廓尔喀之战后的尼泊尔积极谋求与清廷合作，其间多次向驻藏大臣表示，愿意出兵支援朝廷在内地镇压太平天国运动、出兵帮助收复拉达克等。但因尼泊尔王室对喜马拉雅沿线数地的领土要求，朝廷警觉，始终未允其插手。此次的尼藏战争，属于对于吉隆、聂拉木等地偷袭成功，后经藏军奇袭夺回；尼泊尔再次占领，因内外交困，后被迫放弃。

这些喜马拉雅山国中，锡金、不丹、拉达克，历史上本为与西藏同文同种同一信仰的属地，至此藩篱尽失。

从清廷到西藏地方，本来秉持闭关政策，鸦片战争后情势改变，在1876年中英签订的"烟台条约另议专条"中，迫于英人施压，清廷遂不顾西藏的感情，同意开放，允准外人入藏旅游探险，从而导致了包括驻藏大臣在内的西藏地方的抵制对抗，引发了隆吐山之役失败及其一系列严重后果。

1887年，当听说英印官员马科蕾将要取道锡金入藏时，西藏地方政府急派藏军进驻边境隆吐。此举招致英国向北京提出强烈抗议，称藏人越界驻戍，若不撤离，必以武力驱逐。

第十四讲

清季的天空之暮色四合

总理衙门当即指令驻藏大臣文硕立即撤军。殊不知，这位文硕对英印深恶痛绝，与西藏人同仇敌忾，居然抗命不从，奏称藏军并未越界，"地既藏境，人既藏民，撤亦无从可撤也"。但此时的清政府哪里肯听，明令不能因藏界"尺寸之争"而骚动天下，并且果断地撤了文硕驻藏大臣之职。1888年初春，文硕尚未离藏，隆吐已被英军攻占，藏军被迫撤离。

同年夏季，重新集结的藏军与英印军队再次惨烈交锋，但在敌方重炮轰击下，原始武装的上万名藏军死伤溃败。新任驻藏大臣升泰秉承朝廷妥协政策，与英人进行了艰苦谈判。但大获全胜的英人所谈，不再是撤军问题，而是藏、锡间划界。最

1904年英国军队开进拉萨

藏兵的火药枪

英国炮对准江孜城堡

江孜保卫战（宗山城堡）

1904年6月下旬，乃宁、紫金二寺失陷后，侵藏英军直指江孜，蛮横要求藏方拆除宗山炮台，限令藏军于7月5日前撤离江孜。遭到拒绝后，英军遂于7月5日中午向江孜城区发起总攻。此时守卫江孜的藏军共有两千人，另有民兵、僧兵数以千计。其中精锐分队四百五十人固守宗山城堡已达三个月，其间大小战事历经数十次。此际面对强敌优势炮火，临危不惧，视死如归，以大刀长矛与英军对峙。经过三十七小时激战，弹尽粮绝。7月6日傍晚，江孜城破，宗山沦陷，伤残兵民不甘被俘，纷纷跳下悬崖以身殉国。

终结果是，这份"中英会议藏印条约"承认了锡金为英国的保护国，古称为"哲孟雄"的锡金就此析离。

根据后来谈判中所签"续约"，亚东于1894年5月1日（光绪二十年三月二十六日）正式开关通商。假如是在和平与平等的环境和条件下开放西藏及口岸，当然是件好事情，但在非常时期，一再示弱下的就范，引起西藏方面的强烈反感。时已成年的十三世达赖喇嘛，对条约的某些内容拒不执行。强硬的姿态不仅挑战了朝廷的权威，也最终引发了1904年的枪声。

英军远征，兵临城下。此时的驻藏大臣有泰比朝廷走得更远，不仅阻挠西藏人民的反侵略斗争，还幸灾乐祸地冷眼旁观，"任其战，任其败，釜底抽薪"、"惟有力筹善后或保将来"，就是此人奏报朝廷的原话。西藏人民的抗英斗争节节失利，达赖喇嘛在英军抵达拉萨前仓皇出走，北向

第十四讲 清季的天空之暮色四合

曲米辛古遗址

曲米辛古大屠杀

曲米辛古，是亚东边境通往江孜的古道关隘。1904 年 3 月 31 日，侵藏英军进抵此地，与严阵以待的千余名藏军遭遇。英军指挥官荣赫鹏上校一面诡称和平谈判，诱使藏军代本拉丁色、朗赛林离开阵地，一面阴使英军包围并以火炮、机枪瞄准藏军。同时声言为表双方诚意，提议英军子弹退膛、藏军熄灭火枪点火绳。缺乏临战经验的藏军中计，英军突然开枪射杀藏军代本，随后枪炮齐发。藏军因点火绳熄灭而无法还击，数分钟内牺牲五百余人。英军随之攻占古如，追杀藏军数百人。此役为藏史所称西藏人民抗英战争"木龙年之战"首役，藏军近千人慨然殉国。

战场上被打死的藏军　　被英印军队抓获的藏军俘虏

寻求支援，结果失望而归。1910 年，当他再次从拉萨出走，无奈中选择了南向的英印——衰弱的中央，混乱的内地，加速了离心作用，西藏局势因此复杂化。

不堪回首仍须回首，西藏地区与祖国一道经历了艰难岁月，一荣俱荣，一损俱损。康、雍、乾盛世之后，廓尔喀之役闪耀着夕阳的最后光芒，嘉庆、道光年间余晖渐消，而后暮色渐浓，江河日下。1914 年的西姆拉会议上，帝国主义者抛出了"麦克马洪线"，将东部喜马拉雅以南九万多平方公里的版图划归英印，成为国人心中永远的痛。

风化成典 西藏文史故事十五讲

亚东老海关遗址

清朝乾隆年间，中央政府在亚东设立海关，由驻藏大臣监管，行使主权，对往来之印度、不丹、锡金商旅课以关税。繁盛时骡马驮队绵延，古道驮铃不绝于耳。此关于1904年英军入侵西藏后废止。

西姆拉会议代表合影

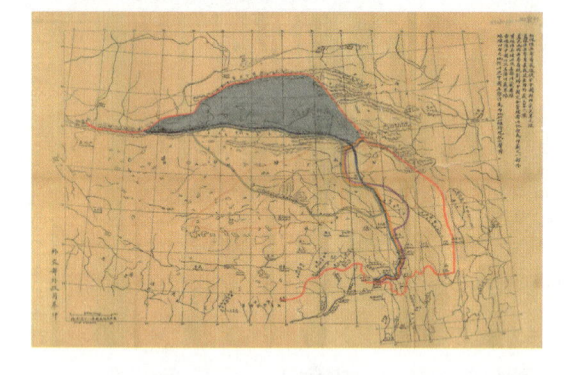

西姆拉会议上讨论西藏界务使用的地图，以英国皇家地理学会1906年摹印之《西藏与其邻近之地区图》为底图。图上所绘红、蓝、紫、黄、绿诸色线及蓝色色块，反映了自西姆拉会议以来至1919年8月间中英两国对于西藏划界的不同意见。图见《西藏议约案》档，第33册，1919年。

西姆拉会议与非法"麦克马洪线"由来

1913年至1914年中、英及西藏地方在印境西姆拉举行会议。会议开始半年前，英方即派贝尔前往亚东，与西藏地方政府司伦夏扎·班觉多吉密谋了三个月，完成了一笔政治交易。其制定的策略是：先由西藏方面提出漫天要价式的大藏区要求，然后由英方出面"调停"，提出"折中方案"，分步实施"藏独"。于是当会议开始时，夏扎便提出了并不在藏政府管辖范围内的包括川、滇、青、甘藏区在内的所谓领土要求六点方案。这是不可接受的，中国政府代表陈贻范相应提出解决汉藏边界争端的七条方案。僵持不下时，麦克马洪这个自称的"诚实掮客"抛出了精心谋划的"居中调停"方案，即将藏区划为西藏地方政府实际控制范围的"外藏"和周边藏汉杂居地区的"内藏"，称允"外藏"先行"自治"。其内外藏之间以蓝笔划过，相关的"外藏"南方边界则随手以红线划过。在场者注意力皆被蓝线吸引，并为之争执不休，谁都没有注意到这条红线。由于内、外藏的划分激起全国各界群起反对，陈贻范拒绝在条约上正式签字，袁世凯政府宣布条约无效。英、藏两方虽签署了一份私下换文，但文件本身即声明，无中国方面的承认即不能生效。所以西姆拉会议流产，"西姆拉条约"作废。

此后英国人忙于应付第一次世界大战，搁置二十多年后，1935年，英国植物学家金·沃德（华金栋）越界考察，被西藏方面扣押。为解决这一纠纷，印度方面查找资料时偶然发现了标有红线的地图，大喜过望。但鉴于该文件的无效性，他们不敢张扬，遂采取偷梁换柱手法，悄悄收回并销毁刊载该条约的1929年版《艾奇逊条约集》一书，重新出版了仍以当年为出版日期的冒牌货，同时对该地进行勘察测量，公然把非法"麦克马洪线"画进了自己的版图，设置了收税机构。1951年趁中国全力以赴于抗美援朝之机，公然占领达旺；1959年印度政府提出全面领土要求。不仅如此，进一步推行"前进政策"，开赴非法"麦克马洪线"以北。中国政府忍无可忍，在著名的1962年中印自卫反击战中，"娃娃兵打败了胡子兵"。赶走入侵者后，中国军队仍退回这条红线以北。其后经过十多年的冷战，中印恢复邦交，但边界问题至今悬而未决。

第十四讲 清季的天空之暮色四合

铭记一份清单

　　1903年底，由英军上校荣赫鹏率领的名为"和平使团"、实为侵略武装的英印雇佣军，越过喜马拉雅的冰峰雪岭，开始侵入西藏。西藏僧俗民众沿途顽强抵抗，从古道关隘曲米辛古的1904"木龙年之战"首役开始，历经乃宁寺、紫金寺和江孜城等若干大战役，前仆后继，屡败屡战。这是一场力量对比极为悬殊的战争，最先进的洋枪洋炮对阵相当原始的刀矛火枪，所以当荣赫鹏的一千二百人对阵西藏的两三万人，依然占有压倒性优势，可说是踏着抵抗者的血肉之躯前进——虽然举步维艰，闯进拉萨费时大半年。

　　这支由英国人、印度人和廓尔喀雇佣兵组成的队列中，有一位年过半百的英国绅士。随军医疗总监是其人的一个身份，"文化顾问"则是他扮演的主要角色。荣赫鹏为了此人的特殊使命，特派一队士兵供其驱使。此人便每在攻占之地，扑向寺院大殿，指挥士兵把一摞摞经书从橱柜中搬出，搜拣有价值的典籍和文物。随着绸布包裹一层层打开，每当精雕细刻、装饰华贵的封板或以金汁书写在磁青纸页的手抄本映入眼帘，这个人都会欣喜若狂。他随后的工作便是，核对封面上的藏文或梵文书目，决定取舍，凡有重复者唯有忍痛割爱。这样做的原因无他，运力有限的缘故。即使这样，当战事结束，陆续运往印度的典籍珍品也有两千部之多，而每一部卷数不等，仅三部大藏经《甘珠尔》就含各类著作两千多种。据此人公布的数字，总共动用了三百多头骡子驮运。

这批珍品曾在印度加尔各答向公众展示，后根据英印政府要求，分别送往印度事务部、大英博物馆、牛津大学和剑桥大学图书馆收藏，可说是"借花献佛"了。

乃宁寺大血战

乃宁古寺建于吐蕃赤松德赞时期，千余年来寺藏丰富，高僧辈出。1904年英军入侵，该寺由来自康区、工布和后藏的僧俗民兵八百余人据守。为呼应江孜宗山保卫战，不时袭扰英军之亚东至江孜的后勤补给线。英军深恐后援不济，调集重兵于6月间分南北两路夹攻乃宁寺。僧俗民兵在枪林弹雨中英勇杀敌，工布民兵首领阿达尼玛身先士卒，刀劈英军军官杂尼萨哈。历经四小时血战，共歼敌百余名。其后虽因民兵伤亡惨重而被迫撤离，但此役大大鼓舞了全藏上下的抗英斗志，一首民歌传唱了百年：阿达的工布军英勇非凡，英国侵略者胆颤心寒；僧俗战士的鲜血啊，染红了乃宁寺的石板；英雄业绩流传百世，壮士的丰碑竖立万年。

紫金寺守卫战

侵藏英军以武力开道，步步进逼后藏腹地，于1904年6月间控制了年楚河以南谷地。藏地名刹紫金寺本在江孜以北，但英军为切断江孜与日喀则之间通道，于6月28日向紫金寺发起突袭。守卫该寺的藏军和僧俗民兵共七百余名，以火枪、石块英勇拒敌。此役击毙英军上尉克拉斯特，打伤英军官兵数名。终因火力不敌，伤亡僧俗官兵七十余人。紫金寺失守，寺庙建筑被英军炮火悉数摧毁，寺藏千余尊佛像及珍贵文物被英军洗劫一空。

第十四讲

清季的天空之暮色四合

不消说，此人显然是位专业人士。奥斯汀·华达尔（1854—1938年），头衔计有东方学家、考古学家、自然学家、地理学家和西藏问题权威，一生出版过有关亚述人和闪族人语言、考古、亚洲历史、风俗民情、藏传佛教等方面的作品七百余卷篇。华达尔在当时的国际藏学界享有知名度，比较有名的作品有《神秘的拉萨》《西藏的佛教或喇嘛教》《喜马拉雅地区的艺术》等等。当这样的学者专家西装革履走上讲台，或后人在图书馆里查阅他们的皇皇巨著，理当肃然起敬的。

华达尔此番将西藏巨量典籍劫掠而来，可谓对西方世界的突出"贡献"。这个一向负有特殊使命的学者，早在1895年，就曾参与过印度远征，并为英印政府搜罗到年代久远、学术价值可观的一批雕刻品；还曾多次冒着生命危险，化装潜入西藏，发现了西藏各地珍藏的经典文献，不过，届时唯有垂涎的份儿。

这次借助武力，终于得手："1903年夏季，当组织'政治使团'前往西藏时，我向印度政府说明，这次任务是一次绝佳的机会，有助于我从那片与世隔绝的土地上收集到西藏人的手稿和书籍，这对于研究古代印度史的西方学者们犹如雪中送炭，而且我国的多家大型图书馆也正因缺少这方面的藏书而名声不佳。"华达尔撰文介绍"珍品的收集经过"，以上所表现的过程和场面就是这篇文章里所描述的，立此存照。这篇文章的标题为《在执行拉萨荣赫鹏使团任务期间收集到的西藏手抄本和书籍的情况》，刊载于《帝国与亚洲季刊——东方与殖民记录》，第33-34卷，1912年7月—10月，第3期。

这篇文章的主体部分，是对这批文献珍品的内容分类，同时列出一份长长的清单：篇名，编号，分赠何处。据此我们得知这批书卷被区分为五大类，其中手抄本约占总量的四分之一。根据经验，我们可以设想手抄本中必不乏珍本、孤本和绝本。

一、佛教经书（手抄本和木刻印刷本）占据绝大部分，包括《甘珠尔》经书、《丹珠尔》注疏典籍、由梵文译成藏文的经文抽印本和西藏人编撰的典籍。

二、苯教，即佛教传入前的西藏本土宗教的经书。

三、历史书籍，包括世俗国王和佛教高僧的传记。

在驻藏大臣有泰的督促下，西藏地方政府被迫与英方签署了城下之盟的《拉萨条约》，清政府当时未予认可，但在隔年清政府与英国政府在北京签订《中英新订藏印条约》中，又将《拉萨条约》作为附约承认了。虽然新约规定英国无权干涉西藏内政，除清政府外，任何国家均无在藏修筑火车铁路、公路、架设通讯设施及开采矿石等权利，但在通商贸易方面认可了英印方面的诸多特权。至于英印政府在西藏境内卓木山谷的占领军，是待1908年清政府由国库支出，最终付清两百五十万卢比的战争赔款后，方才撤出。

四、科技类的医学、数学、占星学、地理学和地方志。

五、语言学的词汇和语法、逻辑、修辞以及音乐等书籍。

华达尔为如此丰厚的战利品而得意洋洋，他在文章篇首即开宗明义地写道："在荣赫鹏执行拉萨使团任务期间，我奉英印政府旨意收集到这批数量众多、罕见的并且迄今为止绝对不为世人所知的西藏手抄本和书籍。这批文献是迄今为止欧洲从未获得的最大和最丰富的西藏文献。虽然我们在获得这么大批的书籍和手抄本时并没有费什么周折，但是在正常情况下要获得这种罕见的文献是绝对不可能的。"为了对这一获取的意义加以强调，他特别指出："我们肩负着强烈的政治责任，而且还被政治利益所左右，那么就更应该深入研究印度历史。但是在我收集到这样大批的西藏文献之前，大英帝国图书馆与其他欧洲大型图书馆相比，有关藏民族文献的藏书量是最寒酸的。印度事务部图书馆的藏文藏书也相当有限……大英博物馆就更可怜了，根本没有整部的《甘珠尔》和《丹珠尔》，如果有的话，也只有从整部经卷中撕下的那么几页……牛津大学图书馆、剑桥大学图书馆以及皇家亚细亚协会所珍藏的就更少之又少了。"现在好了，"英国图书馆的尴尬地位一去不复返了。目前，英国在这方面的藏书量，除了西藏、中国、圣彼得堡外，或许应该是世界上最丰富的了。"

1904年英军兵临城下，西藏方面被迫签约，虽然清政府未予承认，但被迫同意由国库支付侵略者强索的战争赔款二百五十万卢比，以换取对方撤军。这样的示弱和无奈在其时的中国已经不是第一次了。

第十四讲

清季的天空之暮色四合

百年过去,世界格局发生了极大改变,日益强大自信的中国人说起当年著名的文化强盗伯希和、斯坦因,加上这个华达尔,说到其人其事,似已不再像从前那样的切齿和激动。往深一步说来,这类珍贵文本毕竟未遭毁灭的命运。从今往后的年轻人回过头来翻捡这段历史,或许更多惊奇,是拍案惊奇:原来文明的西方经历过这样的阶段啊——不以殖民为贬义,别家的土地任意践踏,别人的东西顺手拿来,只在他们所开创的叫做"殖民"的时代里,才会发生这样明火执仗的文化劫掠,才会写作和发表这样以耻为荣的自供状啊!

对于所谓的学人来说,置身于殖民时代,成为帝国工具,有过与其时代和身份相符的言论行动也就罢了,遗憾的是,已经进入 21 世纪,一些西方人,尤其是某些英国学者,还在研讨会上大谈英国人给西藏带来的哪些"文明",公然为当年入侵西藏的劣迹张目,真真令人为之瞠目。联想到几十年来某些人借助所谓"西藏问题",高举民主人权大旗进行的种种反华分裂活动,看来百年前后一脉相承,不脱当年殖民思想窠臼。

神王神王，何来何往

十三世达赖喇嘛（1876—1933年）

按照神佛皆有凶善两面的说法，第十三世达赖喇嘛土登嘉措显然倾向前者，不仅相貌更在作为。在历辈达赖的统治中，他以铁腕著称，个性鲜明而强硬。关于这一点，时人和后人都推测与前几世达赖的遭遇有关：第七、八世虽未长寿，毕竟活到四、五十岁，从第九世到第十二世，则分别活到十一岁、二十二岁、十八岁和二十岁，均在十八岁亲政前后圆寂，如此说来，神王之位竟然十分凶险。也许确有病故者，但更可能与既得利益集团阴谋加害有关。所以当土登嘉措二十岁亲政后，迅速铲除了曾多年大权在握的摄政第穆活佛，重新任用一批亲信，实行高度集权，并终其一生保持着这一风格。在西藏1888年和1904年两次抗英斗争中，十三世达赖喇嘛都是坚定的抗战派。与历辈达赖不同的还有，伴随着他一次再次出走他乡，有过一次被暂停、一次被褫夺名号的经历。清朝末年，终与朝廷决裂；民国元年的"藏乱"中，驱逐前朝军民出藏；此后多年里，在川藏边界交战，并一度打过金沙江。在西藏内部，曾迫使九世班禅远行内地，曾革除亲英派藏军总司令擦绒的职务。这一切可以说明十三世达赖喇嘛的铁腕手段。他的政绩体现在为民族振兴，努力推行一系列新政。但是由于社会基础、政教体制等方面的先天缺陷，无以克服的财政困难，使得改革行之不远。尽管如此，这种励精图治的尝试仍然得到了肯定。晚年的十三世达赖喇嘛开始倾心向内，有意于恢复与中央政府的关系，可惜天不假年，圆寂于1933年，享年58岁。

第十四讲 清季的天空之暮色四合

罗布林卡金色颇章

十三世达赖喇嘛行程路线示意图

就在江孜城宣告失守，荣赫鹏的英印武装逼近曲水，即将兵临拉萨城下的时候，十三世达赖喇嘛终于下定出走的决心。1904年藏历六月十五日后半夜，一行人马悄无声息地离开拉萨。

十三世达赖喇嘛土登嘉措是西藏地区近现代史上的重要人物。对于面临剧变巨变的中国来说，本来那个时代的形势之复杂之恶劣已属空前，岂是用一两句内忧外患、风雨飘摇之类词组就可以概括。西藏的情况更其如此，十三世达赖喇嘛所面临的种种危机现实而具体，迫切而棘手，且都属不可抗力——那一边是强势英印的步步进逼，这一边是弱势朝廷的无所作为，唯有北上，或有转机。

1904年的这个夏夜，月光朗照下的这一行人马，除了神王及其有限的几个亲信，几十个护卫随从全部为身着僧装的布里亚特蒙古人，他们在拉萨三大寺学经已有些年头了。为首者德尔智其人，此时身兼俄国沙皇和达赖喇嘛的双向特使，一方有扩张之需，一方有借助之求，此人正是中间的单线联系人。与同行者的凄惶心情大不相同，此刻的他正自窃喜，多年的努力没有白费，离最终目标越来越近了：外蒙古首府库伦（今乌兰巴托）在望。

从青海到蒙古，沿途受到蒙藏信众狂热的顶礼膜拜，自不在话下；外蒙古最高活佛、法王哲布尊丹巴也以极高礼遇，迎接比自己更高阶佛爷的到来。热烈的场面还在持续，不妙的讯息就已传来：德尔智只身潜往彼得堡，面见沙皇，方知情势有变。

此际的沙俄，已非前些年雄心勃勃想要"直叩印度大门"，因而急于控制西藏的沙俄了，正如后来签署的《英俄条约》所体现的那样，沙俄以对西藏和阿富汗权利的放弃，换来英帝对于波斯湾权利的出让；此际的沙俄，不仅战败于日本，丢掉了对中国东北的霸权，国内资产阶级革命也正待兴起，可谓内外交困，自顾不暇，所以德尔智再次面见其俄国主子时，沙皇已决定放手。

时势弄人，功亏一篑，德尔智抱憾终生；而此行最大希望落空，也令神王怅然。

库伦此地也不宜久留。虽然尊贵，毕竟是客，且是不速之客；喧宾夺主，势必引起主人不快。逐客行为升级，直到连达赖喇嘛的宝座也被蒙古法王的手下掀翻砸毁。这时，清廷派驻库伦的办事大臣又来催返了。实际上，朝廷对达赖喇嘛的库伦之行心怀疑虑，达赖的行止和交往一直处于被监视中。

归途又是一波三折。先是朝廷接受英国政府意见，暂缓让其回藏，致使滞留西宁塔尔寺一年多；随后又遵旨返回内地，经兰州、西安，前往五台山，这一行程耗时大半年，方才予以召见。

十三世达赖喇嘛觐见老慈禧母子是在 1908 年八月末。面向大清帝国的黄昏，病入膏肓的母子，尤其是对于神王接待规格的降低，回想起当年顺治帝之于五世达赖、乾隆帝之于六世班禅的情形，反差有多大，心理落差就有多大。会见的结果，除了一个虚名和一小点实惠，达赖喇嘛所提请求几乎无一照准。仅存的一丝希望幻灭，达赖喇嘛心中大不平，面呈忿怒相——饱受了几年的折腾羞辱，离京时已决计不再回头。

之所以在有限的篇幅里详述此行遭际，旨在助解此后若干年中，达赖喇嘛的强硬态度何来，何以志在自立图强，落后就要挨打受辱啊！虽然还可以罗列一系列复杂原因，但此行遭际无疑是直接强刺激。1909 年藏历十月底，寒风料峭中，达赖喇嘛回到拉萨，比寒风更寒的是与驻藏大臣

按照旧例，清皇会见达赖，理应起迎后赐座。但这次对于十三世达赖喇嘛的礼遇明显降格，是按属藩之礼，免去"起迎"不说，还要求他行三叩九拜大礼。为此达赖大不悦，争执结果，变通为单腿下跪。此次晋京，除恢复先前名号并加封"诚顺赞化西天大自在佛"，及年给达赖廪饩银一万两之外，老慈禧对达赖所提请求几乎概不照准。其中主要的一项，即遇事由达赖径报朝廷而不必经由驻藏大臣，被理藩院直接驳回。这次会见后不久，慈禧皇太后和光绪皇帝相继病逝，宣统小皇帝登基，达赖与朝廷间的情感联系实已中断。

第十四讲
清奉的天空之暮色四合

的关系。首先是，前来迎接者与被迎接者相互没个好脸色，达赖对联豫视若无物；联豫的回应是，声称疑有沙俄武器带回，派兵粗暴翻捡达赖行装；达赖的反击更为决绝：严禁向驻藏大臣衙门提供粮食柴草及人役等。僵持不下时，朝廷所派四川新军两千人已在途中，达赖向朝廷申诉力争不成，索性部署沿途兵民武力抗拒。几乎就在川军抵达拉萨的同时，十三世达赖喇嘛再次连夜出走。这一次不再北上，而是南下。在大吉岭，不丹王室所献别墅中暂且安顿下来。清政府为此宣布革除达赖名号，准备另觅灵童。

南下并非直接投奔英印，达赖喇嘛始终对英人怀有戒心；何况直接投奔也不可能，1906年的《中英条约》，已规定英国政府不得干涉中国西藏的内部事务。所以后来英印虽然掌控了西藏的商贸和对外交往，也不乏帝国主义分子极尽怂恿达赖脱离中国、谋求独立之能事，但是从未明确结盟，而是保持了微妙的关系。正如晚年的十三世达赖喇嘛所言："英国人对吾确有诱惑之念，但吾知主权不可失。"

正在彷徨无依之际，"辛亥革命"爆发，驻藏清军哗变。正可谓天赐良机，达赖喇嘛遥控调动西藏各地数万人，围困拉萨及后藏官兵，"民（国）元（年）藏乱"持续到第二年，终将汉满官兵及百姓几乎驱逐殆尽。当一切复归宁静，回驾拉萨，达赖喇嘛开始着手一系列改革计划：发展制造业、农林业、邮电、水电、探矿开矿，特别是发展现代军备，扩充藏军——军备方面的成效最为显著，被英印武器装备起来的藏军在川藏边界，与四川等各路军阀交战多年，并一度打过金沙江，史称"康藏纠纷"。虽然其他改革内容收效有限，大多不了了之，但毕竟体现出对于现代化的向往和努力，并给这个相对封闭保守的宗教社会带来一股新风。

对于内地的封锁状态，直到1928年才由西藏方面打开。那一年，鉴于内地大

对于十三世达赖喇嘛这一时期北上南下、左冲右突以寻求出路的行为，今天的主流认识给予了充分理解。在长达两千余年的中国封建社会里，并无现代的国家概念，而只具模糊的"天下"观念。中央王朝一贯以天朝上国自居，秉持夷夏有别理念，以宗藩朝贡体制，对"远人"怀柔羁縻，"因俗而治"。而"远人"即边疆地方政权，也乐得借助中央实力，抵御外敌或平息内乱。所以每当中央政权稳固强盛，则君临天下，八方来朝，向心力就强；反之，每当中央王权衰落到力不能支，则边地藩邦各奔前程，或向外转投强者，或陷于混乱局面自生自灭。综观历代王朝兴衰，莫不如此。正当国势危亡之际，清政府将"宁弃外藩，不失中土"应用于西藏，从西藏第一次抗英斗争开始，实为遗弃在先。

风化成典

西藏文史故事十五讲

十三世达赖喇嘛实行的新政措施涵盖面较广，包括派遣贵族子弟赴英学习各项技术。除加强军事力量之外，在农林业方面鼓励开荒种地，种植茶树等，对新开荒地三年内免予税收；兴办邮政电信、水力发电；发展制造业，提倡找矿、开矿等。在这些创举中，邮电业办开起来，电站发电也是成功的，解决了拉萨市内的部分照明；造枪的机械厂因技术问题改为造币；在南部山区试种茶叶未获成功，放弃了；在拉萨北山本拟掘金，结果挖出了蛤蟆，被视为不祥，只得停工。但是西藏各地找矿踊跃，所呈送的一批矿石和报告至今仍珍藏在西藏档案馆。新政改革之所以行之不远，与其社会基础的局限有关，开启民智与宗教统治、推广科技与当时制度是矛盾的。有一个例子可说明其时社会的保守：拉萨贵族从英国人那里学会了踢足球，一度时髦。但是僧人们不高兴了，认为足球形似佛头，岂能将佛祖的脑袋踢来踢去！于是噶厦明令禁止了足球运动。

局已定，十三世达赖喇嘛先后派遣五台山寺院堪布（住持）罗桑巴桑、雍和宫喇嘛贡觉仲尼前往南京政府，初步恢复了中断多年的与中央政府的联系。

以上所言均为时事政治，中外人士所写十三世达赖喇嘛的传记，无不热衷于此，很少涉及这位宗教领袖的个人生活。多年前作者为撰写《老拉萨——圣城暮色》，在拉萨的采访中，才发现民间对这位佛爷的传说颇多，包括某些文史资料，反映的也多为政治之外的另一面。例如他如何喜爱在罗布林卡居住，如何寄情于花鸟犬马，如何仿照清廷打探民情的方式，在八廓街遍布"耳朵"……口碑中所传播的，如果不是更真实，至少丰满了一个形象。

那些作为宠物的上好良种马，各地奉献的西宁马，四川马，大洋马，养尊处优多少年，主人圆寂时，已达七百一十匹。佛爷身后，无一逃脱或被卖或转送的命运，罗布林卡的马厩被清空。

十三世达赖喇嘛朝觐慈禧太后（布达拉宫壁画）

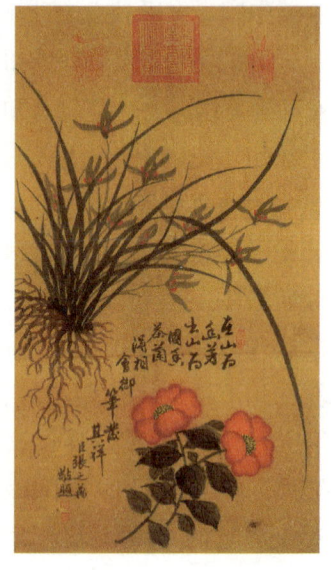

慈禧太后赐给十三世达赖喇嘛亲笔画（西藏自治区档案馆）

336

第十五讲

目送渐行渐远的背影

风化成典

西藏文史故事十五讲

民国时期的地图上出现了西康省，是由原来的川边特别区改建而来。西康省于1939年1月1日正式成立，省会康定，刘文辉为省主席；中华人民共和国成立后于1950年4月26日成立西康省人民政府，省府驻地雅安市，省主席廖志高。后于1955年撤销，原辖区中金沙江以东地区划归四川省。

第十五讲

目送渐行渐远的背影

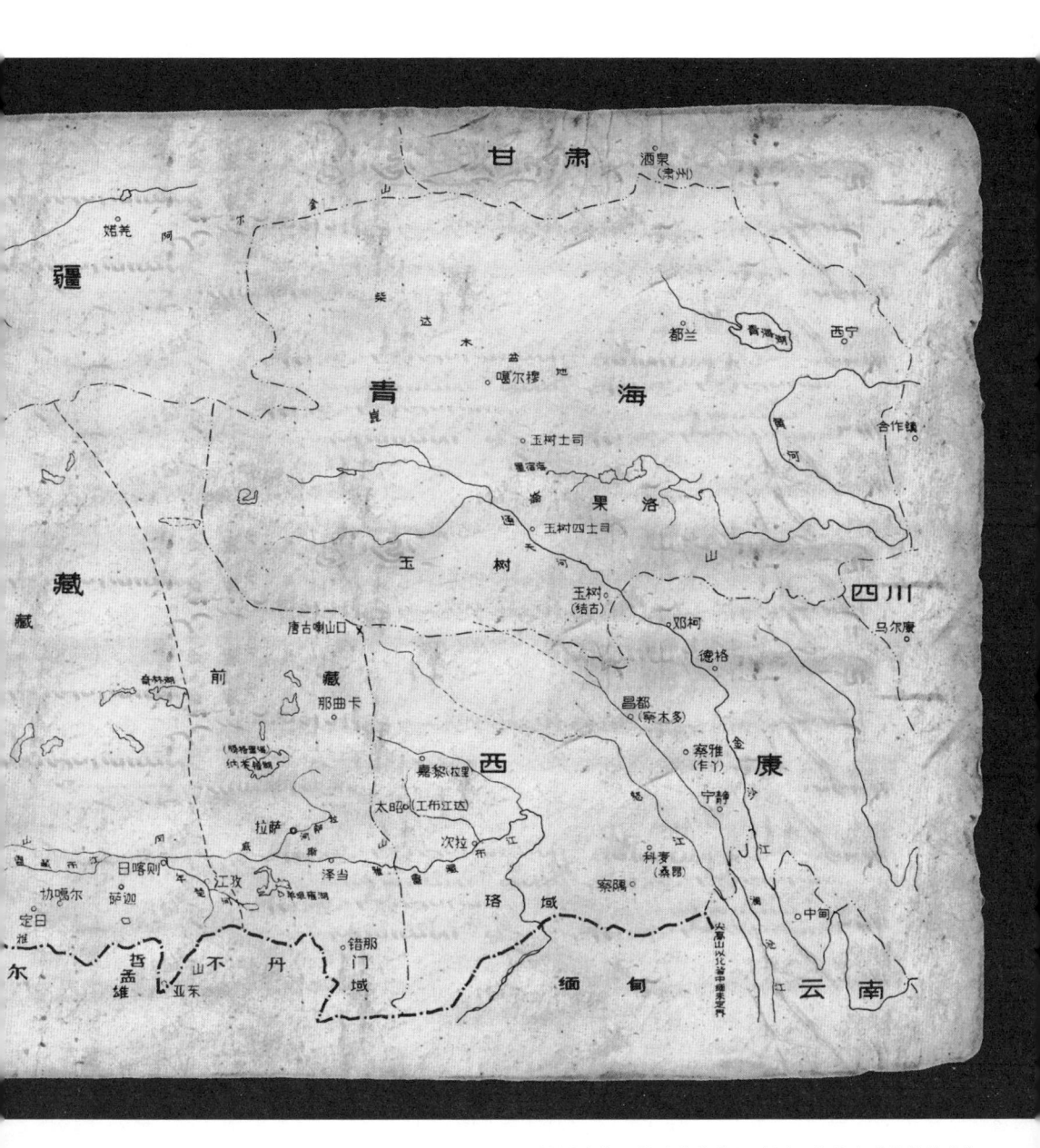

民国时期西藏及其他藏区略图　转引自《藏族简史》

九世班禅——回乡的路走了十四年

第九世班禅额尔德尼·却吉尼玛（1883—1937年）

藏传佛教格鲁派达赖、班禅两个活佛转世系统，其宗师均为宗喀巴，即由宗喀巴同门弟子所开创。其名号最初均由蒙古王者封赠，其后分别经顺治帝和康熙帝加封增益，并从第四世起建立互为师徒之关系。雍正三年（1725年）在平定罗布藏丹津之叛后，雍正帝曾对青康藏地区行政进行划分，西藏地方由达赖管辖前藏和今昌都，后藏和阿里地区划归班禅。因当时的五世班禅无意世俗权势，再三辞请，最终仅留下日喀则、拉孜、昂仁、彭措林四宗（县）作为供养地。因此这两个系统在朝廷那里是法定平等的，但实际上，噶厦政府和班禅堪厅二者的权力及影响却差异极大。历辈班禅沿袭了潜心佛学、与世无争的传统，但既然涉及权力与利益，与达赖系统难免嫌隙。进入20世纪动乱年代，两大政体间矛盾总爆发：十三世达赖推行新政过程中，将所需资金分摊到贵族和寺院，其中尤以对扎什伦布寺为甚，实质上是欲将班禅属地编户齐民，并将班禅降为二等活佛。九世班禅感到不仅生存空间遭受挤压，而且生命安全也受到威胁，遂于1923年底被迫出走内地，意在借助中央政府权威，恢复原有地位和权益。但20世纪二三十年代的内地，国无宁日，虽经中央政府多方交涉斡旋，终究事倍功半；十三世达赖喇嘛圆寂后，再事迁延。经反复协商，在各方做出让步，正待举步返藏之际，九世班禅却溘然长逝于青海玉树地方，享年54岁。

从1924年到1937年，九世班禅在内地十四年，与祖国人民共赴国难，担任了国民政府委员和西陲宣慰使等职，服膺三民主义，拥戴五族共和，对内主张祖国统一，消弭战祸，对外坚决反对侵略。在内地共举办九次时轮金刚法会，传教弘法的同时，宣传爱国和抗战主张。

第十五讲

目送渐行渐远的背影

正像上文所述十三世达赖喇嘛那样，有关九世班禅的故事，我们也从他星夜遁走开始吧。那一夜是1923年底，藏历十一月十八日，从后藏扎什伦布寺起程。

直到1924年春夏之交，历经三四个月艰苦卓绝的行程，终于安抵河西走廊西端尽头的安西县。严寒的季节和高原的绝途全都被抛诸身后，迎面而来的，是生机盎然的绿洲，是暖阳高照下的柳暗花明啊！时年四十一岁的佛爷郁结的心绪不禁舒缓，饱经风霜的脸上绽开了喜悦。

一向偏安一隅，养尊处优而与世无争的后藏佛爷，招谁惹谁了？在并无外敌进犯的情况下，何以仓皇出走，并且是在最不适合旅行的严寒冬季？

在"民元藏乱"驱逐了满汉官兵之后，班师回朝的第十三世达赖喇嘛开始了清算，以往与驻藏大臣及驻藏官兵友好相处的九世班禅自然是首当其冲。噶厦政府先是要求班禅堪厅追缴两次抗英斗争及最近拉萨战乱所耗军费的四分之一，即青稞一百零八万藏克——每藏克是多少？二十八市斤；一百零八万藏克即三千多万斤。虽然班禅属地同样的参战支前并流血牺牲，该付出的当时就已付出，但申辩无效。紧接着1914年，噶厦在日喀则设立后藏总管，管理后藏十六宗，当然也包括班禅供养地的日喀则、拉孜、昂仁和彭措林四宗，以及扎寺直属的三十多个独立庄园；不仅要求与前藏臣民同样照章纳税、支派徭役，噶厦各机构还不时新增额外差税军饷，例如噶厦的军粮局1921年向扎寺征收军粮一万藏克；次年，噶厦的"财产调查办公室"又向扎寺征收年附加税三万藏克青稞和一万枚银元。这是班禅堪厅及其属民根本无

扎什伦布寺

力完成的。班禅屡屡派员交涉，毫无通融余地，竟至于连前往拉萨商谈的高级官员也遭囚禁。十三世达赖喇嘛全不念前辈旧情，如此苦苦相逼，绳索越勒越紧，是不是意在逼走了事，如果是，现在称心了。

九世班禅却吉尼玛被迫出走内地，是为了体面归来：他要向中央政府当面陈情，求还一个公道。当电报从安西飞递兰州，转达北京，民国大总统曹锟即令兰州督军陆洪涛优礼相迎。这样，九世班禅改乘骡轿，经西宁，过武威，沿途不仅惊官动府，各族百姓尤表欢迎之忱。抵达兰州，迎接的队伍盛况空前，总统曹锟的特使也恭候在此，奉上迟到的"致忠阐化"印信。那是十多年前的1913年，民国总统袁世凯继恢复十三世达赖名号以后，加封给九世班禅的名号。

前往西安途中，惊闻北京冯玉祥发动政变，曹锟下台，由段祺瑞临时执政；第二次直奉战争又起，前方古都西安战云密布，直奉两系军阀在此各布重兵，惨烈恶战将持续到未来好几年。班禅大师的属下前往各方阵地一一通报，令人惊奇的一幕出现了：那些惯于内战的赳赳武夫们，听闻班禅大师将要到来的消息，不约而同表示休战，以短暂和平向大师致敬。各方甚至派员护驾出防线，与敌对一方相交接。

今天的我们遥想这一幕，多少有些心怀感动：各路军阀之所以如此，想必是受到班禅大师倾心内向爱国之举，以及他所象征的佛教慈悲之光的双重感召，虽然短暂，毕竟存在。当时的班禅大师作何感想呢？他所冀望的中央、可资依恃的内地，竟是这等模样！一路走来，眼见得中国大地兵连祸结，民生凋敝，不禁慈目含悲，慧心有悯，所以才在西安短暂居留期间，奋笔疾书一份有关停止内战、团结救国的倡议，通电全国各地军阀及首领："……班禅身受国封，与同休戚，年来受外界之刺激，见沿途闾里之萧条，知战祸不可再延，元气亟宜休养。所望彻底觉悟，共保和平；免阋墙之纷争，谋根本之建设。"

抵山西境，有督军阎锡山接应，太原城以惊天动地的礼炮声迎接尊贵佛爷的到来。盛情挽留度过春节，1925年2月2日，特备专列进京。京城则有数万军民夹道欢迎。九世班禅入住中南海瀛台，第二天即面见执政段祺瑞并得到承诺：一俟内地

第十五讲
目送渐行渐远的背影

> 仅在九世班禅居留内地期间，1924年至1937年，中央政府从总统或主席、代主席等首脑人物，继曹锟、段祺瑞之后，有汪兆铭、谭延闿、颜惠庆、杜锡珪、顾维钧、胡汉民、张作霖，又是谭延闿，然后是蒋介石、阎锡山、林森，转回来，又是汪兆铭……这期间，于1928年成立蒙藏委员会，西藏事务遂主要由这一机构办理及与藏方交涉。

安定，西藏地方事务即可迎刃而解。

从此以后，西藏问题提上国务日程，而班禅大师的关怀范围，也从西藏一地转向全国。皮之不存毛将焉附，国家稳定富强，边疆自可无虞。因之此后的十多年里，呼吁消弭内战，共谋建设，是他奔走各地举行法会或演讲的主题词。当日本发动侵华战争，他又与国人同赴国难，共度时艰，捐款捐马，支持中央政府对日作战，精诚团结、抵御外侮成为又一主题词。而内忧加上外患，归期仿佛更加遥遥无期。

时局动荡的十多年里，执政者也是勤于更换的，走马灯一样。南京政府建立后，与西藏之间互动增加，紧张关系趋于缓和，但在班禅返藏问题上，虽一直都在交涉中，不是没有成效，而是缺乏突破性进展。噶厦起初态度强硬，开出一系列根本不可能接受的条件。后来虽然有所松动，却又在护送问题上纠缠，每一问题都是一拖几年。说来说去，最根本原因在于混乱年代，混沌世道，内地不稳，举措无力，中央政府缺乏必要的权威，因而段氏当初所言"迎刃而解"之"刃"，在班禅大师有生之年从未崭露锋芒。

班禅大师忍辱负重，一如既往地表达爱国热忱，多番呼吁勿弃西藏——"西方之宝藏"。这个对西藏的详称，出自九世班禅创意，在1929年成立班禅南京办事处的同时发表宣言："征诸历史与地理上之关系，西藏欲舍中国而谋自主，实不可能；反之，中国失去西藏，亦如车之失辅。故中藏关系，合则两益，分则俱伤，此一定之道也。"1931年，班禅大师应邀在南京新亚细亚学会第三次会员大会上演讲，标题就是《西藏是中国的领土》。在实际行动方面，也从未背离过祖国，当年拒绝了英国人的拉拢，现在，又拒绝了日本人的诱惑。

在时局动荡的十多年里，九世班禅先后接受了北洋政府著加的"宣诚济世"封号和南京政府册封的"护国宣化广慧大师"封号。宗教身份之外，相继担任了国民政府委员、西陲宣化使等职务。他最初在北京福佑寺设立驻京办，其后在西宁、成都、

护国宣化广慧大师班禅之印

南京和沈阳等地陆续设立办事处。他的足迹也遍及大江南北、内地塞外，除了朝圣普陀山、灵隐寺、五台山等地广结佛缘外，"九一八"事变后，他以宗教领袖和西陲宣化使的双重身份，历时五个月，从东蒙到西蒙，向王公百姓宣讲中央政令，安定蒙古人心。最终，内蒙古三盟发愿联盟团结，共御日寇侵略。

在时局动荡的十几年里，无论参与政治还是传教活动，九世班禅大师都是勤勉有加，因而声誉日隆。他就像一束佛光，映照着一路走过的如磐暗夜。可惜的是，却照不到自己的归途——当年满怀希望奔赴内地，却不料竟是一个单程。正当南京和拉萨之间经过再三再四的商谈妥协，并且基本达成一致，将要举步返藏之际，大师却一病不起，抱憾圆寂——1937年12月1日，大师溘然长逝于青海玉树寺甲拉颇章宫。遗憾是个人的，更是历史的。

九世班禅临终遗嘱

余生平所发宏图，为拥护中央，宣扬佛化，促成五族团结，共保国运昌隆。近十五年来遍游内地，深蒙中央优遇，得见中央确对佛教尊崇、对藏族平等，余心甚慰，余念愈坚。此次奉派宣化西陲，拟回藏土，不意所志未成，中道圆寂。今有数事切函如下：后藏政务前已委定罗桑坚赞为札萨喇嘛，所有宣化使职亦著由彼暂代，在未到职前，印信暂交丁杰佛，并由堪布会议厅及回藏设计委员六人共同负责事宜，请示中央，听候处理。至宣化使署枪支，除卫士及员役自卫者外，其余献于中央，共济国难，待余转生，再请发还。又关于历代班禅所享权利，应早图恢复。最后望吾藏官民僧俗，本中央五族建国精神，努力中藏和好，札萨喇嘛及各堪布，尤宜善继余志，以促实现，此嘱！

第十五讲 目送渐行渐远的背影

刘曼卿——小女子担大义

刘曼卿和《康藏轺征》，人名，书名，一并青史留名，是 20 世纪中国边疆史地动人的一页。

1929 年 7 月至次年 7 月，二十三岁的刘曼卿衔命赴藏，面见十三世达赖喇嘛，旨在争取西藏地方，尽快恢复与中央政府的正常关系。往返整整一年，其间历尽艰险，所幸不辱使命。

自从原驻藏官兵于民国元年的动乱中遭到驱逐，中央仅在民国八年即 1919 年委派过两拨专使抵藏，洽商具体事宜。那之后近十年时间里，内地干戈不止，无暇西顾。倒是十三世达赖喇嘛，于 1928 年派出他在五台山寺庙的堪布（住持）罗桑巴桑赴南京晋见蒋介石。也是机缘所致，刘曼卿应请为这位堪布做翻译。小女子流利的藏汉语表达深得蒋氏赞许，不久即被破格任命，在国民政府行政院文官处担任一等书记官，由此久存的报国之志得以施展，此番轺征，为主动请缨。

刘曼卿 1906 年出生在拉萨，藏名雍金，母亲是藏族，其父为汉族，原任清末驻藏大臣衙门文官秘书。他们的家在"民元藏乱"中被乱军所毁，举家迁往印度，辗转归国。刘曼卿在北京读师范，学护士，梦想着有一天返回拉萨，从事藏地最急需的教育卫生事业。内地、西藏皆为父母之邦，眼见得关系疏离，西藏的路又成绝途，怎不令人心怀焦虑！罔顾自身安危，罔顾父母亲友担忧劝阻，融冰之旅，志在

风化成典

西藏文史故事十五讲

刘曼卿像

必行——意态豪爽，有古侠遗风，是时人对她的评语。

从南京出发，经川康进藏，穿越横断山区，一路向僧俗上层和军民百姓宣讲孙中山先生所倡导的三民主义、五族共和；一路解疑释惑，从国政大事到逊位的末代皇帝哪里去了；传达中央德意的同时考察藏情，访问民意。此时正值两次川藏纠纷之间的相对平静时期，川藏军队沿金沙江布防对垒，气氛依然紧张。但对西藏人而言，刘曼卿身份特别，既是"汉官"使者，又系同族亲人，所以在藏军防地，从芒康到昌都，表现得欲拒还迎。尤其在昌都，因等待拉萨方面的答复，多所延宕，直到隆冬季节才得以放行。

山路崎岖，风雪弥漫，最艰难一段在夏贡拉。康藏官道上的夏贡拉雪山古称"雪城"，称"西天一柱"，公认"西行第一险径"。翻山而过一百数十里地，必得朝发夕至，好季节里也被视为畏途。眼下大雪封山，风疾雪猛，随行的人，藏兵和马夫们都强烈要求等风雪稍停再走，刘曼卿知其不可但执意而为。上有雪崩，下有冰窖，风雪扑面，缺氧的环境里可真是举步维艰。身量单薄的小女子仅靠自身之力是难以逾越的，有两次深陷冰窖，被强拉上来。实在迈不动步了，上山的路就靠腰间系绳，前拽后推；下山的路则是皮袄为坐垫，被人提着、拖着，"蹭"下山的。当一行人在夜幕中扑进第一家小旅店，被当地人惊为天人。因为连日风雪，惯走山路的客商也不敢前往，在此已滞留多日了。

第十五讲

目送渐行渐远的背影

刘曼卿回答说，我一介凡夫，哪是神灵，我只凭了我的一腔热血……

噶厦派官员迎接到达孜，这一行的到来在拉萨引起了轰动。多年没见过中央大员了，这次来的居然还是会讲拉萨藏语的年轻女子，"刘家的姑娘"，人们称奇，争相一睹。加之汉藏重归于好本是人心所向，待到十三世达赖喇嘛接见过后，这位中央政府特使一一拜会噶厦诸高官，于是满城盛传"和好"已成事实。刘曼卿偶行道中，路人见之直呼万岁，表达乐观情绪。

与神王佛爷面谈的情形，细述在《康藏轺征》里。春日的罗布林卡美丽安详，十三世达赖喇嘛面带微笑，并一改手不触女人旧例，为刘曼卿摩顶祝福。隔几倾谈，先叙家常，再问内地近况，由此转入正题。刘曼卿详解北伐革命成功，南京政府成立，如何贯彻三民主义建国大纲，实行五族真共和；全国上下对于当今中国之分崩离析莫不痛惜，而无论西藏是否受英人挟制，均不宜久立于中国团体之外；此番前来，就为修复旧好，希望带回答复，云云。并奉上孙中山遗像及蒋介石近影。达赖喇嘛细细观之，交给侍从当即悬挂室中。这一次沟通佛爷重在听取，仅表示同感和嘉勉，至于答复，许诺下一次会面时详告。

时隔近两月，再次召请在5月25日，这一次面谈的重要性在于，代表了这一时期，或者说，是长久以来，达赖喇嘛的思考与基本态度，包括与中央的关系，对英国人的看法，对解决川藏纷争以及派遣代表参加国民大会的意见等等。摘录如下：

……汝之好意吾早领之，吾不敢背中央前已言之……今吾书牍已具，凡楮墨所不能尽者，将口头告君，俾得私达于蒋主席，望归寓记之于书册，以免遗忘。

过去中央均漠视西藏，弃如石田。今新政府初立，即派汝致意，予实钦佩蒋主席与各执政之精明，能顾全大局，尚望始终如一，继续不断，更进而为实际之互助。吾最希求者中国之真正和平统一。前偶闻某某叛变，吾日诵经持咒以祝其平复。至于西康事件，请转告政府，勿遣暴厉军人，重苦人民，可派一清廉文官接收。吾随时可以撤回防军，都是中国领土，何分尔我。倘武力相持，藏军素彪悍，吾决无法制止其冲突，兄弟阋墙，甚为不值。……

刘曼卿留藏期间，还有一个人进藏——贡觉仲尼，本为西藏派驻北京雍和宫的扎萨克喇嘛，先是受达赖委托，去南京面见蒋介石解释一些中央关心的问题，如达赖并无联英仇汉思想，以及欢迎班禅回藏等。完成了这一使命，转而又受国民政府委派，任"赴藏慰问专员"。他带来了蒋介石的信件及蒙藏委员会拟具的有关解决西藏问题的八条征询意见。离藏时，身份再变：作为西藏驻南京总代表，并担任达赖驻京办事处处长。

次年，又有一个人奉命进藏——谢国梁，清末曾任藏军教练，"民元藏乱"时仍任藏军统领，一度与清军对峙。达赖喇嘛曾盛情挽留而不得。此次进藏专为协调达赖与班禅和解事，不料途中病倒，在距拉萨一日程的曲水抱憾而终。达赖喇嘛为之念经超度，举行了隆重的汉式葬礼。正是由于这样一些忠勇之士的努力，西藏与内地的紧张关系缓解，达赖在内地设立办事处，并派代表来南京参加国民大会，力争西藏权益。就这样，短短几年里，已可听见坚冰之下的流水潺潺有声。

英国人对吾确有诱惑之念，但吾知主权不可失，性质习惯不两容，故彼来均虚与周旋，未尝与以分厘权利。中国只须内部巩固，康、藏问题不难定于樽俎。至于派遣代表，……惟既承敦嘱，当竭力选派青年数人赴会……俟挑齐后，当命其陆续登程。若全权代表，则一时尚难其选。吾于政府所希求者不大，能于最近与藏以织布机、制革器，及各种工人已足。

如是，达赖喇嘛并为刘曼卿选择返程吉日，经印度由海路归。

刘曼卿荣归，国民政府予以嘉奖，社会各界好评如潮。康藏韬征改变了个人命运，小女子从此成为背倚康藏的社会活动家。只不过，小女子注定永远的小女子了，时不我予，她仅仅活到三十五岁，1941年病故，令人无限痛惜。以下是其拉萨归来若干年的编年史。

1931年，与一批志同道合者发起成立"中国边疆学会"。

1931年"九一八"事变，与在京康藏人士发起成立"康藏旅京同乡抗日救国会"。大会通过有关敦促政府抗日的六项决议，并发布《告全国同胞书》。发起人有十三世达赖驻京全权代表贡觉仲尼、九世班禅驻京办事处处长罗桑坚赞，以及诺那活佛等。

1932年，担任"西康调查员"，本欲赴藏，因病滞留在滇、康交界处，写出康区调查报告。

1937年，组织"康藏民众抗敌赴难宣传团"，宣传动员康藏同胞抗日并募捐。

1938年，参与组织"西康民众慰劳前线将士代表团"，

第十五讲
目送渐行渐远的背影

赴重庆和各大战场慰问抗日军队。

1939年,率领"康藏民众抗敌赴难宣传团"进藏,在拉萨等地活动四个月。……

刘曼卿所著《康藏轺征》印行,时任国民政府行政院院长孙科为之作序,有赞曰:"长途远征方之汉代张、班诸人,固未遑多让,而吾国女子奉政府命从役边陲克著殊绩,则曼卿实为吾国有史以来所创见。其行可风,其事足传,是书刊行,其将不胫而走,可预言也。"

诚如其言,不胫而走的不止于当时的空间,国人尽知;不胫而走的,还在于沿着时间,直到今天和今后。

两个康巴汉子——嘎然喇嘛和邦达多吉

嘎然喇嘛—诺那活佛像

在康藏地区现代史上极为著名的这两位人物,并非同龄人,家乡一北一南,都是藏东"康巴人";传奇内容也各不相同,只在某一时期有交集。并列一节讲述,旨在传递一个经验:混乱时世人生命运是多么的沉浮不定,变幻莫测,一方面是身不由己,另一方面,是不是可以这样说:大有可为。这样说的时候,是想到某些富有冒险精神的人,生在治世反觉不美,"生不逢时",否则,自以为必能大显身手——不错,我们这两位主人公,都是在乱世中"兴风作浪"的枭雄。

先说嘎然喇嘛,俗名索朗列旦,据说与十三世达赖喇嘛同庚,生于1876年前后。这个"据说"来自他的家乡类乌齐,至今仍在传说当年遴选十二世达赖

第十五讲 目送渐行渐远的背影

转世灵童时,这位索朗列旦曾为候选者之一。家乡人津津乐道,这位灵异人物如何的天赋异禀异象,为何落选了呢?是他出生的那天清晨,天地间突现五彩光华,河塘有莲花盛开。他家的佣人早起打水,惊奇之下,连忙采摘回来——家乡人评论说,这个无知之人的举动,不仅掐断了福运之脉,导致小主人在此后的灵童选拔中落选,而且终生坎坷,颠覆了命运。

在嘎然喇嘛弟子整理的资料中,则说他生于1864年,圆寂于1936年,享年七十三岁。在头顶挽一高髻,是嘎然喇嘛与众不同的装扮。他所在教派,隶属噶举派一支的达隆噶举。他在类乌齐大寺做总管,曾跟随该寺寺主之一的表兄弟吉仲活佛,前往深山密林中的墨脱传法行医,并共同发掘了伏藏教法。其时正值光绪末年,边务大臣赵尔丰在川西、藏东一带改土归流。历史档案中有嘎然喇嘛协助清兵剿灭波密"白色天空之王"噶朗王的记载。此后,他便与清朝官兵结下不解之缘,不仅亲率类乌齐寺僧众归降,还为驻昌都清兵提供后勤保障长达七年。民国元年"藏乱"中,站在昌都官军一边,与拉萨的噶厦及藏军抗衡。后来战败被俘,从解往拉萨的途中,到被流放至山南隆子县加玉地方,一路充满神迹,是其人传奇故事最为密集处,由此他所拥有的神通法术名声也从东部传播到中部和南部。总之嘎然喇嘛是打不死的,毒不死的,更有意欲加害而下不了手的。他在西藏的行踪和传说,止于山南流放地遁逃之后,往后的故事,西藏人就不知道了。

嘎然喇嘛哪里去了?漂洋过海,现身在南京。还来不及转换流亡者的身份心态呢,据说就作为西藏奇僧、密宗大师而被佛教徒们热烈包围。甚至连政府高官戴传贤也慕名而来,还把他引荐给蒋介石。之后,再说嘎然喇嘛就不对了,国民政府封他做了"诺那活佛"。做了诺那活佛愈发的炙手可热,追随门徒众多,十二年中簇拥他走过许多地方,设坛讲经,著书立说,传播藏密,名声大振,并开创了诺那派汉传之传承。国难当头时,身在内地的康藏志士积极行动,诺那活佛参与其中,发起成立"康藏旅京同乡抗日同盟会",发表告全国同胞书,呼吁挽救国家民族于危亡。参与者中,诺那活佛与我们的另一位主人公邦达多吉历史性相遇。其后又在"康人

1935年的川西地区正在筹建西康省，正式成立时刘文辉任省长。此前时局动荡，川藏之间经历过两次较大规模的"康藏纠纷"等战乱，"诺那之乱"仅为其中一插曲。四川军阀刘文辉于1927年担任川康边防总指挥，接防川边，整饬吏治，使该地区渐有起色。因刘氏于1930年通电全国反对蒋介石，所以蒋氏国民政府扶持"康人治康"力量，委派诺那活佛以"西康宣慰使"名义武装入康，并协助制定"先定川康，再图西藏"计划，当然是大有深意的。

治康"理念方面一拍即合，待到西康宣慰使公署组建，邦达多吉担任军事部长也在情理之中。

此时的诺那活佛已身兼国民政府立法委员、蒙藏委员会委员、西康建省委员、中国佛学会名誉会长、中国菩提学会理事长等职，并在南京设立"西康诺那呼图克图驻京办事处"。1935年被国民政府任命为西康宣慰使后，于同年4月以武装团队进入西康，不很长的时间里，就在所到之处与四川军阀刘文辉的军队对打起来，闹出好大的动静。由此被史家称作"诺那之乱"，当然含有贬义。局部之乱折射出时局之乱，充满了不可思议。诺那活佛有生之年的最后一战，是和红军的一场遭遇战。长征中的红军此时驻扎在甘孜，据说双方开火交战，诺那活佛反倒是被手下人走火误伤。往下的故事说，红军没把他当敌人，不仅为之疗治腿伤，考虑到他在当地群众中的宗教影响，还曾邀其参与甘孜苏维埃政权。诺那活佛最终病故于甘孜，时在1936年。同年，国民政府追赠"普佑法师"名号。

在此只描述行状，而无心路历程；只讲梗概，而无细节。希望有心人依据这类线索，去编织更好看的故事。考虑到这样

江西庐山小天池诺那塔

第十五讲 目送渐行渐远的背影

的可能，不妨再补充一些素材，以丰富此人生平。在一份历史资料的注释里，说他在北京期间，娶过一位李姓女子，并育有一女；另有人写到死后传奇，说他的心脏火化时变作蓝宝石（舍利），被信徒携往武汉，由一德国人设计了宝塔供奉，后转奉在庐山小天池。有兴趣的话可沿此查访。其实不需要列举神通法术之类神话，此人本身经历即传奇。他的汉族弟子及再传弟子众多，现已传至第四代；台湾也有，听说台北建有"诺那精舍"。

邦达多吉与嘎然喇嘛最不相同的一点是出身于世俗世界的顶端：商人之家，且是西藏第一巨商之家。说起邦达仓，康藏地区无人不知。康巴人素有经商习俗，邦达仓的老主人邦达列江把生意做到了内地和印度，1910年代在国外出手救助过落难的十三世达赖喇嘛，得到了极大回报：垄断了西藏羊毛和贵重药材的出口权，成为"政府商贾"即官商。到上世纪30年代前后，邦达仓的分号和商业活动已经遍及北京、上海、南京、重庆、西宁、成都、香港，以及印度的加尔各答和噶伦堡等地，从业人员据说多达三千。

这张老照片，是在昌都找到的，系邦达家族部分成员。

邦达仓这一代几兄弟，个个了得。长兄邦达央培，是继承祖业的掌门人，被藏政府任命为驻印度商务代表，担任过亚东总管。后来长住印度噶伦堡，直到1965年才通过我驻外使馆，回国定居。二哥邦达饶嘎是三民主义的忠实信徒，孙中山相关论著就由他最早译成藏文。在与其弟邦达多吉同举反叛大旗，所宣传的八项政治纲领中，贯穿着反帝反封建、科学与民主精神。有了这样的思想基础，1939年他在印度发起成立"西藏革命党"就不足为奇了。该党成立七年后被英印当局和西藏噶厦联手扼杀。1951年他曾任宁静（芒康）宗人民解放委员会主任。后来远行印度，终生未归。

邦达仓兄弟的命运，遽变于十三世达赖喇嘛圆寂后。在拉萨上层的权力角逐中，神王的亲信宠臣土登贡培遭到清洗，势必殃及与其交好的邦达仓。时在家乡芒康的邦达多吉，接到来自拉萨的家族掌门人邦达央培的告急信，当即举兵，亲率邦达仓家丁四百余人，将驻防芒康的藏军炮团及沿金沙江八处防军全部缴械，一举拿下。此举震动康藏，尤其让拉萨藏政府惊心的是，邦达兄弟竟以口头和传单形式，宣传反对西藏现行制度的八项政治纲领，服膺孙中山的三民主义。这可是比军事失利还要严重的危机，拉萨政府急忙派来藏军重兵及三大寺僧兵联合讨伐。一见大事不妙，曾经的盟友，藏东各大小寺庙纷纷自保，表示中立，孤军独悬的邦达多吉惨败，无奈撤离西藏，急投南京国民政府。

在所谓"诺那之乱"中，担任西康宣慰使公署军事部长的邦达多吉显然冲锋在前。他的部队在西康一度纵横捭阖，先是缴获了刘文辉部一个团的武装，又乘胜开往巴塘，围困了刘军傅德铨部，并拘禁了傅的妻子和养子作为人质，以逼迫傅部缴械。而其实呢，邦达多吉与傅德铨其人曾为患难之交，此时各为其主，也有不得已的苦衷。

这就是混乱时世，那么多人都在东奔西突而方向不明，今天的朋友，很可能就是明天的敌人，今天的坚持，很可能明天离弃，反之亦如是。又或者说，混乱世道里，你很难发现有什么是真正值得坚持的。综观邦达多吉前半生，富有戏剧性：做过藏政府既得利益集团的成员，又成为反叛者；在诺那活佛麾下攻打过四川军阀刘文辉，后来摇身一变，成为刘文辉委任的川康边防军骑兵大队长；与红军交战之后再被收编，据说一度在甘孜中华苏维埃博巴政府中担任过财政部长……

不过，如果据此认为邦达多吉仅仅一介草莽武夫，那可错了。他非凡的头脑和眼光，体现在尘埃即将落定时的洞察。中华人民共和国成立，他应邀进京参加开国大典，"中国人民从此站起来了"，给予他内心以极大震动；毛泽东主席的风度气派，留给他相当深刻的印象；一两年里在祖国各地参观，充分体察到新中国之"新"。尤其是，当了解到广大农村中正在发生的巨变，恍悟到这就是时代潮流！返回家乡第一件事，就是召集各地头人，他的僚属，或朋友，介绍内地之行观感，特别说到

第十五讲 目送渐行渐远的背影

内地农村打土豪分田地，虽说中央允许西藏延续旧制，但大势所趋，迟改不如早改，被动改不如主动改——我们现在就把土地分给穷人怎么样？

众人面面相觑，不理解，有人就问了："如果分下去了将来还能收回吗？"

聚会无果而终，邦达多吉自行实施计划。此前归途中，已在康定请人设计了一座三层卓玛拉康（度母神殿）图样，很特别：一层住神，二层以上住人。现在就要施工了，用工也很特别，以债务相抵——每个工日居然可抵一袋青稞！邦达仓的债务人太多了，大家奔走相告，踊跃参与。为什么这样？距此时半个世纪以后，2001年，在这座现在已成邦达乡政府的卓玛拉康，当年邦达多吉的小警卫员、现在的平洛老人，向作者我讲述了这段往事。据他说，因为内地的寺院是被保护的，所以主人做了最坏打算：纵使财产被没收，全家总还有个栖身之所。另外就是，穷人即将翻身做主人，债务必定会一笔抹去，索性以工抵债吧。当然这只是一面之词。也许邦达多吉认清了时代潮流，本心只想做个开明绅士也不无可能。

新房落成，主人却未乔迁，而是到昌都新政权走马上任，担任昌都地区人民解放委员会的副主任。又过了几年，四川康地发生了抵制改革的叛乱，人在昌都的邦达多吉使用军用电话，委托芒康县转告邦达仓，不得参与叛乱，并把所有武器上交。

再后来，任职到拉萨的邦达多吉垂垂老矣，英雄末路——这位一生在惊涛骇浪中躲过无数险滩暗礁的勇士，苦苦寻求了一生的求索者，正像当年许多不平凡人物那样，最终沉没于"文革"浩劫的厄运中。当年所建的卓玛拉康保存完好，现在是邦达乡政府办公地。

两位主人公的事迹，有许多是作者2001年在昌都地区实地采访中获知的，可称"独家旧闻"，详尽记录在拙著《藏东红山脉》里。作者对这些故人旧事念兹在兹，心情复杂。回应本小节篇首所言，生在治世反觉不美的人，是不是愿意生在这样的乱世，反正像我们这样中年以上的人，是衷心祝愿天下太平安居乐业的。

有过更敦群培这样的人

更敦群培出生于青海安多藏区，幼年即被选为某位宁玛派活佛的转世灵童，自小接受宁玛派教育。十七岁时转往甘南拉卜楞寺求学，七年后前往拉萨哲蚌寺；再七年后随印度学者出国，在南亚诸国求学游历，著书立说，并将名著《罗摩衍那》《沙恭达罗》等译成藏文。1946年返回拉萨不久，即被捕入狱，1949年获释，1951年病故。他的部分作品被译成汉文，结集为《更敦群培文集精要》；另有研究更敦群培的专家杜永彬撰写的《二十世纪奇僧——更敦群培》，系统介绍了更敦群培的生平与思想。

更敦群培（1903—1951年）是在去国十二年后返回拉萨的。这些年里，他在南亚诸国求学或游历，就像他所自诩的"疯子一样在大千世界流浪"：考察印度各地社会，遍访尼泊尔、孟加拉、锡兰（斯里兰卡），感知国际政治和世界潮流，接触形形色色的思想，进化论，人本、人文主义，治学的实证主义，包括在印度方兴未艾的反对殖民主义的民族独立运动，也包括马克思主义。在继续着佛学研究的同时，涉猎哲学、自然科学和社会科学，开始思考藏民族的命运走向，甚至参与了一项秘密政治活动——在国外，更敦群培并不是一个人，志同道合者还有一批，信奉三民主义的邦达饶嘎等几位藏族知识分子在印度组建了"西藏革命党"，试图在西藏掀起一场改革风暴。

更敦群培此时归来，负有特别使命。

翻越喜马拉雅，更敦群培屹立山口，放眼望去，

第十五讲

目送渐行渐远的背影

是一片遍野皆白的苍茫。1946年的风雪扑面而来，透过僧装，寒意沁骨。在这新的一年里，故土西藏能否因为一个人的到来而有所改观？更敦群培步履有些沉重，只有心头是温热的。一只大铁箱是他唯一的行李，铁箱里装着他多年所写手稿，还有新近秘绘的地图。当年的麦克马洪在地图上用红笔沿喜马拉雅随手一画，就此决定了门隅、珞隅、下察瑜大好河山的归属命运。归途特意取道非法麦克马洪线一走，并在六世达赖喇嘛仓央嘉措的出生地门达旺等地盘桓、暗访了一个多月，完成了绘制地图的任务。此时的门达旺等地已被英印实际占领并且设置了管理机构，更敦群培是以游方僧的身份作掩护，一边防着英印政府，一边防着西藏当局，的确是一个人在战斗。

西藏革命党成员，右为邦达饶嘎，中为土登贡培。

　　穿过西藏南部萧瑟的荒原田畴，拉萨渐行渐近。差不多二十年前，青年僧人更敦群培从家乡、从拉卜楞寺第一次来到拉萨。在拉萨七年，以才华横溢和特立独行甚至是放荡不羁而闻名，无论僧俗眼中均属"另类"。这些年里，他在外部世界平添了广阔的视野和犀利的笔锋，他所标举的对于传统批判的旗帜招展。例如他在《智游列国漫记》中，从古西藏到古印度，透过文化与宗教的枝枝蔓蔓，追溯了精神流脉的源与流，可谓正本清源，匡正谬误，廓清真相，破除迷信，矛头直指宗教史观，直指西藏精神传统中对于印度的盲从。他以一贯的辛辣和幽默这样写道：凡印度的一切尽皆至高无上，颂诗中必以印度山川为譬喻，若用了西藏山川之名便会受到嘲笑。甚至连吐蕃王源，也附会为印度释迦族，何其荒唐。在详尽考证过古代印度人文地理后，他认为信众们应当对佛教世界观的由来享有知情权：位于须弥山四方大海中的四大洲，即东胜身洲、南瞻部洲、西牛货洲和北俱卢洲，均系印度中部地区及周围地区之名；所谓天龙八部、夜叉、人与非人等一应佛教世界的灵异，亦尽皆古印度不同地区的氏族和文字而已。至于藏传佛教中一应经典、偶像、修行、灌顶及供施仪轨等等，均有出处，均从印度古代各种习俗演变而来。在藏人心目中无限崇拜、作为精神楷模的印度又是怎样的情景呢？更敦群培通过自己的实地考察，指出它的弊端所在：杀人祭祀和种姓制度。披露实情，旨在说明，只要把它当成哲学，而不是盲从；可以作为信仰，但是不要迷信。

更敦群培的归来，犹如飓风来袭，犹如地震引发。有少数开明的贵族欣赏他的学识才干，为他提供了食宿，作为施主，资助他写作完成民族历史的《白史》。但是以摄政达扎为首的西藏当局视他为颠覆者，对他既恐惧又仇恨：害怕他宣扬"地球是圆的"这样石破天惊的观点，害怕他有关进行土地和法律改革以及实行民主政治等一系列主张，害怕由于这样一个人的存在，导致理性的成长、神权统治的动摇。所以不久以后，达扎政权下手了，更敦群培被捕入狱，判刑三年。罪名不因政治，不因思想，是——伪造纸质藏币！

正在进行中的《白史》只写到吐蕃时代就戛然而止，注定了再也不能完成。为写这部史书，更敦群培准备了多年，搜集了大量的汉文史料、敦煌所藏吐蕃藏文史料、西藏的碑铭以及可能找到的藏文古籍，是藏族学者在相当程度上摆脱了宗教史观，以学术规范所写的第一部信史。

前无古人的著述半途而废，作者成为囚徒，先是关在八廓街的朗子厦，后来转移到布达拉的夏钦角监狱。这期间，远在印度的西藏革命党总部被英印当局捣毁，近在拉萨的前摄政热振活佛惨遭达扎政权毒手，冤狱中的更敦群培背负着人格侮辱的罪名，置身于黑暗势力的重围，看不到哪怕一丁点希望之光。他以绝望和毁灭，向这个社会表达了最后的抗争。

1949年，更敦群培获释出狱，出现在人们面前的，是这样的一副形象：形销骨立，乱发披肩，满身恶臭，病入膏肓。不再言说思想、学问，这个人只要酒，只要一醉方休。

第十五讲

目送渐行渐远的背影

精美的玉器就此粉碎，黑暗腐朽势力将光明将新生之物一片片撕裂开来。更敦群培过世后，来自西藏的人向更敦群培的印度朋友索要遗著，遭到拒绝，对方激愤地高声喊道："是你们杀死了他！"

这就是世界的看法。

2003 年，在北京，中国藏学研究中心组织的更敦群培诞辰一百周年纪念会上，各民族的藏学家们缅怀了这位先行者的一生，对他的思想、品质和学术给予了高度评价。我的发言题目为《纪念更敦群培的理由》，在此附上，作为本节补充——

这个人来到世间，距今已有百年；这个人离世而去，也有半个多世纪了。今天坐在这里的我们，不仅与他从未谋面，而且大都在他身后出生。在离这个人无论时空都很遥远的北京，在中国藏学研究中心的会议室里，我们以崇敬的心情谈论他，怀念他，究竟为了什么——在他以生命为代价所追求的思想已从者如流并人声喧嚷的当下，为什么还要充满依恋地回首顾盼荒漠中孤独前行的那个身影？在科技昌明、已是万家灯火的夜晚，为什么还会不由得想起如磐暗夜风雨飘摇中的那盏油灯？

至少在我，有如下三个理由。

首先是思想。当年更敦群培所标榜的、所苦求的思想观念，也许同一时期在国内在西方已算不得新奇，但是在西藏在僧侣界，却不啻一个奇迹。这种以人为本的思想，不乏艰难地生长于因神权统治而格外保守

更敦群培名言选录

之一：
使愚人惊愕的浮夸之词，
向显贵谄媚的奴颜媚骨，
让信徒呻吟的神话故事，
统统远抛走我正直之路。

之二：
把隐私不露尊为高明，
把狐疑猜忌当作聪颖，
把一切陈旧颂扬为神灵旨意，
把一切新颖贬斥为妖魔作祟，
把一切奇迹认作恶兆，
这就是佛法圣地吐蕃忒，
我们西藏历来的传统。

之三：
强烈的欲望在烈火中燃烧，
不愿守的持戒状抛入灰坑，
想到何事就随心所欲去做吧，
像疯子一样在大千世界流浪。

之四：
智者周游列国所收集的，
撒在地上的穷人的珍宝，
那些以低声耳语传播的，
比富人的金卷更为奇妙。

之五：
望而生畏裸露无遗的真理，
决不使用自欺外衣作掩饰，
此乃学者至高至坚的誓言，
豁出性命亦将奋力信守之。

之六：
欢乐与痛苦交织的人世，
临终也值得如此留恋。
世间的人们啊，
当努力为后人留下自己的作品。

的土地上，贯穿于他的人生态度和治学理念中，由此独辟一条艰难崎岖的理性之路，弥足珍贵。更敦群培无愧于西藏人文主义先驱的称号，虽因过早的夭折而仅仅光芒一闪，也足以使后来人骄傲地宣称："我们曾经有过……"

还有精神和勇气。是追求真知真理的意志鼓舞了他一往无前。众人皆匍匐于神佛脚下，唯有我独醒，我独省，我独行。渴望并坚守，需要智慧和勇气，需要胆识。缺乏智慧，陷于无明不能自拔，何言洞察明晰，何来对于真理的认知；而缺乏勇气，即便有可能接近真理，在强势的黑暗中也只能噤若寒蝉。独步于思想的高处，是要付出代价的，乃至生命的代价。因而更敦群培既是智者更是勇者。他的一席自白足可作为后世文人的座右铭："我摒弃了主观臆断；摒弃了为哗众取宠，随意杜撰一些毫无根据的离奇古怪故事的行为；摒弃了为讨好他人连讲真话的勇气都没有的行为；摒弃了为保住自己的糌粑口袋，置一切是非界限于不顾以图个'好人'名声的行为。"

才华。更敦群培拥有与其新鲜的思想和过人的勇气相匹配的学识与文采。不仅在宗教学方面，多才多艺的更敦群培同时身兼诗人、画家、语言学家、史地学家、民俗学家、考古学家、精通英梵藏文的译著家，甚至藏医学家。他周游了藏地和南亚诸国，遍览了大千世界芸芸众生。他的知识学养惊人的广博深邃，他的诗文甚至连学术著述也文采飞扬，今天看来仍具魅力。譬如他这样描述行旅的藏北高原："红沙永恒的灵魂驻足于你的脑海，砾石向你诉说着涅槃低语。在这里，沙漠的灵魂得到释放，并且实现了它自己的威严和崇高。……"

纪念更敦群培，可以罗列更多的理由，或者并不需要具体理由。更敦群培就是更敦群培，唯一不再，珍稀资源。由此我想到，我们一群是作为他的读者、崇敬者和研究者聚集在此，在他百年诞辰之际，充满热情和感慨地追忆怀念；但另一方面则不免心怀遗憾：国人对他知之甚少，主流的思想史、文化史甚至不见他的踪迹。这恐怕与我们工作得不够有关，推荐和宣扬更敦群培的生平事迹与千古文章，是我们的责任所在——藏民族的思想巨人和文化先驱，理应步入中华民族的正史中。

结语

川流不息的风

风化成典
西藏文史故事十五讲

　　自从有了空间和空气，所谓风，就从未停歇过。有伴随地球自转而来的风，有源于大气层扰动形成的风，有起自青萍之末的风，有某处蝴蝶翅膀颤动引发的风……和风，飓风，悠长的风，酷烈的风，打磨着，剥蚀着，更改了世界的模样。在数以亿万年计的时光里，曾经的生命大都随风而逝，无迹可觅，仅有个别的，由于偶然的机缘而固化。根据现有或说有限的认知，有人估计，在生命史这个大规模淘汰的故事中，曾经存在过的物种99%以上都已灭绝；其中仅百万甚至千万分之一的物种或有化石存世；上万亿根骨头中，很可能仅有一根变成化石，而能被人"发现"的，几率更低。

　　自然界的风以可感的流动，人世间的风以岁月的形式。那样一些曾经，曾经的曾经，登场又谢幕，风水轮流转，古今多少事，都付笑谈中。大到历史经验，小到个人命运，这片高寒的土地上演绎过多少悲欣交集的鲜活剧目。在以岁月为形式的风化过程中，大多成尘，不知何往；仅有少数人事，因其自身质地的缘故，沉积下来，风化成典——典故，典范，经典，名典。拂去尘埃，披沙沥金，才有了这样一本书的有限呈现。

　　自古远处随风飘来高原先民依稀可辨的话语：坚忍属于神和铁，人的思想没有一刻是坚定的。这样一句古训耐人寻味，又无言以对。静态与动态，绝对与相对，引人无限思辨联想。一方面，你可以指出此论属悖论，正像前文所模拟的：人始终坚定地认为，人的思想没有一刻是坚定的。另一方面，你又不得不承认，此说有理：唯其如此，才有了社会的演进，文化的变迁。当然，也不妨认为这一句从千多年前"淘"出来的古训无关宏旨，尽可以再次尘封，若无其事——因为，所以，不说也可以。

　　很多年前，一位苯教的老画师向我描述了历史的形状，"马鞍形"；邦达仓的末代管家在访谈中的最后一句话是，"没有兴衰就没有历史"。此刻，我想到了很多年前第一次读到的对于六字真言的诠释——

　　好哇，莲花湖的珍宝！

2007年春节动笔，至年底完成初稿
2008年修改，至11月初完稿于北京
2016年5月完成修订

后　记

这本书的写作历时两年,从内容到写法对作者来说都是新经验:内容中不乏此前不熟悉的部分,需要用心查考,再经过一个化入化出的过程;写法上也因业余为之,时断时续。好在本书各篇大都属于单个的人物故事,写作和阅读都不必一气呵成。

依据故史故实,写一部有关西藏历史的故事书,本身就是一项既艰苦又充满诱惑的工作。起初以为凭借自己三十多年的西藏积累可以胜任,殊不知书到用时方恨少。急用先学的结果,是陆续摆放了上百册书随手翻捡。其中反复阅读、多有借助的资源库,首推恰白·次旦平措主撰的《西藏通史·松石宝串》,其次的有相当一批,例如二十年前出版的《藏族简史》,更为古旧的《汉藏史集》等等。专题的、断代的更多,像王尧、陈践先生译注的《敦煌本吐蕃历史文书》,以及藏学界历史研究领域诸多成果。通史类读物有助于个人积累系统化,融会贯通;分门别类的有助于各局部的深入和强化。另有《中国大历史》《万古江河》一类,旨在提供宏观观照、参考比较。可以说,写作过程其实是一个速成学习过程。

行过万里路,读过很多书,也未必能写好当下这一本。一位自然科学家打过这样的比方:如果说我们所拥有的知识是一个球体,球体表面所接触的为未知,那么球体越大,未知就越多。的确如此。沿着西藏史的脉络行进,方知从前所知有限,纵深处别有洞天。那些本已风化成典的故人旧事,黑白默片一样争相重演,以至于有一天终于意识到，他们一直就在那里，等待文笔接应。

以膨胀了的表面积接触到更多未知，同一事件或同一人物又出现多种解读可能，接二连三的罗生门需要穿过或绕越。原拟写一本十多万字的小书，结果就如滚雪球一般翻了倍；原拟为青少年而写的课外读物，动笔不久便改弦更张，设身处地为一群"小众"服务：作家、剧作家，包括导演制片人，本书提供的仅作线索，蜻蜓点水，惊鸿一瞥，寄望于各路高手以小说语言和影像艺术去借题发挥。

对于历史与传奇的关系，雨果曾有言："传说创新而历史复制。"梅里美也说过："我只喜欢历史中的逸事趣闻。"这类话语可能更符合大众心理、读者期待。从作者开始，就十分喜爱藏史中那些不同寻常的人和事，即传奇部分，但考虑到初次涉笔这一领域，不能不有所克制。况且有感于西藏地方史的普及程度不够，照顾背景及其连贯性也颇费笔墨。所幸终于"淘"出一批少为人知的故事推介给汉语世界，虽说有限处在于，尚属露天开采，相当于有关史地的浅层试掘，是粗枝大叶的了解和勾画。所选择的内容，有重要也有不重要，那要看从哪个角度去说；有喜欢也有不太喜欢，但必定是值得尊重的。当下的希望是，读者诸君在阅读过程或掩卷之后，能对其中若干人物和事件喝一声彩，或者说一句"有意思"，那么，所有的辛苦不仅值得，是超值。要是得到鼓励的话，说不定作者会去进一步做功课。

按照以往惯例，在篇末是要附上参考书目的，一为答谢，二为说明言之有据，但操作起来有困难：太多了。何况提供了参照的不仅有书，多年积累，全凭了"学"和"问"得来：一个吃"百家饭"的人，从西藏到内地，包括台湾，凡与那片高地有关的各领域学者，有哪一个没被我以各种方式请教过呢？推而广之，在西藏的县乡基层，又有多少精通地方史的人，向我提供过口碑野史传说故事。这样想来，参考书目不列也罢，在此一并谢过——感谢历史和历史的创造者，感谢代复一代的传播者，包括今天在藏学研究的名义下集合起来的各路学者。

具体的感谢对象是有的，师长和朋友们一如既往地支持了我的写作全过程。初稿完成，是由藏史专家陈庆英和张云两位先生审看的，他们提出了相当重要的

后记

补充和修改意见：哪些时段需要加强，哪些人物应当表现。感谢拉巴平措总干事和沈卫荣教授为本书撰写序言以示勉励；感谢朋友们热心提供所需图片，他们是陈庆英、谢继胜、李永宪、柳春诚、罗文华、熊文彬、李建雄、翟跃飞、张超音、李旭、张捷和桑吉扎西等，还包括自然科学家沙金庚、杨经绥和邓涛，特为"开篇"提供了有价值的图片。写作过程中，同事冯良分担了我的诸多业务，并与季垣垣老师一道承担了本书编辑，在此一并致以深切的谢意！

作者
2008 年 12 月于北京

荣归记忆之乡
——《风化成典》对于藏汉文史料的应用

马丽华

一

随着20世纪的到来,敦煌千佛洞的藏经石室洞开,尘封千载之久的"敦煌遗书"重见天日并远走他乡——相当一批文献文物被掠往英、法,或辗转流向俄、日。这一事件本属国耻,正如陈寅恪先生所言"敦煌者,吾国学术之伤心史也",然而始料未及的是,作为重大考古"发现",不期然催生出一门国际性的热门学科——敦煌研究,敦煌学。在吸引了西方百年间好几代学人的同时,中国学者也走出伤痛,加入到这一研究行列。起初是远赴海外查找资料、带回胶卷,随着这批文献在国内整理出版,敦煌研究的主力军回归故乡本土。

敦煌遗书中约有七千件吐蕃时期的藏文古卷,从文献经籍到告牒契约,大多流散国外。经过藏学家多年努力,重要文档已经王尧、陈践先生等专家译成汉文,以《敦煌本吐蕃历史文书》为代表的一系列相关图书面世。其中的"大事纪年"起讫为公元650年至763年,虽不足以反映吐蕃时期全貌,却为史家重整吐蕃史提供了难得的可信依据;正因其要言不烦,也为后来的作家预留出想象空间。

附录

《风化成典》自第一讲到第五讲，举凡神话—传说—英雄时代的描述，从这批古籍汉译中借取甚多。其中藏地上古神话里的天地之战、铜铁之战、松石之战，以及家马的起源、亡者之乡及祭司超荐种种，那些传播过不知几千年，现今在故事原产地也被遗忘了的精神生活，居然来自老旧宗教的仪轨书。作为民间社会的重要职业，苯教师负责沟通天地人神，致力于终极关怀，他们的仪轨书不仅仅是其职业活动的广告说明，透过内中案例所涉及的，是早已失传的高原社会场景，虽然有限，聊胜于无。这些故事被辑录在《东北藏古代民间文学》中。

由于藏文的创制与佛教的传入同期到达，这类口口相传的仪轨故事形成书面文字的时候，西藏高原一统的战争正在进行，原有的秩序受到扰动，死后的世界开始改观，所以故事中不时可见对于"美好的黄金时代已逝，灾难的捐税时代开始"的慨叹，不时可见对于"这一切均不属于新教，而是属于从前的古老习俗"的强调，不时可见的还有"坚忍属于神和铁，人的思想没有一刻是坚定的"之类格言。不变的是改变，而改变中亦有不变："从前行善的人现在还在行善，过去有用的东西现在仍然有用。"伴着这样的一唱三叹，仿佛有苍凉凄美的古风来袭。它就像是一面镜子，映照出人类各族群大致相似的童年。

通过《敦煌本吐蕃历史文书》传递的信息，可见从吐蕃开启到鼎盛时期的血性生猛，活力激荡。唐蕃并立两百余载，共同了兴衰，战争固然是主题之一，但高原和内地之间、汉藏及多民族之间的文化交流叠合却是空前繁密。藏文古卷中既有《尚书》《论语》《战国策》《春秋后语》等名典的藏译本，亦有译自《三字经》《太公家教》这类童蒙读物的写本，还有《孔子项橐相问书》的直译和改编之作，改编中最具想象力的，是让孔子这位儒家圣人，最终跻身于苯教诸神行列，获封"百变之王"。另有《史记》中"毛遂自荐""脱颖而出"的典故，也被照搬在松赞干布平息属部叛乱的征战过程……凡此种种，大都未收纳进《风化成典》书中，那是需要计划单列的。

吐蕃时期的敦煌，集中了一批藏、汉等多民族的文化精英，《风化成典》突出了一个人物，从事佛经藏汉文互译的法成法师，陈寅恪先生曾将其与玄奘并列，并称为"一代文化所托命之人"。虽说这位大师的族别是汉是藏，目前藏学界仍存不同意见，但他显然超越了民族属性，成为中华民族文化交流史上的标志性人物，理应青史留名。

"请为我唱一首出塞曲，用那遗忘了的古老言语。"

从史前走来，身后的风景渐渐斑驳，古老的故事连带古老的言语，一路失落——时至今日，全球仍有数以千计的语言正濒临消亡，已经消亡的则无从计量。只有文字可靠，即使变化也有迹可寻。藏文系拼音文字，这批珍藏于敦煌的古卷以古藏语写成，且是在公元9世纪对于古藏文重新厘定之前写成，大大增加了辨识翻译的难度，为此格外感谢付出了心血的翻译者，让我们这些被阻隔在藏文门外的读者，共享了珍品的盛宴；追本溯源，尤其感谢敦煌遗书的创作者和保护者。

二

当帝国的吐蕃崩解，对外扩张的征战消歇，佛教复兴的火把从下路的甘青、上路的阿里相向而来，西藏社会开始转型：从武力称雄转向佛祖在上，舞动的经幡取代了飞扬的战旗。到正式纳入元朝政府治下，藏传佛教已经覆被了雪域大地。这一时期直到后来，大量的佛学专著问世，就连文史体例，也或多或少地涂布了宗教的色彩。这是由于执笔者多为佛门中人，或有贵族世家为文者，通常也是居士身份的缘故。这样的古典通常难以走向大众阅读层面，但若有，必定奇异，其中首推《汉藏史集·贤者喜乐瞻部洲明鉴》。

这部文史哲合璧之作，是一个名叫达仓宗巴·班觉桑布的学者于1434年前后写就，由陈庆英先生于1980年代汉译出版。借助此前来源不同的史料，书中简述了"瞻部洲"各地王统世系，其中汉地王统从周朝写起，另有印度、于阗、木雅王统，主写吐蕃王统；精神文化涉及佛法源流、教派传承及藏医学史，物质文化涉及茶叶和瓷碗如何来自汉地。与汉文史籍不一样，它并非严格意义上的史书，半是神话、半为史实，是其特质；时间越靠前，神话色彩越浓，有史以来的故事，也显见民间传说经过文人加工的痕迹。例如唐太宗七试请婚使，禄东赞胜出的故事；例如文成

附 录

公主上观天象、下辨地理，得出吐蕃乃一魔女仰卧形状的结论，遂建寺以镇之。早在十多年前，当我开始关注茶马古道、采写《藏东红山脉》时，就从中引用了茶叶被发现的过程、茶碗识别的学问，以及茶和碗实用功能之上的精神属性；引用了元世祖忽必烈（藏语称其为薛禅皇帝）派员赴萨迦时，绘声绘色的传神一笔："使我听到人们传诵强悍之吐蕃已入于我薛禅皇帝忽必烈治下，大臣答失蛮已到萨迦的消息。"《风化成典》从中撷取的尤多，吐蕃七良臣、桑哥的故事、南宋少帝赵显的结局、皇帝的金面等等吉光片羽，均为拙著出彩的装饰。

　　不一样，奇异感。惊奇于故事本身，更从中学习作者从心态到行文的谦和厚道。同时不由得想到，所谓历史，难道仅仅是由一系列缺乏体温的事实构成的？对于大众来说，准确程度真就那么重要吗？相关态度和情感，包括传说和想象，是否应当作为历史的一部分，同构了过往的景象。不排除一种可能：也许历史它自己无意于严肃，也许它更想让后人感觉亲近。

　　集中使用了藏文史料的《西藏通史·松石宝串》，本为西藏社科院恰白先生等以藏文原创的汉译本。在我看来，这是一部融会贯通西藏历史的教材读本，已难辨《风化成典》此书的哪一些来自彼书的哪一些，说是亦步亦趋地跟从追随，并不夸张，那本来就是历史的轨迹、前赴后继的人物故事。值得一说的是，有些资料来源偏僻，难得一见。试举一例：吐蕃王室后裔流落边隅，在喜马拉雅山下建起贡塘小王朝，本属一历史地理名词，前些年才被考古学家确认了王城遗址，就因一部《贡塘赞普世系》的打开，存续了几百年的小王国忽然生动起来。在这个关于萨迦小女子的故事中，作为兄长的帝师八思巴虽是配角，却罕见地表现出任何汉文藏文史籍中都不曾表露过的一面，就是说，不是以往一味的高高在上，而是人间烟火中的生动活泼——这故事经由"松石宝串"的传递，进而"风化成典"。

　　所以说，假如没有这部巨著的先行问世，我是否还有勇气、有能力涉笔藏史，还是一个很大的疑问。学习和转述的过程中，想通了一个问题，多了一份认知心得：历来的文化传播，不同群体之间的交流，很可能就像这样从一个人到另一个人，从一本书到另一本书，就像这样辗转而来。

三

现在该说到对于汉文史料的借助了。西藏高原与黄河流域、西南山地之间，史前文化的交流远早于历史记载，但在古代中国，从夏商周到春秋战国，风云激荡，逐鹿中原，似乎未见大高原的消息。直到秦汉之际，与雅隆部落迎来前吐蕃第一代王——聂赤赞普的时间相对应，《中国历史地图集》才在今天西藏的位置标出"羌"与"发羌"；随后是中华各民族朝气蓬勃的初兴时段，"唐"与"吐蕃"几乎同时出现，对于雪域藏地的记载骤增，从此不绝于史。就如天下大乱的宋代，也不乏萃集了吐蕃往事的《资治通鉴》《册府元龟》问世。这里需要特别说明的是其珍贵之处：宋代成书所凭借的诸多唐书，后来大部亡佚。

相关记载散布于浩如烟海的汉文史籍里，如何打捞？多亏有前辈藏学家辛勤拣选整理，几十年间出版有《全唐文全唐诗吐蕃史料》《通鉴吐蕃史料》《册府元龟吐蕃史料》，以及四卷本的《藏族史料集》，三卷本的《明实录藏族史料》和十卷本的《清实录藏族史料》等等，成为了解和研究西藏历史的案头必备。

前文提到面对藏文史料时感觉不一样，皆因作者本人成长于汉文化，潜移默化中形成思维定式，以此为坐标，方才有惊奇。不一样就是不一样，两相比较，各有特点：那边厢是灵动飞扬，这边厢是正襟危坐，对于普罗大众，力求客观的纪实传统严肃有余，趣味性不足——这样的比较并无褒贬之意，差异成就距离之美，尽可以"各美其美"。但是说来惭愧，汉文典籍中如此丰厚的资源，写作中却未能善加利用——正因是母语，可以信手拈来，反而少下了工夫，通常只是为了印证某事才去查找。待到书稿完成了，往往随手一翻就见可用的资料，徒增遗憾罢了。类似的情况还有以往的积累，也常常被忽略，这道理如同灯下黑，如同熟悉的地方没有风景。

对于当代藏学研究成果的借鉴也是显而易见的。考古发掘充填了西藏地区史前史的空白；文献学的进展补充了作为信史的不足；《藏族简史》和《西藏佛教史略》，

附录

推而广之，连同《中国大历史》《万古江河》，这类作品提供了宏观观照；断代史及各领域的专著论文则是对于各局部的照亮。从各领域研究成果中获取的，不仅有合适的素材，学者们的分析和观点也使我获益良多。相关藏学著述及其作者并不陌生，从有所了解到非常熟悉，乃至随时随地可以请教探讨，是个人独具的优势条件之一。有时就想，一本书的写作，往往凝聚了群体的智力成果，多少人、多少年的努力，才能真正成就一部作品。

说到素材的选用标准，在顾及重要人物、事件以维系历史脉络之外，并不讳言"猎奇"。历史中的逸闻趣事，我们都喜欢。以汉语的美妙对应藏史的精彩，则是对自己的基本要求。

另外的借鉴和启发还有许多，在此只打算提到其中一点。众所周知，当初爱因斯坦提出相对论，未曾料到引爆了文学艺术的反应堆，这一超越人类常识经验的理论被喜出望外地拿了来，科幻、玄幻、魔幻、穿越、时空隧道、时间机器、平行世界、异度空间，晚近再加一个蝴蝶效应，风行一时。分明经不起推敲，却也别开生面，引人无限遐想。而所有的想象基于一个假定：曾经的一切一直就在那里，包括尚未发生的，尽皆被存储，只要条件具备，你可以去往任一点。

遐想诱人，明知当不得真，并不妨碍我作为"穿越"情节的欣赏者，并且宁愿相信"从前"真的存在，实际上也的确存在——存在于故纸史册里，老旧的文字中，所以才说：他们一直就在那里，等待文笔接应。

"请为我唱一首出塞曲，用那遗忘了的古老言语。请用美丽的颤音轻轻呼唤，我心中的大好河山……"席慕蓉作词、蔡琴演唱的《出塞曲》这样唱道——"而我们总是要一唱再唱，向着草原千里闪着金光，向着风沙呼啸过大漠，向着黄河岸、阴山旁，英雄骑马壮，骑马荣归故乡。"

响应。就让我们借助文字典籍的魔力，盛邀古代的英雄和智者，荣归——自遥远的忘川之畔，荣归我们的记忆之乡。

2009年3月3日于北京

在史实的主干上开枝散叶
—— 马丽华访谈

《中华读书报》记者　舒晋瑜

从23岁进藏，一待就是27年。马丽华将自己最美好的青春献给了西藏，也由西藏收获了她无比丰厚的系列作品：在诗集《我的太阳》和散文集《追你到高原》之后，她开始了西藏自然人文地理的纪实之旅，陆续推出《藏北游历》《西行阿里》《灵魂像风》《藏东红山脉》等《走过西藏》系列，以及《青藏苍茫》等，被人类学家格勒博士誉为"在文学与人类学两座高耸的悬崖之间架起了一座桥梁"。

怀着感恩之心，热爱之情，走遍了西藏大地，阅尽古往今来，因而她的作品扎实厚重，文采飞扬。大约连马丽华自己也没有意识到，有多少读者是因为读了她的作品而激发起要去西藏的热情与兴趣，文化艺术的魅力与价值是无形的，这和沈从文之于湘西、陈逸飞之于周庄、张贤亮之于宁夏大致相似。

马丽华最近推出《风化成典·西藏文史故事十五讲》，再次体现了她对于西藏多层面的积累和全方位的解读。具有坚实的汉文化背景，又有丰富的西藏阅历，马丽华如何在全景式宏大叙事的架构中，书写西藏历史的深厚与神奇呢？

读书报：这本新书上市不久，从文学界朋友反馈的信息和我自己的阅读体会，

附 录

可以用"惊奇"来概括对这本书的第一感受。这样的反应是否超出了您的预期？

马丽华：要是连作者本人在选材的时候都惊奇不已并且被长久地吸引，读者也一定会有同感。我想到过读者会喜欢，但是反响之热烈还是让我喜出望外。当然所有的赞叹首先是，或主要是针对内容的，精彩属于历史和历史创造者本身，作者只不过转述者。而且转述者也是热心读者，有些片断让我爱死了，就如"桑哥的末日"，故事主干就是从藏文典籍援引而来，我仅做过文字与史料的补充整理。你不会在意是否属实，关键是藏族史家对这个历史人物的态度，情节对话之天真质朴，令人拍案叫绝，我读过不下几十遍——好看啊！

读书报：转述也见功夫。很惭愧我们对西藏历史知之不多，很想得知您是从哪里搜集到这些素材，怎样想到要写这样的一本书？

马丽华：资料来源大致有三个渠道，一是藏汉文史料。前辈藏学家们做了基础工作，把汉文史籍如新旧《唐书》《资治通鉴》《册府元龟》《明实录》《清实录》等相关西藏的史料已选编成册，同时把部分藏文史籍译成了汉文，包括《敦煌本吐蕃历史文书》；二是当代藏学研究和考古发现成果，相当一批专家从事藏史研究，多有专著出版，也为本书的写作提供了线索，其中受益最大的，是西藏社科院恰白先生主持撰写的《西藏通史·松石宝串》；其三是口碑，历史存活在民间，几十年里不经意间得知了很多，所以书中不乏"独家旧闻"。读来很传奇的人物故事，其实各有所本，不敢戏说杜撰，如果小有虚构，也会尽量告知。至于写作缘起，有偶然的因素，也是水到渠成的必然。我想是时候了，置身于汉藏之间，十几年前写《灵魂像风》时，就意识到被"选中"：从前写《走过西藏》系列，属于空间的、现在进行时的；《风化成典》则是纵向的回望。初稿完成写"后记"，恍悟到"他们"一直就在那里，等待文笔接应。

读书报：20年前，您的《藏北游历》最初在刊物上发表时，评论家雷达就称赞它为"当代中国文坛的稀缺之物"，现在国内有一批作家致力于各民族题材的写作，令人钦佩羡慕。我注意到这本书中好些人物，都在历史上为汉藏文化交流作出了贡献。有广为人知的松赞干布和文成公主，也有鲜为人知、经过您发掘得来的故事，面对您熟悉以及陌生的历史,您是如何把握的?

马丽华:以严肃的态度说来,是职责所在,也算是文化自觉的体现。既然是多民族同构的国家,中华各民族的历史文化理应成为常识,纳入养成教育。"文化自觉"是费孝通先生倡导的,他还力倡民族间的"美美与共"。当然文学毕竟文学,意义自在其中,忌讳说教。若讲民族文化交流,唐蕃时期虽然经常打仗,却是藏汉间交流最密切的时段,不唯和亲,不唯你中有我,我中有你:徐敬业和禄东赞的兄弟子侄各自投往对方阵营,就连汉文的四书五经也被译成藏文,就连佛经也是藏汉互译。其中有位被陈寅恪先生誉为"一代文化所托命之人"、堪与唐僧玄奘并列的法成大师,藏学界之外很少有人注意到其人的存在。而法成的民族属性至今不明,中国学者说他是藏族人,国外藏学家说他是汉族人,不管怎样都是一个了不起的人。被元世祖忽必烈发遣到萨迦寺的南宋少帝赵㬎,居然修成藏传佛教大师、大译师,如果不是藏文史籍有记载,他在内地同族人中几乎成了"失踪者"。当然这位"皇家僧"的事迹绝不限于书中所写,还有待于藏学家们继续发现——所以说,有许多内容属于藏学研究成果的转化,经由文学而普及。

真正广为人知的文成公主的故事则被删繁就简了。在西藏她已经成为艺术形象,被写进书里,画在墙上,演进藏戏、唱在民歌;不仅在布达拉宫有她的塑像,大昭寺里有她带来的释迦佛像,泽当有她住过的故居、用过的器物,从拉萨附近到那曲、昌都和山南,远至青海,她走过和没走过的地方,都有她的传说和遗迹:昌都的某种方言声称来自文成公主,山南的传统妇女服饰声称模仿了文成公主的装扮;怒江的藏语名称也与她相关,直译为"公主(思乡)之泪",等等。不过最让藏学家感兴趣的是,藏汉民间一同传播的有关禄东赞的故事,究竟哪是源,哪是流?尚无定论。据我判断,应当是藏族人最先开讲,流传到汉地的。吐蕃人赞美机智勇敢的人,看看书中引自吐蕃古卷里的故事,包括禄东赞之子论钦陵与王孝杰交战前的书信往还,包括"皇帝的金面"、"只履东归",看看就知道了。

读书报:写作过程中感觉最困难的、下工夫最多的,是哪些内容?是不是熟悉

附 录

的历史就相对容易些？

马丽华：难写的可能是各时段历史背景的交代，要写得基本准确，需要查找资料并且高度概括，比较费神；具体到人物事件，因为素材本身鲜活，反倒轻松。真正难写的就只有放弃了。本书声称要讲"文史"故事，可是打打杀杀的内容居多，其中有一篇拟好了小标题"从火空海到胜生周"，这两个词是藏历纪年名称，本拟写天文历算，但因相关知识匮乏，只好打消了念头。另外也想过以传统藏医药的标志性图案"愿望树"展开，写一写藏医史上的老宇拓和小宇拓，最终也是知难而退。藏历和藏医涉及大小宇宙，是比较深奥的学问，一直心怀敬畏，岂敢随便涉笔。在此忍不住想说一件趣事，属于这一领域"术"的方面。就像星座测运那样，有藏医或僧人会根据你的生辰八字，推算出你的前生和来世，虽然无从验证，也不必当真，但是妙趣横生。十年前我做"西藏网"，很想请人据此电脑编程，各人上网查询，看看此前此后的自己是人是动物还是小昆虫，点击率肯定大增。当然了，想归想，作为游戏也不宜做。

读书报：有意思，没有人告诉我们这些。初版封底一句推荐语"在史实的主干上开枝散叶，曾经和曾经的曾经顿时生动起来"，我觉得很贴切，书中很多精彩人物和事件，经过您的丰富的想象以及妙笔生花的描述，一个个血肉饱满，立马像在眼前展开了一幅生动的画面。您是怎么想到以这样的写作方式展开历史的画卷？

马丽华：纪录片中的"再现"，而非连续剧的表演。篇幅有限，不便展开，某人，某事，仅够安排一两个场景，然后概述，或夹叙夹议。历史是一个提供轮番上演的大舞台，依次出场亮相，道白和歌唱，一系列标志性动作，退场，下一个。有些人活灵活现，有些人面目不清，而所有的往事重述，都是一次复活仪式。有一个念头是在写作过程中出现的：为再创作提供线索。一本书所呈现的不仅仅是它自身。

读书报：许多人物故事的确具备了影视剧的基本元素，希望《风化成典》作为题材库，能被作家编剧关注，藏族学者拉巴平措也在序言中发出了呼吁。不过我还是特别喜欢您富有诗意的语言，阅读的过程是一个欣赏和享受的过程，连边角上的资料提示也不放过。但是我想知道为什么您会这么处理？是因为那些资料无法融入您的单篇文字中吗?

马丽华:补白文字一开始是作为注释,写着写着就发展到正文内容的延伸、旁及,有些本来可以单列开写,还是限于格式篇幅的缘故,只好作为提示了。编排时特为关照,不要处理成补丁,要做成"绣片"——看上去很美。以前有批评家指出本人书写"浓得化不开",半褒半贬,我也知道再疏朗一些就更好了;高密度、大容量依然是这本书的特色,就连标题页的图示都是很重要的直观信息。至于文字,起初的读者定位是面向青少年,所以首先注重的是汉语规范,尽量中规中矩,同时兼顾美文。

读书报:您说写作的过程是个速成学习的过程,这次写作对您意味着什么?最大的收获是什么?

马丽华:以前我对西藏历史了解得不够全面完整,长期积累加上急用先学,这一次总算是粗枝大叶地贯通了,所以说写作过程就是最有效的读书和学习过程,这也是最大的收获。在西藏工作27年,到北京后继续为西藏工作,长期关注追踪相关学科进展,"拿来主义",再以文学形式转化。例如"开篇"部分对于自然地理环境的交代,旨在说明西藏的文化传统和历史进程何以独特,正是十多年前采写《青藏苍茫》所得。正式出版前,又请自然科学家予以核实,得知距今3万~5万年前这两万年中,青藏高原上的气候就像全新世一万年以来这样温暖,据此可以认定高原面上的旧石器当为这一时段人类活动的遗存。几位科学家特为"开篇"部分提供了几幅稀罕的图片,也是令人称奇的亮点之一。

读书报:作品的完成都是业余时间,您是否为此付出了很多?

马丽华:前年完成初稿期间,累计请过两个多月的创作假;去年全年的周六日和节假日都用于补充修改,做有意义的事情不言辛苦。

2009年3月25日《中华读书报》

2016修订版说明

本书于2009年初出版后，即获该年度"国家图书馆文津图书奖"。随后由香港三联出版繁体版，外文出版社组织翻译英文版。2016年修订再版，主要对"开篇"部分和前四讲作以较大幅度改动，其余部分能改则改。同时增补当年发表于《中华读书报》的访谈和创作谈各一篇。

作者

2016年8月30日于北京

图书在版编目(CIP)数据

风化成典：西藏文史故事十五讲 / 马丽华著. —修订本.
—北京：中国藏学出版社，2016.10
ISBN 978-7-80253-911-2

Ⅰ. ①风… Ⅱ. ①马… Ⅲ. ①文化史 – 西藏 – 通俗读物 Ⅳ. ①K297.5-49

中国版本图书馆CIP数据核字（2016）第230972号

风化成典·西藏文史故事十五讲

马丽华/著

出版发行	中国藏学出版社
制　版	北京海龙视觉
印　刷	北京隆昌伟业印刷有限公司
印　次	2016年10月第1版第1次印刷
开　本	787毫米×1092毫米　1/16
印　张	24.25
字　数	350千
图　片	225幅
印　数	5000册
书　号	ISBN 978-7-80253-911-2 / K·474
定　价	58.00元

图书如有质量问题，请与本社联系
E-mail: dfhw64892902@126.com　电话: 010-64892902
版权所有　侵权必究